光福镇志

LOCAL RECORDS OF GUANGFU

江苏省苏州市吴中区光福镇志编纂委员会　编

图书在版编目（CIP）数据

光福镇志 / 江苏省苏州市吴中区光福镇志编纂委员会编 .-- 北京：方志出版社，2018.11
（中国名镇志丛书）
ISBN 978-7-5144-3371-5

Ⅰ. ①光… Ⅱ. ①江… Ⅲ. ①乡镇—地方志—苏州 Ⅳ. ① K295.35

中国版本图书馆 CIP 数据核字（2018）第 237899 号

·中国名镇志丛书·

光福镇志

编　　者：江苏省苏州市吴中区光福镇志编纂委员会
责任编辑：陈　效

出 版 人：冀祥德
出 版 者：方志出版社
地址　北京市朝阳区潘家园东里 9 号（国家方志馆 4 层）
邮编　100021
网址　http://www.fzph.org
发　　行：方志出版社图书经销中心
电话　（010）67110500
经　　销：各地新华书店
排　　版：北京纺印图文设计制作有限公司
印　　刷：北京中科印刷有限公司

开　　本：787 × 1092　1/16
印　　张：21
字　　数：392 千字
版　　次：2018 年 11 月第 1 版　2018 年 11 月第 1 次印刷

ISBN 978-7-5144-3371-5　定价：169.00 元

序一

习近平总书记指出：“不忘历史才能开辟未来，善于继承才能善于创新……只有坚持从历史走向未来，从延续民族文化血脉中开拓前进，我们才能做好今天的事业。”中国优秀传统文化是在漫长的历史长河中历经无数次涤荡和沉淀而形成的思想精髓，蕴藏着无穷的宝藏和无尽的力量。发掘和继承优秀传统文化，是延续中华文明“根”与“魂”的必由之路。与时俱进，推动传统文化不断开拓创新，是中华文明常葆勃勃生机的重要保证。

“国有史，邑有志。”编修地方志是中国特有的文化现象，是中华民族的优秀文化传统。数千年来，连绵不断的志书编修为保护中华民族根脉，传承中华文明发挥了不可替代的作用。中国现存古志有8000余种，占现存古籍的十分之一。中华人民共和国成立以来，编修完成数万种省、市、县三级综合性行政区域志、部门志、行业志、专志等，编纂数万种地方综合年鉴、行业年鉴和专门年鉴等，整理出版数千种历代方志及相关研究成果，发表相当数量的方志理论与年鉴理论研究成果。这既是对我国国情、地情持续开展的大规模普遍调查，也是对各地自然与社会发展状况进行的综合研究，其成果构成了一座丰富的文化资源宝藏，为各级领导科学决策提供了重要参考，为推动经济社会发展和文化建设发挥了重要作用。

当前，中国特色社会主义进入新时代，全国地方志事业也进入新时代。如今的地方志事业围绕党和国家利益、经济社会发展，以人民为中心开拓创新，志、鉴、馆、史“四驾马车”并驾齐驱，志、鉴、馆、网、库、用、会、刊、研、史“十业并举”，加快实现在全国范围内全面推进地方志从一项工作向一项事业转型升级。在党中央、国务院的亲切关怀和各级地方志工作者的共同努力下，一批紧密结合社会发展需求、具有独特创造性的工作逐步开展，涵盖中国名镇志、中国名村志、中国名山志、中国名水志、中国名街志等“名志”系列文化工程是其中代表。作为首个“名志”系列文化工程的中国名镇志文化工程，启动于2015年，至今已是第三个年头。中国名镇志丛书在记述主体上，选择中国历史文化名镇、经济强镇、特色镇等在全国具有影响力和代表性的乡镇，旨在全面展示中国名镇的文化精髓；在内容题材选择上，重在突出不同名镇的“名”和“特”，力求集中体现不同名镇最精彩的部分，增强可读性；在志书编纂程序设置方面，志书申报、篇目设计、专家审读、专家组验收等流程环环相扣，紧密结合，力争把每一部志书都打造成精品佳志。

习近平总书记指出：“历史和现实都表明，一个抛弃了或者背叛了自己历史文化的民族，不仅不可能发展起来，而且很可能上演一场历史悲剧。”2018 年是改革开放 40 周年，40 年来中华大地发生了翻天覆地的变化，乡镇发生了极为深刻的改变，从粗茶淡饭到有机食品，从粗布衣裙到精美时装，从土屋平房到高楼大厦，人民生活水平大大提高，城乡差距不断缩小。然而，在感受辉煌成就的同时，我们也应该看到，许多精巧的古建、精湛的工艺、亲切的乡音、独特的乡俗也在快节奏的发展中与我们渐行渐远，曾经的家乡正逐渐变为记忆中的故园。

党的十九大报告提出乡村振兴战略，此后党中央、国务院又推出一系列重大举措。实施乡村振兴战略，必须全面加强乡村文化建设，培养乡村文化自信，培植文化之“根”，铸牢文化之“魂”。没有乡村文化的高度自信，没有乡村文化的繁荣发展，就难以实现乡村振兴的伟大使命。振兴乡村文化，既要塑形，更要铸魂，必须遵循乡村发展的客观规律，在发展中把文化的精髓保留下来，把乡土味道、乡村风貌的“魂”传承下去。在保留优秀乡村文化内核的基础上，用现代表现方式，把反映时代精神、先进理念的内容通过群众喜闻乐见的文化产品表达出来，才能够让乡土文化具有更强大的生命力。用创新性的模式书写乡镇志，传承和抢救乡土历史文化，激发爱国爱乡情怀，为探索中国特色新型城镇化发展经验、发展模式、发展道路提供历史智慧和现实借鉴，正是实施中国名镇志文化工程的目的和意义所在。

“月是故乡明”。中国人素有“家国情怀”，家乡的山水是最为美丽的，家乡的风俗是充满温暖的，一声亲切的乡音，一口熟悉的家乡菜，都能拨动游子的心弦，让其魂牵梦萦。中国名镇志丛书是一套全面梳理中国名镇历史人文，挖掘文化特色，突出“名”和“特”的镇志。它能让人民群众深刻感受到本土本乡自然的优美、历史的醇厚、人物的杰出、艺文的风雅等，有助于培养人民群众对家乡文化的自信，激发起人民群众浓烈的爱乡爱国情怀，助力国家新型城镇化建设和乡村振兴战略的实施。

是为序。

中国社会科学院院长
中国地方志指导小组组长　谢伏瞻

序二

连绵不断地编修地方志是我国特有的文化传统，为传承中华文明作出了巨大的贡献。在党中央、国务院的高度重视和支持下，这一古老的文化传统焕发勃勃生机，展现新的活力，成为保存、继承、发扬光大中华优秀传统文化的重要依托，培育和践行社会主义核心价值观的重要媒介，社会主义先进文化建设的重要组成部分，发展中国特色社会主义，增强道路自信、制度自信、理论自信的重要载体，在实现“两个一百年”奋斗目标和中华民族伟大复兴中国梦进程中具有不可替代的地位和作用。

事物总是在不断发展中前进。经过改革开放以来30余年的发展，中国特色地方志事业与传统的编修地方志已不可同日而语，形成了志（志书）、鉴（年鉴）、库（地情数据库）、馆（方志馆）、网（地情网站）、刊（期刊）、会（学会）、研（理论研究）、用（开发利用）等多业并举的新格局。截至2015年10月底，全国编纂完成首轮、二轮省、市、县志书8000多种，编修部门志、行业志、专业志、乡镇村志27000多种，编纂地方综合年鉴2300多种，累计整理旧志2500多种，还编纂出版了大量的地情书，字数以百亿计，形成以反映国情、地情为主要内容，全面系统、持续不断、卷帙浩繁的社会科学成果群。另外，还开通了27个省级网站、230个市级网站、816个县级网站；建成国家方志馆1个、省级方志馆16个、市级方志馆86个、县级方志馆近300个。这些成果，成为国家极为重要的文化资源，是国家文化软实力和公共文化服务体系的重要组成部分。

最近几年，地方志工作的触角在不断延伸，部门志、行业志、专业志、特色志、乡镇村志编纂方兴未艾，成为当前地方志事业发展新的增长点和亮点。特别是乡镇志，兴起了编纂热潮，从自发的民间行为逐渐过渡为政府组织的文化行为，有的省份以政府令形式将其纳入地方志编修范畴，像河南省还以省政府办公厅名义要求全省普修乡镇志。乡镇志并不是一个新生事物，据现有资料可考，宋代常棠所撰《澉水志》是现存最早的一部乡镇志。与省、市、县三级志书相比，乡镇志虽属小志，但意义却不小，特别是在当前国家全力推进新型城镇化建设的背景下，乡镇志的作用更显重要。

启动中国名镇志文化工程，是适应当前新型城镇化建设形势发展需要、地方志事业发展形势需要的重要举措，也是充分发挥地方志存史、资政、育人功能的重要手段。作为最基层行政组织的志书，镇志是最接近中国社会发展变迁的国情、地情记录文本，具有重要的历史文献价值。而作为充分反映本区域自然、政治、经济、文化和社会的历史与现状的资料性文献，镇志又能全面展示发展脉络，摸索发展经验，为探索中国乡镇未来发展方向提供借鉴和参考。当然，对于祖祖辈辈生于斯长于斯的中国人来说，故乡就是一个魂牵梦萦的地方，故乡的情怀终生难忘。留得住乡愁，记得住乡思，充分展示名镇文化魅力，激发爱乡、爱国情怀，正是中国名镇志文化工程题中应有之义。

是为序。

中国社会科学院原院长
中国地方志指导小组原组长 王伟光

序三

“国有史，邑有志”，中国自古就有注重编史修志的传统。按照我国目前地方志行政法规，国家各级地方志机构的法定职责是编纂省、市、县三级志书，并不包括县以下的乡镇志和村志。这种规定，一方面可能因为全国有数百万自然村落和数万乡镇，全部实行官修很难实现；另一方面可能因为我国历史上就有“皇权止于县”的说法，县以下的民间社会历来是一个以自治为主的领域。然而，改革开放几十年来，我国社会正在发生巨变，这种巨变在基层社会的乡镇、村落、家庭领域更为深刻。作为“乡之首，城之尾”的镇，逐渐被日益崛起的大都市淹没了光彩，村落在快速的城镇化过程中每天都在大量消失，农村家庭的小型化、空巢化趋势非常突出。在这种情况下，我一直在思考，如何留得住历史文化记忆和乡愁，如何把修志的工作向基层社会延伸?

中国人的“家国情怀”，是从“诚意、正心、修身”开始，到实现“齐家、治国、平天下”。所以从国家一统志，省、市、县三级志，到乡镇志、村志、家谱，也是一个完整的系统。

正是在这种背景下，我们决定启动中国名镇志文化工程。乡镇是无数中国人生命的底色和成长的摇篮。如何在城镇化进程中，留得住乡愁，记得住乡音，忘不了乡思，事关城镇化进程的人文关怀和文化保护，事关文化血脉的传承。同时，科学记录城镇化进程，反映城镇化成就，也为今后探索城镇化发展规律、积累经验提供了基本素材。作为全面系统记述一定行政区域的自然、政治、经济、文化和社会的资料性文献，志书是以上功能最好的载体。

我国目前有 4 万多个乡镇，全部修乡镇志还不具备条件。中国名镇志丛书选择的是传统文化名镇、历史军事重镇、革命历史名镇、民族特色名镇、特色经济名镇、旅游景观名镇等类型的乡镇，应该是最具代表性的，在中国乡镇文化传承和社会发展中具有标杆意义。

编纂中国名镇志丛书是对乡土历史文化的保护。随着城镇化进程加快，有不少乡镇被撤并，有些还是在历史上有重要意义的历史文化名镇、特色镇等。如不及时对其历史进行整理、记录，这些重要的历史资料将散佚殆尽。因此，中国名镇志丛书的编纂是对宝贵历史资料的抢救。

编纂中国名镇志丛书是对乡土意识的传承。什么东西有魅力？故乡的山水，乡音乡情的记忆，乡土的气息和家乡菜的味道，不管走到哪里，总是触动心弦。中国名镇志丛书记录的是家乡的山山水水，家乡的历史文化，家乡的风土人情，留住的是乡愁。这些最能激发远方游子和本地民众的爱乡情怀、爱国情怀。

编纂中国名镇志丛书是一种学术探索。镇志的编纂，实质也是一次深入的社会调查研究。“麻雀虽小五脏俱全”，相比省、市、县，乡镇第一手资料的获得需要付出更大的努力。我们也希望在志书编纂上有所创新，使中国名镇志丛书成为一套图文并茂、雅俗共赏的新型志书。

中国社会科学院副院长
中国地方志指导小组常务副组长

中国名镇志文化工程专家委员会

中国名镇志文化工程学术委员会

江苏省苏州市吴中区
光福镇志编纂委员会

主　　任　张剑清

副 主 任　张建明

委　　员　浦志华　许文清　易　明　盛新根
麻琪彬　张兴娣　吴建卫　樊建明
徐华军　吾建刚　徐海忠　浦孝东
朱秋耀　范佳尔　钱建良　柴彩兴
何建金　杨永康　方国顺　陆彩娥
顾建宏　朱钰兴　柳培康

特约编审　陈兴南　陈其弟　傅　强　翁建明
喻其水　陈　萍

江苏省苏州市吴中区
光福镇志编辑人员

主　　编　须泉元　李嘉球

编　　撰　须泉元　李嘉球

摄　　影　郑思年　朱贤平　李嘉球　须泉元
刘荣富　黄钰明

图片编辑　须泉元　李嘉球

光福铜观音寺公园（2013 年摄）

中国名镇志丛书凡例

一、以马克思列宁主义、毛泽东思想、邓小平理论、“三个代表”重要思想、科学发展观、习近平新时代中国特色社会主义思想为指导，坚持辩证唯物主义和历史唯物主义的立场、观点和方法，存真求实，全面、客观、系统记述中国名镇城镇化进程和改革开放成果，传承和抢救乡土历史文化，激发爱国爱乡情怀，留住乡愁，为探索中国特色新型城镇化建设、服务乡村振兴战略提供历史智慧和现实借鉴。

二、为全面反映入志事物发展脉络，各志上限追溯至事物发端，下限一般断至各镇志启动编修年份，个别重大事项可延至搁笔。详今明古，着重反映时代特色和地方特点，重点体现各镇的“名”与“特”。

三、记述地域范围以下限年份的行政辖区为主。为体现名镇在更大区域内的意义，可以从更开阔的区域视野记述与该镇相关的内容。

四、统一采用纲目体，设类目、分目、条目三个层次。横排门类，纵述史实，述而不论。

五、综合运用述、记、志、传、图、表、录等各种体裁，以志体为主。体裁运用适当创新，篇目设置不求面面俱到，一般意义上的乡镇级内容略去不载。

六、除引用文字和附录文献资料外，统一使用规范的现代语体文记述，行文力求朴实、严谨、简洁、流畅、优美，具有较强可读性。

七、人物部类遵循“生不立传”原则，人物传主按生年排序，只选录对本镇发展有重大影响的人物，不面面俱到。

八、各项数据一般采用国家统计部门数据。数据缺乏的，采用主管部门或主办单位正式提供的数据。

九、数字用法、标点符号、计量单位分别执行国家标准《出版物上数字用法》（GB/T 15835—2011）、《标点符号用法》（GB/T 15834—2011）、《国际单位制及其应用》（GB 3100—1993）和《有关量、单位、符号的一般原则》（GB 3101—1993）。历史上使用的计量单位，如斗、石、里、尺、磅、华氏度等，在引文时可照录。考虑到社会使用习惯，全书中亩不统一换算。

十、中华民国成立前的纪年，使用朝代年号纪年，括注公元年份；中华民国成立后的纪年，均使用公元纪年。志中所称“解放前（后）”，以该镇解放日为界；“新中国成立前（后）”，以中华人民共和国成立日 1949 年 10 月 1 日为界；“改革开放前（后）”，以 1978 年 12 月中共十一届三中全会召开为界。本志“××年代”，凡未加世纪者，均指 20 世纪。

十一、为节省篇幅，避免重复，本志采用条目互见法。参见条目的表示形式为：参见本志“××类目·××分目·××条目”。

十二、对旧志、古籍中的繁体字、冷僻字一般用简化字或通用字替换，易引起误解的则保留。

十三、记述各个历史时期的党派、机构、职务、地名等，均以当时的名称为准。对频繁使用的名称，首次用全称并括注简称，其后用简称。

十四、各镇志需要单独说明的事项，均在各自编纂始末中记述。

光福镇在中国的位置

乌鲁木齐
新疆维吾尔自治区
西藏自治区
拉萨
青海省
西宁
甘肃省
兰州
银川
宁夏回族自治区
内蒙古自治区
呼和浩特
黑龙江省
哈尔滨
吉林省
长春
辽宁省
沈阳
北京
北京市
天津
天津市
河北省
石家庄
山西省
太原
山东省
济南
陕西省
西安
河南省
郑州
江苏省
南京
安徽省
合肥
上海
上海市
吴中区
光福镇
湖北省
武汉
四川省
成都
重庆
重庆市
浙江省
杭州
江西省
南昌
湖南省
长沙
福建省
福州
贵州省
贵阳
云南省
昆明
广西壮族自治区
南宁
广东省
广州
香港
澳门
台湾省
台北
台湾岛
钓鱼岛
赤尾屿
东沙群岛
海南省
海口
海南岛
西沙群岛
永兴岛
中沙群岛
黄岩岛
南沙群岛
曾母暗沙
渤海
黄海
东海
南海
黄河
长江
图例
北京 首都
天津 省级行政中心
未定 国界
省、自治区、直辖市界
特别行政区界
名镇(乡)所在区域
名镇(乡)
1∶32 000 000
审图号：GS（2018）5807号

光福镇在江苏省的位置

图　例

- 南京　省级行政中心
- 苏州　地级市行政中心
- 溧阳　县级行政中心
- 省界
- 地级市界
- 名镇(乡)所在区域
- 名镇(乡)

1：3 060 000

审图号：GS（2018）5807 号

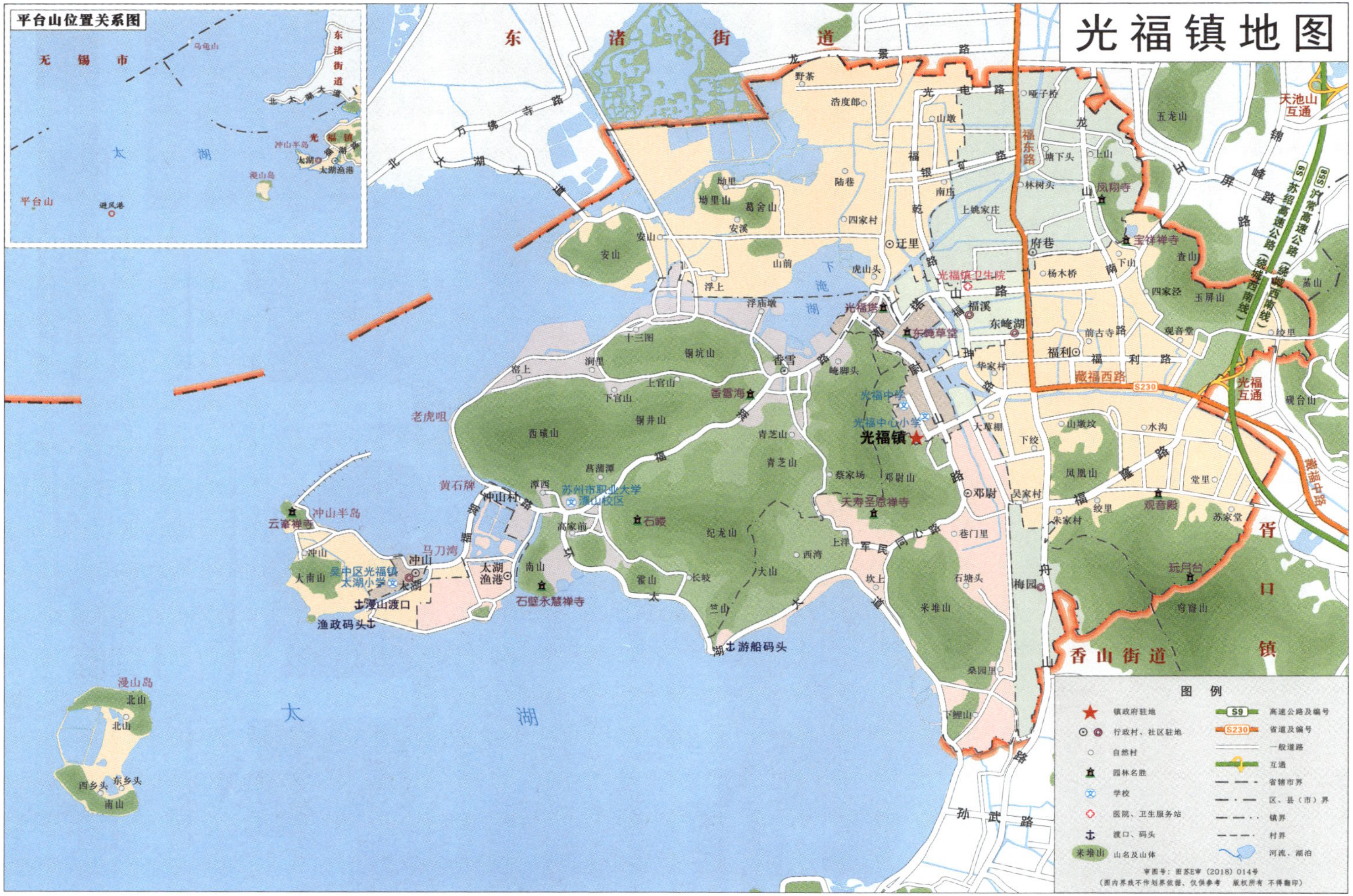

光福镇地图

平台山位置关系图

图例

符号	说明	符号	说明
★	镇政府驻地	S9	高速公路及编号
⊙ ◎	行政村、社区驻地	S230	省道及编号
○	自然村		一般道路
	园林名胜		互通
	学校		省辖市界
	医院、卫生服务站		区、县（市）界
⚓	渡口、码头		镇界
米堆山	山名及山体		村界
			河流、湖泊

审图号：图苏E审（2018）014号

（图内界线不作划界依据、仅供参考　版权所有 不得翻印）

古镇古寺（2015 年摄）

古镇鸟瞰（2016 年摄）

太湖渔港（2016 年摄）

东崦风姿（2017 年摄）

千年古刹（2017 年摄）

司徒庙“清奇古怪”古柏（2013 年摄）

香雪海探梅（2013 年摄）

渔民收获（2016 年摄）

窑上桂花（2016 年摄）

薄胎茶壶

核雕手串

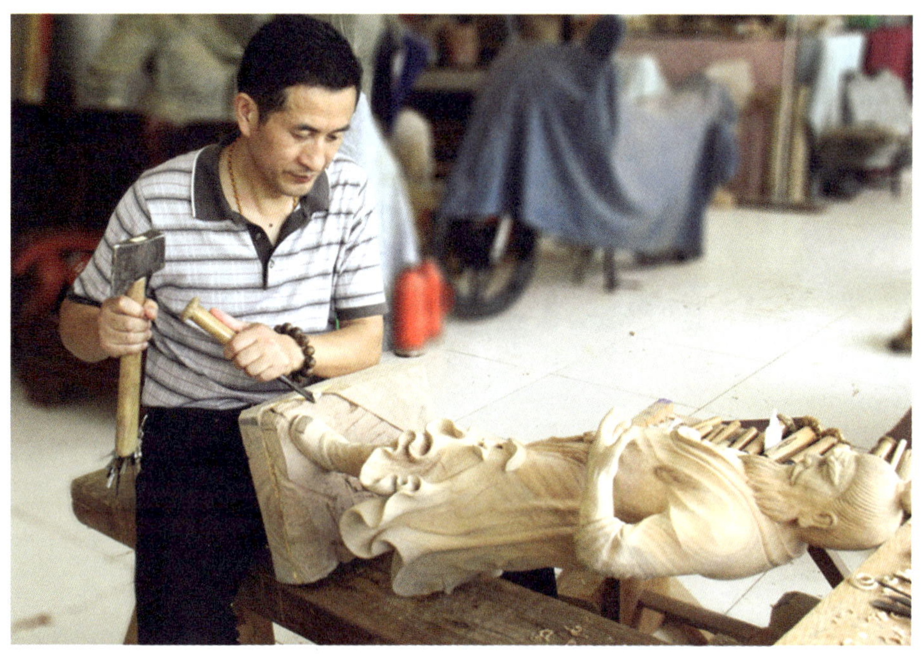

佛像雕刻

千手观音

生命之鸣

云石七屏罗汉床

目录

湖光山色　宜居福地

波光粼粼的湖水，悠悠驶来的渔船，隐隐在望的小岛……

迷迷蒙蒙的天空，如烟如雾的雨丝，湿漉漉的石板……

一切都是似梦似幻的场景。这就是苏州太湖之滨素有“湖光山色，宜居福地”美称的光福镇。这座嵌入太湖的半岛，犹如一块镶嵌在白银盘里的绿色翡翠，是一个让人如痴如醉，休闲、宜居的原生态天堂。

南朝梁天监年间（502—519），顾氏在龟山创立寺庙，取佛教中“佛光普照，广种福田”之意，命名为光福寺。镇由寺而得名。

可观赏的历史名镇

她如一部文化典籍，似一册历史图书，62.2 平方千米的土地承载了厚重的历史，孕育了深厚的文化。

东崦、西崦湖里出土的新石器时代良渚文化的石犁、石斧告诉人们，早在 5000 多年前这里就有先民从事“犁耕农业”的生产活动。安山顶上的土墩石室遗址，仿佛向人们诉说着春秋时期凄婉动人的故事。古镇区西北的虎山，相传是春秋时期吴王阖闾养虎的地方（清《光福志》），如今行走在虎山那幽幽的山道中，耳边仿佛还回荡着阵阵虎啸猿鸣。汉代，顾翱、顾通、顾融生活在光福，逐渐发展成为江南顾氏的“大本营”。东汉大司徒邓禹弃功名，隐居邓尉山下，彰显了远离污浊的高风亮节。当年他亲手种植的“清、奇、古、怪”古柏，虽经千年风霜雨雪、日曝雷击，却依然苍劲挺拔，树形奇特，犹如一个天然的大盆景，堪称天下奇观。

光福风光（2015 年摄）

建于南朝梁天监二年（503）的光福寺，是吴地最古老的寺院之一。唐大中年间（847—859）的尊胜陀罗尼咒经幢、唐代铜观音像、唐末的顾黄门祠、宋代光福寺桥……这一切，无不见证了唐宋时期光福的繁荣和兴旺；这一切，犹如饱经风霜的慈祥老人，正以无声的语言将光福昔日的沧桑娓娓道来。建于南朝梁大同年间（535—546）的光福塔，雄居山巅，高凌云霄，虽几经毁建，雄姿依然。登临龟山，纵眼四望，但见高处峰峦攒簇，低处层林叠翠，湖光山色，相互掩映，不在画中，胜似画中。

千年古刹圣恩寺，背依玄墓山，面临万顷太湖，这里曾是佛教禅宗临济宗的中心，也是清康熙、乾隆两位皇帝驻跸的地方。古老的庙宇，悠悠晨钟，声声暮鼓，久久在山谷回荡。

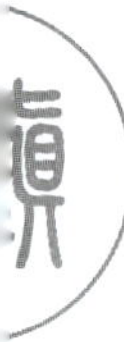

千年风雨中沉淀而成的古镇，老街幽巷，小桥流水，粉墙黛瓦，有着说不尽的缠绵悱恻，无不让人诗兴如泉，文思如潮，画趣横生。陆龟蒙、范成大、赵孟頫、倪瓒、杨基、高启、徐有贞、沈周、唐寅、文徵明、王士禛、康熙帝、宋荦、乾隆帝、沈德潜、姚鼐、龚自珍、冯桂芬、于右任、田汉、刘海粟……都与光福结下难解之缘，他们痴情地陶醉在光福那旖旎的景色中，他们痴心地沉浸于光福那千年的文化中，他们以情以心留下了意蕴隽永、令人回味的诗歌、散文和书画，为光福人文增添了耀眼的光芒。

可体验的旅游名镇

光福区域地理位置优越，交通便捷，自然脱俗，是国家AAAA级旅游景区、太湖风景名胜区中富有特色的景区之一。

古镇西边吾家山麓有名扬四海的香雪海胜景，是中国四大赏梅胜地之一，清康熙、乾隆两位皇帝都到此赏胜。初春时节，这里繁花似雪，暗香浮动，微风吹拂，香飘数十里，沁人心脾。山上闻梅馆接纳过无数赏梅的达官贵人和风流才子，见证了他们因梅而醉、为梅而痴的超然和洒脱。著名建筑匠师姚承祖所建的梅花亭，造型呈梅花形，亭内顶部设梅花形藻井，翼角飞檐，结顶是栩栩如生的青铜立鹤，极具文物价值和艺术价值。亭南有乾隆皇帝第三次到香雪海赏梅所作御诗并书写的碑文。乾隆皇帝以诗的形式，对光福“诸冈连属，适可寻娱”的景色抒发由衷的赞美之情。这里有帝王将相留下的历史印痕，这里更有无数文人雅士、骚人墨客留下的对美景和梅花的赞美。

光福是富有特色的“中国花木之乡”。初夏时节，官山岭上的木荷花怒放争艳，丝丝幽香，扑鼻而来。金秋十月，窑上桂花馥郁芬芳，满天飘香，沁人心脾。在这里，映入眼帘的是竹林摇曳、玉兰挺拔、灌木错落有致、花朵展现灿烂笑容的美景。走进一个个花木苗圃，造型精致的盆景翩翩起舞，各种花卉竞相开放。

在这块充满绿色希望的土地上，花木种植户超过 5000 户，种植面积 4 万余亩，各类花木品种 300 多个，花木专业公司 100 多家，具有一定规模的花木苗圃 45 个，储存花木价值约 40 亿元。每当苗木种植季节，一辆辆满载苗木的运输车辆，带着人们对幸福生活的向往和追求，驶出光福，奔向一个个绿化工地……1000 余名花木经纪人的足迹踏遍大江南北，为美化环境、绿化城市作出了卓越的贡献。

这里有全国内陆第一渔港，有太湖流域最大的渔业村，保留了深厚而浓郁的渔文化特色；有内湖第一大渔船七桅古船，还有列入江苏省级非物质文化遗产名录的七桅古船制作技艺；这里有列入苏州市级非物质文化遗产名录的太湖渔民婚俗和列入吴中区非物质文化遗产名录的太湖祭神歌，传承着千百年来太湖渔民特有的婚礼、祭祀风俗。休渔期间，渔港有千桅林立的壮观；开捕时节，有千帆竞发、百舸争流的浩荡。人们在这里不仅可以尽情品尝著名的“太湖三白”（白鱼、银鱼、白虾）和太湖蟹，更能亲身体验到太湖渔民的淳朴和敦厚。

国家 AAAA 级旅游景区的建设，使景区环境综合改造力度不断加大，基础设施建设（道路、广场、绿化、“三线”入地、夜景灯饰等）不断完善，景区面貌日益改善。以景区旅游、红色旅游、寺庙旅游、乡村旅游为着眼点，以香雪海景区为龙头，以周边休闲观光度假项目为配套的综合性、立体型大旅游格局已基本形成。光福正以自己独特的魅力，向世人展示着她的古韵今风，正以自己迷人的风姿，吸引着无数游客到此休闲观光。

可触摸的工艺名镇

悠久的历史和优美的环境，培育和熏陶了生活在这片充满灵气土地上的人们。他们聪明勤劳，心灵手巧，以自己的不懈探索和努力，孕育了绚丽多彩、内涵深厚的光福特色工艺文化，刺绣、缂丝、古铜器……无不闪烁着艺术的光芒，无不洋溢着光福人的聪明和智慧。这里是闻名遐迩的工艺雕刻之乡，精湛的雕刻工艺巧夺天工。这里是近代“四大雕刻”（玉雕、核雕、红木雕、佛雕）等著名“苏作”“苏工”技艺的发源地之一，其“精、巧、细、灵”的技艺彰显出独特的艺术风格和浓郁的地方特色，在苏州乃至全国工艺领域都有着重要的地位。富有特色的吴地文化，无不凸显在光福人创作的各类丰富的艺术作品中。历史的巨轮驶入今天，光福先后建成玉石工艺雕刻街、光福玉器城、太湖佛像工艺雕刻街、中国工艺文化城等集创作、加工和销售于一体的大型工艺文化交流平台，为光福工艺文化走遍全国、走向世界搭建了可持续发展的平台，也为促进当地经济社会发展奠定了坚实的基础。

2008 年，光福核雕被列入国家级非物质文化遗产名录。2014 年，光福被中国工艺美术协会命名为“中国工艺雕刻之乡”。2016 年，玉石雕刻、红木雕刻、佛像雕刻和苏州“明式”家具制作技艺被列入江苏省非物质文化遗产名录。这里工艺人才辈出，2017 年，“四大雕刻”从业人员 7000 多人中有各级各类工艺美术师 148 人，其中高级工艺美术师（含国家级非物质文化遗产传承人）20 人。各类艺术创作工作室、艺术作品陈列室遍布光福大街小巷。玉雕作品《吉祥三宝·和谐碗美》《象尊》和核雕作品《二十四孝》《十二月花神》先后摘得中国民间文艺“山花奖”桂冠。今天，漫步在光福这个工艺之都，能感受到浓郁的艺术氛围，接受到高雅的艺术熏陶，享受到艺术带来的内心愉悦。

可感知的生态名镇

光福山明水丽，婀娜多姿，她以独特的魅力使无数名流高士流连忘返，她以绰约的风姿令无数骚人墨客赞美有加。邓尉山、潭山、铜井山、西碛山、卧龙山、玉屏山……云蒙山峰，雾流涧谷，绿林扬风，清泉激涧。太湖浪花轻拍着蜿蜒漫长、曲折多姿的湖岸，东崦湖、西崦湖碧波荡漾，渔舟唱晚。

今天的光福，干净整洁的街道，秩序井然的交通，在主干道和休闲观光长廊布局合理的乔木、灌木、地被植物，完善的公共服务设施，安居乐业的百姓，犹如一幅幅精美画卷展现在人们面前，代表着光福创建国家卫生镇的显著成效。

这里是苏州的西花园，群山环抱，天蓝水清，悠久的文化深藏在迷人的风景中。这里不见城市的喧闹，只有低飘的云朵伴着青山，美丽村庄逐渐增多，人居环境日益优化。这里实现了生态环境协调、有序和动态平衡，人均 24.48 平方米的公共绿地面积，营造了人与自然和谐共处的氛围，创造了舒适优美的人居与游憩环境，提高了居民的生活质量。日处理污水上万吨的污水处理厂、日处理垃圾 50 吨的垃圾中转站，为全镇洁净环境、美化生活提供了有力保障。全镇总长 17179 米的主干道，给人们的出行带来了极大便利。

可依恋的宜居名镇

光福湖光山色，环境优美，基础设施的提升，绿色生态资源的开发，公共服务能力的提高，铸就了光福这个名副其实的宜居名镇。

福园、锦泽园、衡园别墅小区，西溪里、爱丽莎、上层九号、天地一号等住宅小区落户这里；文体中心健身房、大型市民广场和国家级登山健身步道为人们健身和休闲提供了好去处；农贸市场明亮、整洁，摊位物品摆放整齐，为居民提供了舒心的消费环境；省级优质幼儿园、一级甲等"江苏省示范乡镇卫生院"等，为安居在这里的人们提供着优质的服务。

优美的自然环境奠定了苏州后花园的基础，光福人民用自己勤劳的双手创造的灿烂和美丽，提升了光福的品位，提升了人民的幸福指数。

湖光山色的精华和5000年时光的积淀，铸就光福深厚的文化内涵；现代文明的注入，让光福更显清新明丽，真正成为人们安居乐业的宜居福地。

湖光山色的光福是诗，流淌着5000年的抑扬顿挫。

湖光山色的光福是画，彰显着原生态的山清水秀。

基本镇情

光福，古称梓里，又名虎溪、邓尉。清《光福志》云:“光福镇，古虎溪地，相传吴王养虎处。萧梁时，建光福寺于龟峰，遂以寺名镇，迄今因之。”作为集镇名称，始见于唐陆龟蒙《送小鸡山樵人序》。镇建置始于北宋，明清时为吴县六大名镇之一。民国以来，一直为区、乡、镇政府（公所、署）驻地，是苏州西部太湖之滨的商贸重镇。

2017 年，全镇陆地面积 62.2 平方千米，拥有太湖水域面积 160 平方千米；辖 7 个行政村、3 个居委会，149 个自然村，常住人口 48007 人；实现地区生产总值 32.14 亿元，财政收入 3.72 亿元，农村居民人均收入 37574 元。

区位　交通

区位　光福地处北纬 31° 11′ ~ 31° 28′，东经 119° 50′ ~ 120° 18′，距离苏州古城中心城区 28 千米，濒临太湖，丘陵蜿蜒，河道曲折，山径崎岖，阡陌纵横。东与木渎镇接壤，南同苏州太湖国家旅游度假区毗连，西滨太湖，北接苏州高新技术开发区。

交通　光福交通发达便捷，苏福公路东接木渎镇；230 省道纵贯南北，北接 312 国道，距苏南国际机场 35 千米。苏州绕城高速贯通沪宁高速，设有光福枢纽。浒光运河、木光运河横贯东西，沟通太湖及京杭运河。境内 63 路公交车连接苏州市南区、64 路公交车连接苏州市北区、65 路公交车连接苏州轻轨 1 号线，境内有贯通各村的区间 651 路、652 路公交车。镇区内有公共自行车站点 7 处，为人们近距离出行提供便利。

自然环境

光福镇地处太湖之滨，是一座嵌入太湖的半岛。陆地面积 62.2 平方千米。

气候　光福属亚热带湿润性季风气候类型，受太湖水体的调节作用，具有四季分明、温暖湿润、降水丰沛、日照充足和无霜期较长的气候特点。

物产　域内丘陵起伏，群山环抱，山中有镇、镇中有山，境内河道纵横交织，湖

苏州绕城高速光福出口（2017 年摄）

泊星罗棋布，土地肥沃，气候宜人，物产丰富，盛产茶叶、桃、杏、梅、李、杨梅、枇杷、桂花等，享有“十里梅乡”“桂花之乡”的美称，铜坑杨梅更被誉为“吴中佳品”。

景观 光福镇内小桥流水，古街塔影，四周群山环抱，绿水环绕。主要的山水景观资源为西崦湖、漫山岛；山峦景观有邓尉山、玄墓山、西碛山、铜井山、穹窿山、吾家山、蟠螭山等，泉水景观有七宝泉、夹石泉、白鱼泉、铜井泉、墨泉；植物景观资源丰富，初春有赏梅胜地香雪海梅花，初夏有官山岭木荷，秋天有窑上西碛山桂花，还有司徒庙“清奇古怪”古柏等。

建置　区划

建置　光福历史悠久，文化底蕴深厚，据境内东崦湖、西崦湖出土的新石器时代良渚文化的石犁、石斧考证，早在5000多年前这里就有人类活动。

秦嬴政二十五年（前222），秦以吴国故都设立吴县，光福为吴县辖地。

北宋元丰年间（1078—1085），县以下设都保，光福为长山都保（乡都）。

明清时，县以下设乡，境内置长山乡（光福里）。光福集镇时为吴县六大名镇之一。清乾隆十一年（1746）置光福巡检司，司署驻虎山弄西桥堍老衙门。

1912年，吴县实行市乡制，5万人以上为市，不足5万人设乡。置光福乡，乡公所驻下淹滩一仁堂。

1929年8月，实施区、乡镇制。光福、西华两乡合并成第三区（光福区），区署驻光福一仁堂。境域面积420方里（105平方千米）。

1934年，第十八区（香山区）并入第三区（光福区），区公所驻光福一仁堂。境域面积503方里（125.75平方千米）。

1939年3月，伪吴县知事公署重新划定乡镇区域，建立光福乡公所。1940年12月起恢复原区划。

1941年7月起实行“清乡”，区划又作调整，光福为第六区。区公所驻花园弄吴家花园。

1945年8月抗日战争胜利后，恢复原区划（第三区），区署驻南街46号。

1947年2月，第三区（光福区）和第二区（木渎区）合并成吴西区，区署驻善人桥同德里。

1949年4月27日，光福解放。5月，光福镇归木渎区。

1950年3月，建光福区。区政府驻花园弄吴家花园。

1957年3月，撤区并乡，原光福区的光福、永安、纪龙、新生并为光福乡，乡政府驻花园弄吴家花园。

1958年9月25日，改乡为社，成立光福人民公社。公社驻花园弄吴家花园。

1983年，政社分设，建立光福乡人民政府。原政社合一的人民公社作为经济实体予以保留，称公社经济联合委员会。乡政府驻吴家花园。

1985年，撤乡建镇，实行镇管村体制，镇政府驻吴家花园。1996年12月，镇政府驻地搬迁至光福新区光福路1号。

2001年8月，太湖镇撤销建制，其辖区并入光福镇。

区划　北宋元丰年间（1078—1085），县下设立都保（即乡都）、大保和保三级组织，乡村居民10家组成1保，5保为1大保，10大保为1都保。光福为长山都保。

明清时期，县以下设乡，乡以下为都、图、村。明正德年间（1506—1521），光福为长山乡（光福里）管1个都。据民国《吴县志》载，清雍正至宣统年间（1723—1911），光福辖5个都。

1912年，光福辖4个都59个图。

1928年8月，江苏省政府重行调整分区和划分乡镇。光福为吴县第三区，辖光福、西华2个乡。

1931年，光福辖光福、西华、东渚等5个镇34个乡。

1934年，光福辖光福、西华、东渚3个镇21个乡、144个保、1537个甲。

1941年，光福为吴县第六区，辖4个镇22个乡、167个保、1592个甲、18077户。

1947年2月，吴县并区、乡镇。第二区（木渎）、第三区（光福）合并为吴西区，辖25个乡镇、324个保、3396个甲。

1948年2月，吴县并编乡镇。吴西区辖光福镇、东渚镇、善桥镇、枫桥镇、金山镇、横塘镇、木渎镇等7个甲等乡镇和西华、石湖、香山、胥口等4个乙等乡镇。5月，吴西区下辖木渎、光福、石湖、善桥、东渚、西华、金山、横塘8个镇及香山、胥口2个乡。

1950年3月，光福增建为区，辖光福、东渚二集镇及舟山、纪龙、新阳、永安、新生、长新、建新、长堤、青龙、山湖、镇湖等11个乡。

1953年5月1日，光福区下辖光福镇及舟山、镇湖、永安、纪龙、长新、东渚、新生、山湖、建新、长堤、新阳、青龙等12个乡，共98个行政村。

1956年1月，光福区并为1个镇7个乡。

1957年3月，以集镇为基点，以农业合作社为基础，实行整乡整社合并，撤区并乡。原光福区的光福、永安、纪龙、新生4个乡镇合并为光福乡。

1958年9月25日，光福乡成立光福人民公社。下设大队（营部）、连队。永安片为一大队，纪龙片为二大队，舟山片为三大队，新生片为四大队，长堤片为五大队，光福镇区为六大队。

1959年，光福人民公社下设光福、香雪、潭东、窑上、铜坑、坎上、迂里、山墩、浩度、枫浜、山前、安山、府巷、柴巷、北沟、刘家、田舍、福利、下绞、金涧、庵前、梅园、桑园、黄渠、舟山、塘村、陈华等27个大队。生产大队下设生产小队。

1977年1月，光福人民公社所属的潭东大队划归太湖人民公社管辖。

1978年8月，因光福机场建设，将原梅园生产大队划分为梅园、新梅生产大队。

1983年，体制改革，政社分立。原政社合一的农村人民公社作为经济实体予以保留，称公社经济联合委员会。同时建立乡政府，乡以下设立村民委员会及村民小组，取代生产大队和生产小队。光福成立光福乡人民政府，下辖27个村民委员会、3个居民委员会，分别为迂里村、浩度村、山前村、山墩村、光福村、柴巷村、枫浜村、田舍村、府巷村、北沟村、福利村、梅园村、新梅村、塘村村、陈华村、舟山村、香雪村、金涧村、下绞村、刘家村、桑园村、黄渠村、安山村、庵前村、铜坑村、坎上村、窑上村和塔山居委会、邓尉居委会、东崦居委会。

1985年，撤乡建镇，光福乡改建为光福镇，实行镇管村建置，辖区不变。

1993年，梅园村民委员会改建为梅园居民委员会。

1999年10月，建宝泉居民委员会。

2000年，光福辖5个居民委员会、26个行政村、162个自然村、261个村民小组。

2001年8月2日，撤销太湖镇建置，辖区划归光福镇。光福辖35村5居委会。

2001年10月，山前村与安山村合并为安山村。山墩村与浩度村合并，改为花桥村。枫浜村与柴巷村合并，改为高木桥村。田舍村与光福村合并，改为上崦村。北沟村与刘家村合并，改为翠屏村。福利村与下绞村、金涧村合并为福利村。陈华村与塘村村合并为塘村村。桑园村与新梅村合并为新梅村。黄渠村与舟山村合并为舟山村。坎上村与庵前村合并，改为邓尉村。香雪村与铜坑村合并为香雪村。湖中村与湖丰村、湖胜村合并为湖中村。湖东村与长浮村、湖荣村合并为湖荣村。冲山村与漫山村合并为冲山村。是年底，全镇辖 18 个村、5 个居委会。

2003 年 11 月，安山村、迂里村、花桥村合并为迂里村。高木桥村、府巷村合并为府巷村。潭东村、窑上村、香雪村合并为香雪村。翠屏村、福利村合并为福利村。新梅村、邓尉村合并为邓尉村。塘村村、舟山村合并为舟山村。湖荣村、冲山村合并为冲山村。上崦村、南街居委会、东崦居委会、塔山居委会、宝泉居委会合并为东崦湖社区居民委员会。全镇辖 8 个村、3 个居委会。

2006 年 3 月 1 日，原光福镇舟山村划归太湖度假区香山街道管理。

2017 年年底，全镇辖迂里、府巷、福利、邓尉、香雪、冲山、太湖渔港等 7 个行政村和东崦湖、梅园、福溪等 3 个社区（居委会）。

行政村

迂里村 地处镇西北，东与府巷村接壤，南至虎山桥，西临太湖，北至高新区镇湖。境内虎山传说为吴王阖闾养虎之地。辖区面积 11.2 平方千米，1984 年改为村民委员会。迂里村是光福玉雕发源地，全村 4000 多人从事玉雕产业，家家户户都有玉雕作坊。2017 年 12 月，共有迂里、南庄、北庄、浩度、山前、山墩、池沿上、葛舍、岇里、安山、安溪、花家桥、前秀峰等 31 个自然村，44 个村民小组，2189 户，常住人口 8659 人。村级集体资产 3043 万元，其中厂房面积 2.29 万平方米，三产用房 5942 平方米，净

迂里村（2017 年摄）

资产 2438 万元，完成村级资产可支配收入 410 万元，人均收入 3.58 万元。

香雪村 地处镇西南，东与镇区相连，南临太湖，与渔港村接壤，西至太湖，北邻西崦湖。村中山峰环绕，自然风景优美，全国闻名的“香雪海”旅游景点和司徒庙就坐落于村中。辖区面积 15.05 平方千米，1984 年改为村民委员会。苗木产业是村民发家致富的主业，村民以种植业为主，种植各种大小绿化苗木及桂花、果树。2017 年 12 月，共有潭东、潭西、南山、窑上、涧里、铜坑、浮庙墩、安山、倪家巷、崦脚头、费家河、涧上、于芝山、蔡家场、菖蒲潭、上天井、山坞里、官路上、上官路等 42 个自然村，42 个村民小组，2029 户，常住人口 7552 人。村级集体资产 4815 万元，其中厂房面积 2.2 万平方米，净资产 4384 万元，完成村级资产可支配收入 504 万元，人均收入 3.70 万元。

府巷村 地处镇北，东北与高新区东渚镇相连，南与福利村接壤，西与迂里村相接。辖区面积 5.27 平方千米，1984 年改为村民委员会。核雕和苗木种植是村民的主业。2017 年 12 月，共有府巷、柴巷、枫浜、花巷、叶家旦、上珠巷、南塘泾、宋家庄、姚家庄、旗墩上、上山、高木桥、菱树头、白门塘等 18 个自然村，18 个村民小组，1423 户，常住人口 5659 人。村级集体资产 4784 万元，其中厂房面积 2.29 万平方米，净资产 4620 万元，完成村级资产可支配收入 661 万元，人均收入 3.62 万元。

福利村 地处镇东，东与木渎镇善人桥相连，南与梅园居委会接壤，西与东崦湖社区为邻，北与府巷村相接。辖区面积 12.3 平方千米，1984 年改为村民委员会。核雕和苗木种植是村民的主业。2017 年 12 月，共有遮山（上山脚头）、山脚头、北沟上、刘家河头、鸡墩里、独石上、杨木桥、绞里、观音堂头、大墩头、顾匠巷、金家涧、吴家场、棠梨树桥、田庄、小桥头等 42 个自然村，27 个村民小组，1925 户，常住人口 7965 人。村级集体资产 7356 万元，其中厂房面积 3.37 万平方米，净资产 6676 万元，完成村级资产可支配收入 1607 万元，人均收入 3.77 万元。

邓尉村 地处镇东南，东与福利村相连，南与香山街道接壤，西与香雪村为邻，北与镇区相接。辖区面积 9.55 平方千米，1984 年改为村民委员会。核雕和苗木种植是村民的主业。2017 年 12 月，共有桑园里、庵前、坎上、石灰弄、下官路、竺山、竺坞等 25 个自然村，25 个村民小组，941 户，常住人口 3437 人。村级集体资产 4475 万元，其中厂房面积 35.32 万平方米，净资产 1961 万元，完成村级资产可支配收入 506 万元，人均收入 3.49 万元。

邓尉村（2017 年摄）

冲山村湖山风光（2017 年摄）

冲山村　地处镇西南，东与太湖渔港村相连，南、西、北面临太湖，为太湖半岛，是新四军太湖游击队著名的“冲山之围”发生地。辖区面积 3.19 平方千米，1984 年改为村民委员会。佛雕是村民主业，是著名的“佛雕村”。2017 年 12 月，共有冲山、湖东、湖荣、长浮、漫山 5 个自然村，19 个村民小组和 1 个居委会，935 户，常住人口 3006 人。村级集体资产 5147 万元，其中厂房面积 1.47 万平方米，净资产 4157 万元，完成村级资产可支配收入 352 万元，人均收入 3.56 万元。

太湖渔港村　地处镇西南，东与香雪村相连，南临太湖，西与冲山村接壤，北与香雪村相接，是太湖地区唯一的专业渔业村。辖区面积 1.24 平方千米，1984 年改为村

太湖渔港村（2017 年摄）

民委员会。村民以捕捞、运输为主业。2017 年 12 月，共有湖胜、湖中、湖丰 3 个自然村，15 个村民小组，1385 户，常住人口 4855 人。村级集体资产 5253 万元，其中厂房面积 8669 平方米，净资产 1678 万元，完成村级资产可支配收入 259 万元，人均收入 3.75 万元。

居委会

东崦湖社区居委会 地处镇东，东与福利村相连，南与邓尉村相接，西临西崦湖，北与府巷村接壤。2003 年新建。辖区面积 2.15 平方千米。辖区内从事核雕、玉雕、红木雕人员众多。2017 年 12 月，共有南北田舍、崦东、陆家桥、金沙渠、虎山弄、山场坞、梓里等 10 个自然村，17 个村民小组和 1 个居委会，2116 户，常住人口 5343 人。集体资产 1027 万元，其中厂房面积 3700 平方米，净资产 766 万元，完成资产可支配收入 247 万元，人均收入 3.55 万元。

梅园居委会 地处镇东南，东临穹窿山，南与香山街道舟山村相接，西与邓尉村相邻，北与福利村接壤。1993 年新建。辖区面积 1.54 平方千米。辖区内多山地，村民以苗木种植为主。2017 年 12 月，共有紫藤坞、上梅园、中村、北村 4 个自然村，5 个村民小组，167 户，常住人口 563 人。集体资产 415 万元，其中厂房面积 1516 平方米，净资产 149 万元，完成资产可支配收入 139 万元，人均收入 3.39 万元。

东崦湖社区（2017 年摄）

福溪社区（2017 年摄）

福溪社区居委会 福溪社区是动迁安置小区，位于光福镇福坤路 18 号。地处东崦湖社区田舍村、福坤路以东，田舍路以北，南田村河以南。2011 年 11 月 3 日成立，主要接受来自福利村、府巷村、东崦湖社区的拆迁户；由福溪花园 A 区、B 区、C 区，福韵花园，福瑞花园，福润花园 A 区、B 区、C 区，活动板房区、银矿路过渡房、特殊人群老年人过渡房、敬老院改造老年人过渡房 12 区构成，辖区面积 0.71 平方千米，建筑面积 44 万平方米，3090 户，居住人口 1.02 万人。

人口　民族　姓氏

人口 光福因区域变动调整，人口变化较大。1914 年，境内有 11954 户，41971 人。1929 年，有 10215 户，29314 人。

1953 年第一次全国人口普查，光福区有 1 个镇 12 个乡，14054 户，总人口 54926

人。1964 年 7 月 1 日 0 时第二次全国人口普查，光福公社有 10202 户，总人口 33538 人。1982 年 7 月 1 日 0 时第三次全国人口普查，全公社有 10719 户，总人口 40382 人。1990 年 7 月 1 日 0 时第四次全国人口普查，光福镇有 10650 户，总人口 40524 人。2000 年 11 月 1 日 0 时第五次全国人口普查，光福镇有 12362 户，总人口 39451 人。2010 年 11 月 1 日 0 时第六次全国人口普查，光福镇有 13301 户，总人口 45549 人。2015 年 12 月 31 日，光福镇有 13202 户，总人口 46944 人。0 ～ 17 岁 6634 人，占总人口 14.13%，60 岁以上 12794 人，占总人口 27.25%。其中 80 ～ 89 岁 1431 人，90 ～ 99 岁 199 人，100 岁及以上 3 人。外来暂住人口 1.2 万人。

2017 年 12 月 31 日，光福镇有 13056 户，总人口 48007 人。0 ～ 17 岁 7023 人，占总人口 14.6%，18 ～ 34 岁 8730 人，占总人口 18.2%，35 ～ 59 岁 18894 人，占总人口 39.4%，60 岁以上 13360 人，占总人口 27.8%，其中 80 ～ 89 岁 1665 人，90 ～ 99 岁 245 人，100 岁及以上 3 人。另有外来暂住人口 16449 人。

民族 光福人口素以汉族人口为主，少数民族占比例较少。20 世纪 90 年代以来，全镇商机蓬勃，人口交流增多，逐渐有少数民族到光福经商和定居，因婚姻迁入光福的少数民族人口不断增加。

2017 年 12 月，光福有少数民族 16 个，计 159 人，占总人口的 3.3‰。其中壮族 43 人、土家族 32 人、满族 17 人、侗族 15 人、苗族 18 人、蒙古族 7 人、回族 8 人、朝鲜族 5 人、布依族 5 人、傣族 2 人、彝族 2 人、土族 1 人、仫佬族 1 人、畲族 1 人、瑶族 1 人、仡佬族 1 人。

姓氏 光福历史悠久，姓氏众多。据 2017 年 12 月统计，千人以上大姓有 16 个，依次为：顾姓 3109 人、周姓 2681 人、张姓 2554 人、朱姓 2148 人、蒋姓 2139 人、陆姓 2022 人、吴姓 1862 人、金姓 1862 人、徐姓 1715 人、李姓 1698 人、钱姓 1400 人、许姓 1304 人、陈姓 1283 人、府姓 1086 人、沈姓 1056 人、马姓 1004 人。

附：光福主要姓氏来历

顾氏 越王勾践后裔。西汉，顾翱迁居光福，成为光福顾氏始祖。东汉，光禄勋顾通退居老家光福，归隐太湖边聚坞（今属香雪潭东村）。其子顾融，举家归隐光福龟山。顾融第十四世孙顾野王，官至黄门侍郎，被誉为顾氏“中兴之祖”。顾野王有五子，逐渐繁衍为光福大族。（参见本志“杂记·掌故·江南顾氏源光福”）

黄氏 原籍福建浦城。北宋前期，黄挺由同乡章得象推荐到平江（今苏州）担任吴县尉。后历任秀州司理、余杭尉、筠州判，官至太子洗马。致仕后，因爱光福山水秀美，定居潭东聚坞，成为光福黄氏始祖。

朱氏 宋朱长文（乐圃）后裔。其孙朱惠，官承德郎，宋徽宗时营别业于光福。靖康时，朱惠长子朱青隐居邓尉山，成为光福朱氏始祖。此后，朱氏散居光福多地，人丁兴旺，逐渐成为当地大族。

徐氏 原籍浙江衢州江山。宋室南渡，徐綦由京城随宋室南下，避乱平江（今苏州），爱光福山水清嘉，定居光福，成为光福徐氏始祖。徐氏人丁兴旺，逐渐成为当地大族，以至光福别称“徐村”。

许氏 先世郑州新郑人。宋靖康间，承直郎许翀，以才领荐，随宋室南渡，卒于途中，赠某官。其子许舜从，定居光福铜坑村，渐为当地大族。

李氏 原籍浙江吴兴，唐宗室后裔。南宋宝庆年间（1225—1227），朝散大夫李鼻以巡尉镇守光福铜坑汛，遂家于此。成为李氏光福始祖。其玄孙李庆移居迂里，聚族甚繁，成为光福大族。

钱氏 原籍钱塘（今浙江杭州），吴越王钱镠后裔。南宋淳熙年间（1174—1189），钱氏第九世钱三耆从湖州毗山迁至长山乡新丰里（今属光福迂里村），筑室定居，人称钱新丰（即今前西峰）。元至元年间（1264—1294），钱氏第十五世钱贵七由新丰赘安山李氏，成为安山钱氏始祖。

镇域经济

光福工业、农业、手工业和旅游业发展格局基本形成，各项社会事业发展呈良好态势，集体经济不断壮大。2017年，实现地区生产总值32.14亿元，公共财政预算收入2.03亿元，全口径财政收入3.72亿元，实现工业总产值13.18亿元。服务业总产值17.2亿元，一、二、三产业产值比重为5.5∶41∶53.5。

工业经济 20世纪20年代，光福有小型碾米厂、发电厂。50年代中期，组建制鞋、缝纫、铁业等生产小组。1958年，各大队兴办炼铁、水泥、农机、花果加工等工厂。60年代中后期，兴办缫丝、塑料、采石等工厂。80年代，社队企业兴起。经过30年的发展，已形成门类比较齐全的工业经济体系，特别是进入21世纪以来，企业的科技含量不断增加，经营规模不断扩大。2017年，境内工业门类有建筑、化纤、食品、机械、机电、电力、电缆、电子等，上市企业1家（安洁科技），年产值2000万元以上规模企业19家。实现工业产值13.18亿元，占地区生产总值的41%。

农业经济 光福传统农业种植有水稻、小麦、花果、苗木、蚕桑。20世纪80年代，实施新型农业产业结构调整，苗木种植规模不断扩大。2004年4月，成立光福镇花木协会。2017年，全镇种植苗木超过4万亩，苗木产业从业人员超过1.5万人，花卉苗木经纪人超过1000人，全镇苗木年销售额超6亿元。租赁承包土地种植花卉苗，逐步向周边地区和外市、外省拓展。果品种植面积逾300亩，主要品种为杨梅、枇杷、青梅、葡萄、黄桃和水蜜桃。全镇农业产值占地区生产总值的5.5%。

农田风光（2017年摄）

手工业 光福民间工艺历来发达，至明清时期达到鼎盛，手工业作坊遍布全镇。光福是苏绣、缂丝、"苏工"玉雕和核雕、"苏作"红木雕刻和佛雕的发源地。改革开放之后，玉雕、核雕、红木雕刻和佛雕快速发展，成为百姓主要经济收入来源，影响遍及周边乡镇。

2017年，玉雕、核雕、红木雕刻和佛雕"四大雕刻"从业人员近7000人，占全镇总人口的七分之一，全镇各级各类工艺美术师148人，省级"非遗"传承人及高级工艺美术师20人。

旅游产业 光福文化底蕴深厚，旅游资源丰富，1982年被列为国家级太湖风景名胜区十三景区之一，2014年被国家旅游局命名为国家AAAA级旅游景区。

光福镇充分利用区域内旅游资源，打造景区旅游、红色旅游、寺庙旅游和乡村旅游四大旅游新格局，旅游收入逐年增加。2010年，景区接待游客55万人次，门票收入560万元。2015年，景区全年接待游客65.7万人次，门票收入616.52万元。2017年，景区全年接待游客76.5万人次，门票收入785.36万元。

社会事业

教育

清同治七年（1868），江苏巡抚丁日昌在光福创办义塾。光绪三十一年（1905）七月，冯世澂在光福下崦滩创办公立西崦初等小学堂。次年，冯世澂、冯泽衍将光福下崦滩义塾改为公立简易识字学塾。所用课本为《三字经》《百家姓》《千字文》及四书、五经。宣统元年（1909），苏州萃民中学校长海依士在光福镇孙家弄耶稣堂内创设萃英中学第四分校，后因时局动乱，不久就停办。1912年，光福公立简易识字学塾（西崦初等小学堂）升格为完全小学，改名光福西崦小学。民国时期，在农村创办迂里国民小学校（创办于1912）、府巷小学（创办于1912）、舟山小学（创办于1914）、窑上小学（创办于1928）、倪巷小学（创办于1930）等6所乡村小学。1934年，西崦小学附设幼稚班。此后又创办田舍、西峰、安山、山前、赵河、种福、鲤山、坎上、柴巷、刘家、北沟等11所乡村小学。1937年8月，陈盛玉借铜观音寺庙舍创办苏光中学，招收逃难至光福的失学青年和回乡青年，3个月后停办。1949年，光福地区有乡村小学17所。同年，光福创办县立初级蚕丝职业学校。

新中国成立后，巩固发展已有的公办、民办小学，并在山墩、福利、下绞、陈华、黄渠、铜坑等村开办乡村小学6所。至此，光福村办小学逐渐从初级小学向完全小学过渡。

1950年，县立初级蚕丝职业学校并入木渎吴县初级实用职业学校（该校后改为吴县县立初级农蚕技术学校）。1953年，创办光福初中补习班。1956年开办光福初级中学，校名光福中学。1958年，全社各生产大队办幼儿园24所、农业中学1所。1964年又办农业中学3所。1968年，光福中学在公社"农业学大寨"样板大队下绞大队开办初中下伸班。同时，迂里、山墩、安山、府巷、北沟、金涧、塘村、陈华、舟山、香雪、窑上、坎上等12所完全小学开办加冠初中班（俗称"戴帽子初中"）。

1971年2月，光福中学增设高中部，首届招收光福籍学生50余人。以后，高中办学规模逐年扩大。1976年招收高一新生250余人。1978年，12所加冠初中实行中小学分离。1981年9月起，东渚、镇湖、藏书、太湖纳入光福中学高中部施教区。1982年后，逐步撤并初中下伸班。1984年1月，成立光福镇成人教育中心校。至1985年，保留塘村、府巷、北沟、迂里、香雪5所农村初级中学。1986年撤销北沟农村初级中学，并入府巷农村初级中学。1990年，撤销香雪、府巷、迂里农村初级中学，并入光福中学。1992年撤销塘村农村初级中学，并入光福中学。1995年起农村小学陆续撤并，至2000年，全镇由原有的24所农村小学，撤并为迂里、府巷、下绞、塘村、香雪等5所完全小学。2001年8月，太湖实验学校划归光福。2005年，随着全区教育布局调整，光福中学停办高中。2005年起，逐年撤并农村小学。至2007年，撤销迂里、府巷、下绞、塘村、香雪等5所完全小学。2008年，撤销太湖实验学校，改为光福中心小学校外教学区。2011年，改为苏州香雪海小学校外教学区。

2017年12月，光福有幼儿园1所，完全小学2所，中学1所，成人教育中心校1所。

光福中心小学附属幼儿园 光福幼儿教育始于1930年。1934年，公立西崦小学附设幼稚班有1个班45人，日军侵略沦陷后停办。抗日战争胜利后，幼稚园随学校的恢复而重设。解放后，贯彻"幼儿教育为工农开门"的方针，提倡依靠群众，发展幼教事业。

光福中心小学附属幼儿园（2017年摄）

1958年，全民动手办幼教，当年全社各大队办幼儿园24所，26个班，入园幼儿1084人。1959年开始逐年收缩，至1961年各大队民办幼儿园（班）几乎全部停办。“文化大革命”开始后，中心小学附设幼儿园停办。1969年，光福中心小学恢复附设幼儿园。1979年，幼儿教育逐步实行规范、系统化教育，全乡有24个幼儿班，班班有专任教师，中心校负责业务辅导。

1981年10月起贯彻执行教育部颁发的《幼儿园教育纲要（试行草案）》，光福实行乡村集资，政府补助的办法，新建和扩建园舍，改善硬件设施。1983年，全乡有市镇中心幼儿园1所，入园幼儿80余人，教师3人；农村幼儿园24所，入园幼儿600多人，教师24人。幼儿教育注重于幼儿的心理、健康教育，设置了符合幼儿心理特点的、培养动手动脑能力的课程。2000年，全镇有中心幼儿园1所，占地面积6450平方米，建筑面积2980平方米。中心幼儿园分设大班、中班、小班，招收4个班。入园幼儿140人，教师11人，专任教师9人。被评为“二类幼儿园”。农村幼儿园24所，27个班级，占地总面积1.9万平方米，建筑面积6644平方米。专任幼儿教师27人，入园幼儿598人。农村幼师学历：大专4人，幼师毕业16人，专业合格5人。2017年9月，光福中心小学附属幼儿园有学生1240人，教职工113人，被评为江苏省优质幼儿园。

光福中心小学 位于邓尉山麓。光绪三十一年（1905），创办于光福下崦滩。2004年搬迁至现址。学校坚持以德育为首，科研为先，严谨治学，根据地方特色，建立“邓尉草堂”，指导学生学习书画；开展“邓尉之星”，个人才艺展示活动；走出校门开展邓

光福中心小学乐队（2015 年摄）

尉少年“写春联资助贫困生”活动；建立“邓尉文学社”、科技兴趣小组等。创办“少年军校”，定期开展军训、与军人通信等活动。

学校是全国百所中华经典古诗文诵读实验学校之一，多次被评为苏州市文明单位、苏州市常规管理先进学校、苏州市常规管理示范学校、苏州市小学自然实验室合格学校、吴中区教育科研窗口学校、江苏省绿化标准达标单位、苏州市绿色学校、苏州市德育工作先进集体。在实施新课程过程中，被吴中区教育局列为首批新课程改革实验学校。先后获得吴中区鼓号队金奖、苏州市举重比赛第一名、苏州市鼓号队比赛一等奖，全国绿色学校书画作品大赛组织奖等，并获吴中区青年文明号、吴中区教育科研窗口学校、吴中区少先队金星队组织等荣誉。

2017 年 9 月，中心校有 28 个教学班，学生 1271 人，教职工 113 人。

苏州香雪海小学　2011 年 8 月成立，位于塔山路中国工艺文化城西侧。由原吴中区光福中心小学第二校区和原吴中区太湖实验学校合并而成。学校以“傲雪呈香，磨砺呈彩”为校训，以“质朴求实，智慧求新”为校风，以“爱生有情，教学有方”为教风，以“规范明礼，好学明真”为学风，将孙子文化校本教材与课堂教学有机结合，用科研引领发展，铸就教育品牌。先后获得苏州市优秀图书室、苏州市篮球传统特色学校、苏州市德育先进学校、苏州市节水型学校等荣誉。

2017 年 9 月，学校有 33 个班级，1393 名学生，在编教职员工 65 名，其中区级以上学科带头人 8 名，中学高级教师 5 名。

苏州香雪海小学学生出操（2017 年摄）

光福中学学生篮球训练（2017 年摄）

光福中学 创办于1956年8月，位于邓尉山麓，占地面积约70亩。学校始终秉持“日省、恒持、博学、精进”校训，坚守“建有文化的校园、塑有思想的教师、育有特长的学生、办有特色的学校”的办学目标，教育教学活动处处体现“风清气正追求卓越”的学校精神和“学惟真、行惟信、德惟馨”的校风。充分利用光福历史文化名镇的资源优势，彰显学校办学特色，逐步形成“三学、三思、三测”[①] 的课堂教学模式，引导学生形成“笃远志、善质疑、会合作”学风。先后被评为吴中区常规管理先进学校、苏州市实验室合格学校、苏州市教育信息化先进学校、苏州市教育现代化初中、苏州市依法治校先进学校、苏州市德育先进学校、苏州市中小学教育技术装备管理先进学校、苏州市行风建设群众满意示范学校、江苏省“健康促进学校”和江苏省“平安校园”等。连续5年获得“985”名牌工程高校优质育苗奖和“211”本科院校优质育苗奖。

2017年，学校有25个教学班，806名学生，108名教职员工，其中有区级学科（学术）带头人16名、区级学科骨干教师26人、教育硕士10人。

光福镇成人教育中心校（社区教育中心） 创办于1984年1月。学校以培养地方人才、服务地方经济为宗旨，根据农村经济体制改革的深化和当地产业结构、劳动力结构的实际，抓住各行各业迫切需要人才的办学有利时机，采用灵活多样的办学形式，有针对性地将开展岗位培训作为工作重点，为当地经济建设的发展输送人才。同时，根据当地经济建设发展的需要，开办机械专业、财会专业、蚕桑专业、化工专业、企业管理专业电视中专班和财政经济大专班。很多毕业学员成了镇、村企业的技术骨干和经营、管理行家。1990年，学校被评为苏州市“合格乡镇成人教育中心校”，1992年被评为江苏省成人教育先进单位。1998—2008年，学校与中央电视大学联合办学，为社会输送毕业生300余名。2010年后，学校工作重点逐渐转向社区教育。2014年，被评为江苏省标准化社区教育中心。2017年，开展培训120次，参训人数3.2万人次。

卫生

1926年，中国红十字会吴县分会在光福设立时疫医院分院。1946年，金俊英在南街开设私立保康医院。1949年前，光福另有10多家私人诊所。1954年，建立光福卫生

---

① 三学：学生自学、小组互学、教师导学；三思：学前反思、学中反思、学后反思；三测：预习检测、当堂检测、巩固检测。

院。1962年在塘村设立联合诊所。“文化大革命”期间，各生产大队均办起农村合作医疗卫生所。2000年，全镇有卫生院1家、医疗点3个、乡村保健卫生室27个，卫技人员60余名，乡村保健医生33名。2002年起逐年撤销乡村保健卫生室，加强村卫生室（社区卫生服务站）建设。全镇形成以光福社区卫生服务中心为龙头，包括福利、府巷、迂里、太湖社区卫生服务站在内的全镇卫生服务体系。2012年，光福卫生院被江苏省卫生厅评为江苏省示范乡镇卫生院。2014年，府巷社区卫生服务站被评为江苏省示范村卫生室。2015年，光福卫生院被国家卫计委评为群众满意的乡镇卫生院。

2017年，光福有卫生院1家，福利、府巷、迂里、太湖社区卫生服务站4个，卫生院有医护人员87人，床位110张。

光福卫生院（社区卫生服务中心） 创建于1954年，是一所非营利公立的，集医疗、预防、康复于一体的二级乙等（在建）医院。2013年加挂苏州市立医院东区合作医院牌子。卫生院秉承“敬业、务实、开拓”精神，坚持“为民办院”服务宗旨，先后获得江苏省示范乡镇卫生院、国家卫计委“群众满意乡镇卫生院”等荣誉。拥有锐科X射线机DR、万东数字胃肠机、美国GE彩色超声诊断仪、迈瑞全自动生化分析仪、菲利浦12道心电图机、日本PENTAX电子高清胃肠镜、史赛克腹腔镜、康美氩气刀、利普刀、可视人流机等一系列较先进的医疗设备。专科建设成效显著，内科的糖尿病、消化科的

光福镇卫生院（2017年摄）

内镜下诊治、外妇科的微创腔镜手术、肛肠科、宫颈门诊等特色专科，成为医院发展的基石和医疗技术水平提高的助推器。

2017 年，卫生院占地面积约 30 亩（二期工程待建中），有职工 120 人，其中卫技人员 90 人；有副高级职称 6 人、中级职称 31 人，有研究生 2 人。

福利社区卫生服务站 2002 年 10 月开业，占地面积 184 平方米，卫技人员 4 名。2011 年获“苏州市示范社区卫生服务站”称号。

太湖社区卫生服务站 2002 年 12 月开业，占地面积 426 平方米，卫技人员 7 名。2008 年 11 月获“苏州市示范社区卫生服务站”称号，2017 年 12 月，获“江苏省示范村卫生室”称号。

迂里社区卫生服务站 2003 年 12 月开业，占地面积 196 平方米，卫技人员 4 名。2012 年 1 月获“苏州市示范社区卫生服务站”称号。

府巷社区卫生服务站 2010 年 1 月开业，占地面积 168 平方米，卫技人员数 4 名，2013 年 1 月获“苏州市示范社区卫生服务站”称号，2014 年 12 月获“江苏省示范村卫生室”称号。

文化

民国时期，光福除庙会、抬猛将等民俗活动外，市镇茶馆兼设的书场有不定期演出。20 世纪 50 年代初，光福设文化站，辟有阅览室、康乐球室、文艺活动室等。各村办起小型俱乐部，供农村青少年开展文化娱乐活动。市镇成立新光剧团（职工业余剧团），通过自编自演、义务公演，丰富了广大群众的文化娱乐生活，宣传土地改革、合作化运动、抗美援朝等重大事件。1958—1970 年，各大队办有大队文艺宣传队，自编自唱，节目小型多样、丰富多彩、喜闻乐见。1982 年，光福公社建立文化中心，下设业余文艺宣传队、影剧院、电影放映队、业余文化技术学校、儿童乐园等。基层俱乐部得以恢复，群众性文化娱乐活动活跃。

业余文化团队演唱队、舞蹈队、书法美术组、摄影组、集邮协会、篮球队、乒乓球队、象棋队等常年开展活动。

1996 年 12 月，光福镇被省文化厅授予“江苏省群众文化先进乡镇”。1999 年，光福被江苏省政府命名为“江苏省历史文化名镇”。2012 年 5 月，位于东崦湖畔的光福镇文体中心启用，占地面积 1.26 万平方米，建筑面积 5396 平方米，设施先进，功能齐备，主要由剧场和众多功能馆室构成。

光福文体中心（2017 年摄）

光福文化站　建于 1953 年，是吴县首批国办站。设编制 1 人，站址在光福镇南街口，后迁至孙家弄耶稣堂内。1958 年改为公社文化站，1960 年撤销。1965 年恢复，“文化大革命”开始后又被撤销。1969 年 10 月恢复，编制仍为 1 人。文化站主要开展图书阅览、幻灯录像放映、球棋类比赛，以及组织文艺演出，举办各类大奖赛等文娱活动。

光福文体中心　前身为光福文化站，2007 年更为现名。文体中心拓展了原文化站功能，增加了全镇体育工作组织管理职能。开展图书阅览、组织文艺演出和各类体育比赛，开设文化大讲堂、百家讲坛、文化乐园等基层文艺活动。

光福新光剧团　1946 年创办，为业余剧团，有队员 20 多人。1949 年后，剧团队员发展到上百人，以小学教师和商店店员为主体，团址设在香雪剧场，曾先后演出《九件衣》《秋海棠》《白毛女》《小二黑结婚》《牛郎和织女》等剧目。1956 年后，演出的剧目有《败子回头》《自由结婚》《罗汉钱》《双推磨》《阿必大回娘家》《秋香送茶》等，剧种有锡剧、越剧、沪剧。剧团主角多人曾专赴上海沪剧团向著名演员丁是娥、邵滨荪、石筱英等学艺，演出质量较高。每年逢节演出时，观众云集。1958 年该团解散。

光福公社毛泽东思想宣传队　“文化大革命”初成立，有队员 16 人。主要演出革命样板戏和一些歌舞表演，活动时期在 1966—1973 年。

光福公社业余文艺宣传队　1974 年 5 月成立，有队员 18 人。主要演出小戏、歌舞、曲艺等，曾演出《兄妹打靶》《夺瓜》《审椅子》《送货路上》《选良种》《喜采香前茶》

等。宣传队逢会必演，并在各大队巡回演出。1977 年 7 月解散。

光福业余文艺宣传队 1981 年 9 月成立，有队员 20 人。主要演出小戏、曲艺、歌舞等，如小戏《老店新开》《厂长女婿》《借粮》《夫妻之间》，演唱《接婆婆》《我们村里新事多》，组歌《春到香雪海》等。活动时期在 1981—1989 年。

光福影剧院 20 世纪 40 年代，光福市镇有一家私人开办的小剧场——香雪剧场，能容纳观众二三百人。偶有滩簧戏班子、杂耍魔术班子或绍兴戏（越剧）班子到光福演出。1969 年，香雪剧院翻（扩）建，改扩舞台，增加座位。1979 年，影剧院第二次扩建，座位增加到 820 余座，并正式定名为光福影剧院。剧院侧重放映电影，偶有沪剧、锡剧、越剧等文艺团体到光福演出。1983 年电影事业进入顶峰时期，是年共放映电影 428 场次，观众达 97.1 万人次，票房总收入达 4.12 万元。1988 年，光福影剧院第三次改（扩）建，设有 80 多平方米的舞台，座位增加到 1012 个，可放映彩色宽银幕电影，接纳大、中型文艺团体演出。1997 年起，影剧院和镇文化站合为一套班子统一管理。

影剧映演长年不断，逢节日还有大型文艺演出活动。文化部门还组织文艺团体送戏下乡，沪剧团、夕阳红艺术团等文艺团体都到光福演出。无锡市锡剧团、苏州市锡剧团、苏州市滑稽歌剧团、扬州春兰艺术团等文艺团体到光福演出较多，一些地方性歌舞团到光福演出也较活跃。

群众文艺演出（2016 年摄）

电影放映队 20世纪50年代初，吴县电影队在光福西崦小学校园内放映了第一场电影《白毛女》。从此形成“电影热”，凡是镇上放映电影，百姓都奔走相告，村村巷巷的人们便蜂拥而至。当时绝大多数放映的是露天电影，放映时遇到细雨霏霏，观众仍不愿散去。放映地点一般在西崦小学校园内，或在崦西小筑（原吴县福利院处）、工会球场、汽车站等地。1958年前后，工矿企业和驻军部队免费放映电影颇多。1969年，电影放映逐渐进入剧院的固定形式，不再受天雨的影响，场次增加，且有计划地可将影片预告于观众。1975年10月，光福成立公社电影放映队，在全公社各大队（村）巡回放映，使老弱病残者、妇女孩童也能看到电影。另外，除在乡影剧院放映外，乡电影放映队还分赴各村巡回放映。1988年，公社电影队与影剧院合并。

20世纪80年代起，电视逐渐进入百姓家庭，对电影放映业带来冲击。90年代后期，光福电影院作为“爱国主义教育基地”，为全镇中、小学生放映爱国主义思想教育及科学技术知识等教育片，每年放映学生专场电影40余场次，观看学生3.2万人次。

图书馆 成立于1953年，附属于光福文化站，由文化站派人管理，常年向群众开放。图书馆开始设在南街口，后迁至原孙家弄耶稣堂内，再后迁至光福影剧院内。光福图书馆开设时只有图书800多册，至70年代时增加到2000多册，1990年有图书3100册，2000年，图书已逾万册。2017年，图书馆藏书1.7万册。

新华书店 1997年前，光福的图书销售由光福供销社经营。经营规模小，品种、数量少。1997年10月，光福新华书店开业，地点在邓尉中路126号。营业面积210平方米，在编人员2人。书店实行图书超市式经营，常年经营图书1万多种。1998年销售额为20万元，1999年销售额为21万元，2000年销售额22万元。2005年停业。

书场 民国期间，光福南新园、梅园、畅园、三醉楼、万云楼以及塘村花嘴阿二茶馆均兼设书场。说书艺人大多来自苏州，有说“大书”（评话），也有说“小书”（边说边弹唱）。演出不定期，一天演出一至二场。六七十年代，广播喇叭和半导体收音机逐渐普及，苏州、上海等广播电台相继开出“广播书场”节目，农村老伯伯有的几个人围着一台半导体收音机听书，有的手捧一只小半导体收音机听书，很多农村绣娘在绷架上放一台半导体收音机边绣花边听书，甚至有少数人在田头放台半导体收音机边干活边听书。自此，城里说书艺人下乡演出基本绝迹。2012年6月起，苏州评弹团每月两次到光福演出。

体育 民国时期，光福有篮球、武术、气功、石担、石锁、象棋、游泳等民间体育活动。市镇上的“新光篮球队”在县内小有名气，常外出比赛打球。

新中国成立后，光福群众体育活动活跃，尤其是篮球项目深受广大群众喜爱。光福镇首先在崦嶂岭下、汽车站旁建起汽车站篮球场，后又在铜观音寺对面建起光福镇工会篮球场。随后，光福成立业余篮球队——“晨光”篮球队，球技水平较高，经常赴外地参加各种比赛，或邀请外地球队到光福比赛，还经常与驻军部队篮球队、潭山矿职工篮球队等交流球技，在县内影响较大。随后，光福很多大队团支部相继建立篮球场，成立业余篮球队。1973 年起，组织农民开展广播操、上工操、工间操、健身操等活动。1977 年，光福公社篮球代表队在吴县农民运动会上获得男篮亚军。1981 年，香雪大队被评为苏州地区群众体育先进单位。进入 80 年代，厂矿企事业单位纷纷建立乒乓室、棋类室、桌球室等，职工利用业余时间开展丰富多彩的体育活动。

1992 年、1999 年，光福镇被授予“江苏省群众体育先进乡镇”称号。2015 年，邓尉山、玄墓山、西碛山、铜井山、潭山等山顶防火通道全部建成，成为居民登山健身的好去处。2017 年，国家登山步道训练基地在光福建成。

居民生活

收入 1949 年，光福人均年收入只有几十元。1964 年，人均年收入不足 300 元。1978 年，人均年收入 600 元左右。1990 年，全镇职工年平均收入 1750 元，农村人均年收入 1167 元。2000 年，全镇职工年平均收入 7850 元，农村人均年收入 6144 元。2010 年，农村人均年收入 15781 元。2017 年，农村人均年收入 37574 元。

消费 民国时期，光福百姓住房条件较差，生活清苦。1950 年实行土地改革，农民有了自己的土地，逐步摆脱贫困。逢年过节可以添置士林布新衣。20 世纪 60 年代，光福百姓身上出现的确凉衣裤。70 年代，男女结婚女方会向男方提出要“三大件”（手表、缝纫机、自行车），个人建房少见。镇上居民大都租住公房，出门有骑自行车代步。

20 世纪 70 年代后期，自建住房渐多。但大多为砖木结构平房，杂树杂木为椽、桁，少数还有水泥桁梁。80 年代，光福居民大多数翻建楼房，砖木结构，也有混凝土灌浇，三楼三底居多，并有附房。面积在 200 平方米左右，墙面大多用水泥，有的墙面还装贴马赛克、锦砖等，屋内铺设地砖。出外大多以自行车代步，部分骑摩托车。衣着大多以呢绒、毛线为材料。进入 90 年代，建房向豪华别墅型发展，大部分人家屋内地面铺大理石或地砖，卧室装护墙板或用装饰涂料粉饰，地面用拼木地板，做各式吊顶。装自来水，配有卫生设备，出门除坐公交车外，有的坐“的士”。2010 年后，买汽车的人家日益增多。2017 年，全镇家用汽车超过 1.5 万辆。

社保 2017 年 12 月，全镇农村基本养老保险参保率 100%，医保参保率 100%，对各类弱势群体“低保”保障、医疗救助、社会救助和社会优抚资金的发放额度不断增加。低保最低标准提高至每月 810 元。

2017 年，全年发放低保金 166 万元、低保边缘金 130 万元、重残救助金 135 万元、抚恤金 256 万元、退役士兵一次性经济补助 108 万元。居家养老服务实现全覆盖，共购买服务 94 万元，完成养老建设项目 7 个，发放尊老金 125 万元、春节敬老慰问金 95 万元。60 周岁以上老人意外保险实现全覆盖。

卫生服务（2017 年摄）

山水

光福地处太湖之滨，境内山丘蜿蜒起伏，有邓尉、穹窿、玄墓、米堆、潭山、茶山、铜井、西碛、凤凰、玉屏、吾家、青芝、安山、龟山、虎山等大小山丘20余座，主要分布在镇区西南部。因太湖气候滋润，山体植被丰富，常年苍翠葱郁，山林面积24平方千米。光福是太湖半岛，拥有太湖水域面积约160平方千米，有漫山、平台山等岛屿；镇区有东、西崦湖；木光、浒光运河南北相对，纵贯东西。

光福山水萦抱，风景秀丽，冠绝吴中，有“古桃源”之誉。人称“光福为吴郡城西名胜之区，山环水抱，夐绝尘寰。其西南诸峰，林壑尤美，古迹最多，身入其中，如游仙界”。

山丘

邓尉山

原名大尖山，相传汉朝有邓尉隐居于此而得名。位于光福古镇西侧，故又名光福山。南北走向，全长2000多米，由石英岩构成。北峰高169米，南边主峰妙高峰海拔231米。清《光福志》载：“因其山为镇屏蔽，东接柴庄岭，西连玄墓山，逶迤十余里，高五百余丈左。右冈陇势若环抱，山峰四立，林木葱倩。山之东麓二里有妙高峰，下有七宝泉，如遇春雨可以观瀑。南与玄墓诸山连属。”清汪琬《邓尉山》诗云：“邓侯栖隐处，闻在西南峰。昨投山僧宿，迢递寻遗踪。足履一片云，手攀千尺松。俯视太湖水，孤光淡濛濛。稍见烟中村，微闻谷口钟。崖隙露白日，洞门生雷风。飞泉激潺湲，寒花

邓尉山（2017年摄）

弄蒙茸。往事不可问，昔贤何由逢。但觉胜概殊，弥今幽趣浓。誓将遣尘虑，长依采芝翁。”山上有凤鸣冈、峙崦岭、妙高峰、七宝泉，以及宋朝苏州状元黄由墓、近代郑文焯墓等胜迹与古墓。

凤鸣冈　俗称百步顶，位于邓尉山西北端。清《光福志》载：“凤鸣冈，俗呼百步顶，在镇西。山势不甚高峻，故有百步之称，然绝顶望太湖中诸山如几席间物也。山之西麓有大石可二三亩，旧名西林翠竹，今呼为小元墓，乃顾封翁天叙晚香林遗址。左有石址庵。”元倪瓒有《中秋夜饮凤鸣冈》诗。清黄中坚《春日登凤鸣冈》诗云：“邓尉郁嵯峨，驰突结兹岭。高仅逾百步，亦足穷途迥。龟山伏其前，香塔可摩顶。烟村数百家，花柳被闾井。两崦夹明镜，翠嶂列画屏。茫茫太湖波，滉漾空明影。以兹感和气，凤鸣岐山境。”

峙崦岭　俗称上官路，面对古镇孙家弄，宽半米余。自镇口至崦脚头村全长约三四里，是旧时陆路进入香雪海、司徒庙的主要路径。山顶旧有城隍庙，有地藏殿等建筑。清末凌泗《越峙崦岭》诗云：“西山极幽冷，到此转繁华。春来都入画，香里欲移家。”

妙高峰　邓尉山最高峰。明夏锡祚《邓尉妙高峰》诗云：“兹峰首言峻，岂意乃平坦。倚竹为幽深，遍植万竿满……相去丛林遥，所喜游踪罕。”旧有僧庵，清顺治年间（1644—1661），辟谷道人吕崧见原有僧庵破败，遂凿石架木，构建“朗吟谷”于庵内，取吕祖师“朗吟飞过洞庭湖”意，供斗姥等神像。后废，移建山麓，改名“妙峰”，精舍数椽，修整绝尘，四围松栝，交阴盘郁。

七宝泉　在妙高峰下、梓里村山坞。泉旁旧有七宝泉庵，元延祐年间（1314—1320）僧性颐建。元末，慧顺禅师居于此，姚广孝曾有《七宝泉庵慧顺禅师塔铭》。七

七宝泉（2012年摄）

宝泉“甘而冽，迥异诸泉”，明代卢熊、王汝玉、吴宽、王鏊、蔡羽、王宠、汤珍等有诗歌咏。

玄墓山

在邓尉山东南3.5千米，主峰海拔231米。邓尉、玄墓实属一山，北称邓尉，南称玄墓，相传东晋青州刺史郁泰玄葬此而得名。山麓有古刹圣恩禅寺，元末明初万峰和尚居此，故又名万峰山。清朝避康熙皇帝玄烨之讳，写作元墓山、袁墓山。明袁袠《玄墓诸山游记》云：“吴之山，唯玄墓最僻，亦最奇。面湖而险陳，丹崖翠阁，望之如屏。背邓尉而东，法华障其前，铜井、青芝迤逦其右，游龙界其左。尤奇在绝顶，一登则洞庭诸山悉陷伏于湖，而湖波混茫荡为一色。”明王宠《登玄墓》诗云：“天凿东南山，秀出芙蓉片。万峰入云端，鸟道悬一线。竹色照人衣，桃花映人面。烟岚暗松杉，彩翠飞宫

玄墓山（2017年摄）

殿。金磬忽泠然，鸟背明于电。忘却灵岩岭，怪底江山变。凭虚神欲飞，久坐心犹战。老僧具袈裟，指点诸山遍。法华掌上螺，太湖天上练。鸾凤势回翔，骊龙珠隐见。我欲解儒冠，尘缨若羁缠。况复春花开，千林落香霰。何当投此山，宁问萝衣贱？”

真假山 在圣恩寺后山坡，明天顺元年（1457）土崩露出，洞穴巉巧，天然成趣，人称“真假山”。清道光《苏州府志》云：“真假山，天顺间于土中露见棱锷，扣之铮铮，遂加剔濯，巉岩洞越，巧若天成。”明卢熊题有神狮出岫、海涌门、汲砚泉、涵辉洞、峭壁岩、螺髻峰、流云涧、凌空桥等八景。因山上泥沙冲积，至明末逐渐湮没。清康熙十七年（1678）仲夏，连降暴雨，“积雨山泉冲激，复有石露于大悲坛东。寺僧因而搜之，得石湖卢熊所题‘神狮出岫’”（清乾隆《吴县志》），真假山重新现世。清王士禛有诗云：“绿黛遥浮玉镜间，峰峦千叠水湾环。居人却厌真山好，玄墓南头看假山。”真假山有两座，“高广十余丈，中虚臬兀”（民国《吴县志》）。民间相传，真假山洞穴直通洞庭西山林屋洞。清潘钟瑞《真假山歌》有“玄墓前头又来看，是真非假山一拳。传闻中亦通地脉，直达缥缈西山边”之句。清末著名金石家吴大澂曾到此观赏，作有《玄墓奇石》诗。1916 年农历八月，康有为由上海到光福赏桂，特地赴玄墓山观真假山，题写

玄墓山上真假山（2015 年摄）

米堆山（2017 年摄）

“寿洞”二字。

米堆山 在玄墓山东南，因形似米堆而得名。西南北走向，长约 1500 米，主峰海拔 191 米。由石英砂岩构成，西南角有花岗斑岩。东侧山半有天然洞穴，“洞凡有五，石色紫碧，而窈窕之态如云”（清《光福志》），因此得名五云洞。曾有老虎藏此，故俗名老虎洞。明末，顾天叙重辟整理，累石为楼，有狮吼泉、虎头岩、卧雪矶、云半间、珠玉房、丹梯、愚公谷、振衣台、带湖冈、偕隐庵诸胜迹。清王士禛《雨中寻米堆山》诗云：“僧楼鸣钟罢，徘徊向山路。远眺米堆山，苍苍积烟雾。溪涧杳然深，岗峦缅非故。千重修竹林，一径江海树。花香上寒衲，石流湿芒屦。山霭接湖云，日夕自来去。迢迢五云洞，欲问诛茅处。”山下柴庄岭，为玄墓山圣恩寺通道，旧有御道。西南为西湾、坎上。20 世纪 70—80 年代曾开山采石，90 年代末停止。

龟山（2017年摄）

龟山 亦称龟峰山，因形状如龟而得名。西南麓有光福寺，故又称光福山。山巅有七级宝塔，俗称塔山。南北长约300米，东西宽100米，海拔23.6米。山上有“墨池”，又称“墨沼”，相传顾野王在此著书洗笔砚。清《光福志》云：“山之西麓有光福寺方塔在焉。东有墨泉，又谓墨池，又曰洗砚池，相传顾野王于此著《舆地》《玉篇》诸书。”墨池旁有元赵孟頫题书“观音泉”碑。寺东现有清代双井“墨泉官井”。山顶有梁朝七级方塔，“孤塔凌霄，四围白浪涌楼阁于虚空，攒杉松于尘表，诚溪山胜处也”（清袁景澜《光福讲寺并序》），清初徐枋将龟山列入《吴山最胜十二图》。

唐宋时，龟山建有山景园林“东园”，种植桃树、李树，有“东园桃李”之称。明朝，改称“顾园”。清代曾为方氏所有，故称“方家园”。1949年后，龟山为原光福大队（村）所有。1999年，镇政府新建塔山公园，以宝塔为中心景观，修建塔园、墨池、龟池、茶室，园内栽种树木等数千株，建草坪数十亩，辟有樟树园、梅林及中日友好樱花园，修筑游山曲径近千米。2017年7月，苏州市人民政府命名为铜观音寺公园，并列入苏州园林系列，编号080。

虎山

在古镇西北，相传春秋时吴王阖闾养虎于此而得名。与龟山相峙，中隔一溪，虎山桥跨越其间。西南麓旧有擅胜阁，登阁眺望，湖山胜景尽收眼底。清初王士禛《虎山擅胜阁眺光福雨阻不得往》诗云：“虎山桥畔尽层松，掩映寒流古寺红。却上重楼看邓尉，太湖西去雨濛濛。”山后即迂里村。左为永安塘；右为池沿上，居人筑池养鱼故名。清末许兆熊曾在此筑池上草堂，养鱼艺菊。20年世纪70年代，西南麓山体因开矿采石而遭破坏。现多为民宅。

岱真道院 虎山顶上旧有东岳神祠，俗称东岳王庙，北宋建中靖国元年（1101）黄正彦、顾凤建。明万历四年（1576）毁。清康熙十年（1671），绅士彭珑、顾起鸿、黄修、顾贽等募款重建，计殿宇40余间。正殿五间，轩昂雄伟。左侧玄帝殿、城隍殿、韦驮殿，右侧火神殿、斗姆阁、祖师殿，遥相对应。第二进是观音阁。庭院两边为起居、休息厢房。此后，历代都有修葺。50年代，庙屋改为光福粮管所仓库。60年代被拆除。2010年后，在旧址重建，改名岱真道院，有山门殿、东岳殿等建筑。院内有古井“独石井”，井栏镌刻明大学士王鏊题字，以一石凿成，深不可测，长年盈溢，虽大旱不涸。

岱真道院（2017年摄）

青芝山（2017 年摄）

青芝山 在邓尉西南，海拔 112.5 米。清《光福志》载："袁中郎宏道所谓山间松万本，参云翳日，碧栏红树，与白波翠巘相映发者是也。山之右为真珠坞，群山四抱，一隅稍豁，其景最胜。"真珠坞或作珍珠坞，旧有明朝董份"白云堂"、汪起凤"真如小筑"、清朝顾汧"青芝山房"。清嘉庆初，江西乐莲裳侨寓山下，太守张船山为之作《青芝山房图》。旧有真如庵、石云庵。山里盛产蜜林檎，清《光福志》云："蜜林檎，光福山中随处有之，而青芝山一带最多。《范志》云味甘如蜜，虽无大，熟亦无酸味。"现有董份墓、徐枋墓、惠栋墓，为市级文物保护单位。

潭山 旧称弹山，在太湖东岸、玄墓山西北。南宋淳祐年间（1241—1252），休宁查莘隐居于此，广植梅树，筑梅隐庵，凿梅花潭，因此得名。山体由火山岩构成，西北走向，长约2250米，最宽处200多米，呈团状，由石英砂岩构成，主峰潭山海拔253米。南为石嵝，山上有万峰台。又南为聚坞。逾长岐（或作圻）岭而南为竺山（或作竹山），海拔 101 米，濒临太湖。

山顶旧有"七十二峰阁"，明朝状元大学士顾鼎臣建，为眺望太湖七十二峰最佳处。清初徐枋将它画入《邓尉十景图》《吴山最胜十二图》。顾鼎臣赐葬于此，故俗称坟山。墓规模巨大，占地数百亩，神道巨碑，翁仲石兽，气势宏伟，"文化大革命"初被毁。清

潭山（2017 年摄）

顾汧在此筑潭东丙舍。山麓旧有大王庙，历史悠久，春天赛社祭祀极其隆重，清潘遵祁《村社行》有“潭山大王枯庙存，古柏森然可回抱。红墙一簇屋两椽，土偶比肩若翁媪……殷勤莫笑野翁痴，祖宗衣食子孙绍。浊酒满盛豚半肩，晚来一醉野翁倒”诗句。

潭山有硫铁、锌、铜、银、铅等矿石资源。1958 年，苏州市在此建潭山硫铁矿，开采历时 40 余年，至 2000 年因资源枯竭而停产。开采中，发现大理石矿资源，储量在 800 吨以上。

石嵝

旧作石楼，为潭山支脉，亦为山坞别称。清《吴门表隐》云：“石楼在潭东，累石而上，其巅名万峰台。梅花旋绕，最为清致。”

石嵝庵　又称石嵝精舍，在石嵝山坞，相传始建于元至正二十七年（1367）。明嘉靖、隆庆年间（1522—1572），莲池大师高足养素、开士退

石嵝精舍（2017 年摄）

石嵝竹海（2017 年摄）

息于此。文徵明隶书“碧梧轩”额，赵宧光篆书“石楼”额。清葛芝《石楼庵记略》云：“石楼庵在弹山之腹，两丘如腋，左右相抱，而庵著其中，有深靓之致。”时有败屋五楹，无声禅师修葺，并在庵周围栽种枇杷数十株；因西南面对太湖，又在坞里栽植“修竹蔽之”。清康熙年间（1662—1722），僧不群萃居此。庵门前南侧路旁现有六棱柱形石柱，正面阴刻“传临济正宗三十三世不群萃和尚寿塔”字样，两侧为花枝叶浮雕。寺庙依山构室，旧有“凿石架危楼”之说。道光年间（1821—1850），僧松庭重修，顾湘舟曾为记。光绪年间（1875—1908），状元陆润庠题书“石楼古刹”额。旁砌行书书条一方，上刻“不作五湖客，争到万峰台。何年一片石，次日扫莓苔”。落款“道光壬寅寒食北野山人”。

抗日战争期间，僧人脱尘爱此清雅，隐居于此，重葺山寺，建筑大殿等殿宇 10 余间。新中国成立后，政府两度拨款修建，1978 年后重修。进门正殿三间，供缅甸信徒赠送玉佛一尊，两旁是罗汉佛像。正殿匾额“放大光明”四字。正殿两侧偏殿为游人休憩场所和生活用房。正殿后院宽不足 3 米，与左右侧两院连通，山坡护院墙由石块和许多雕琢过的条形石构件垒成，后院护墙正中有一青石构件，刻有“八仙过海”浮雕。正殿后山崖下有留馀泉，清洌甘芳，泉池清澈见底，大旱不竭。清末探花吴荫培撰书“一径泉通下藏壑，万峰高耸上登台”联。石嵝门前有泉，吴荫培题字“龙泉”。1986 年，石嵝庵被列为吴县文物保护单位。石嵝庵前山谷修竹万竿，茂似林海，是夏季避暑的好场所。

万峰台（2017 年摄）

万峰台 在寺院左侧山顶，高近 2 米，用巨石块垒叠而成。相传，明初圣恩寺万峰和尚在此修炼，因山势陡险无处打坐，搬来巨石，垒叠成台，因此得名。明赵宧光题“万峰台”三字。万峰台为眺望太湖绝佳处，清《光福志》载：“万峰台在庵之前崖，尤据极胜，望太湖诸峰历历可数。当仲春之际，登此台者，览桃李之皆萼，闻鸟声之迭和，漱泉枕石，翠竹四周，物外之景，顿忘身世。”道光二十五年（1845），钮树玉隶书“万峰台”。现有清代、民国题词石刻 4 处。

茶山 一名绣裘山，又名槎山、查山。在潭山西，“高不二仞，广不二十步，状类土阜，而通体皆石，南去太湖不百步；（太湖）浮六小峰，若杯楪在案”（清《光福志》）。清初，徐枋曾绘图并作记，云：“茶山则三面皆崇山峻岭，复于平田中突起一小山，山之麓直入湖中。登山瞰湖，则远水兼天，一望无际。而回顾三面，凡岩壑壁坞，篱落丛薄，幽深窈窕，曲折层叠，无非梅也。”清顾汧《茶山》诗云：“怪石嶙峋点绿苔，短筇

茶山（2017 年摄）

徙倚久徘徊。游人为问勾留处，千顷湖光万树梅。”山上旧有六浮阁。

蟠螭山

在潭山西南，濒临湖岸。斗入湖中，作蜿蜒状，形如蟠螭，因此得名。或作盘螭，俗称南山、石壁。南北长800米，东西宽200米，由火山岩构成。主峰海拔44.5米，次峰海拔40.6米。清《太湖备考》云：“盘螭山，斗入湖中，作蜿蜒状，以此得名。上有一坎，四周皆石壁削成，高可三仞，大如数千石囷，故今人皆称为石壁。”山顶洼然中虚，方三亩余，石壁四周，奇峭崭巀，俗称石壁窝。窝里有永慧禅寺，石壁上有近现代名人摩崖石刻。

永慧禅寺　亦称石壁精舍、石壁寺，背山临湖，傍山筑室。清初姜埰诗云：“六朝遗迹倚崔嵬，欲削芙蓉护讲台。山色晴空还易雨，人家桑柘更宜梅。佛香入院双林净，湖水遥天百道回。几处登临看不尽，晴川华薄又相催。”而据旧志记载，寺始建于明嘉靖二年（1523）。隆庆三年（1569），高僧憨山大师来此，喜其清幽，钟其灵气，结茅住山，重建寺院，故有“憨山结茅之地”之称。寺北有“憨山泉”，寺西有“憨山台”，为观湖最胜处。明王穉登题“永慧禅寺”额，并为光如上人隶书“石壁轩”，石壁之名由此而来。天启四年（1624），寺僧性德重修。清顺治十六年（1659），济照禅师居此。清康熙年间，增建大悲观音殿。苏州状元缪彤为寺题书“湖东精舍”额。清嘉庆、道光年

蟠螭山（2017年摄）

间（1796—1850），慧海禅师重修，吴慈鹤有《蟠螭山石壁重修石壁庵铭有序》《石壁永慧寺碑记》。太平天国时，寺毁于兵燹。同治八年（1869），潘经柜、盛新轩捐资重建。光绪十三年（1887）重修。山门两边墙壁嵌有明王穉登“石壁轩”、清翁方纲“石壁”、近代李根源“石壁窝”等碑刻。1960年，该寺列为县级文物保护单位。“文化大革命”后，愿满和尚主持重新修葺。1998年，在天王殿左侧新建藏经楼。2000年后，新置唐代吴道子《观音菩萨像》，明代唐伯虎《观音菩萨像》、文徵明《心经图》、憨山《六咏诗》，近代虚谷《无量寿佛像》碑刻以及由各种印章刻成的《心经图》碑。殿宇中轴依次为山门、天王殿、三圣殿。西侧为藏经楼，东侧为斋堂，祖师殿、寮房，以及僧舍附房等20余间。2007年，在太湖岸边新建大悲观音殿，背山面湖，面宽五间，高大轩敞，供奉南海观音菩萨。殿旁有碑刻10余方。

摩崖石刻 在寺院右侧，有石壁陡直笔立，高八九米，似刀斧斩削，“翠屏百仞，天然森削，为山中最胜处，春秋游履所萃焉”。摩崖镌刻韩崇、吴荣光、陈夔龙、王渔、顾沅、瞿树辰、汪楏、汪锡珪、汪藻、倪文蔚、高心夔、潘钟瑞、顾文彬、黎庶昌、释杲朗、张耀曾、孙发绪、谷钟秀、章炳麟、黄葆戉、张溥泉等清道光至民国时期名人游山题记30余方，其中有李根源“憨山胜迹”、孙光庭“蟠螭精英”、于右任“曲石台”、谷钟秀“饮渌”、蒋载天“佛门龙象”、弘一“正法久住”、虚云120岁时题写的“应无所住”，铁划银钩，正草篆隶，各体皆备，俨然露天名家书法展览。2000年后，新增南怀瑾“即心即佛”、星云禅师“心有大千，法界无碍”等石刻。

石壁精舍（2017年摄）

石壁摩崖石刻（2017年摄）

石楠树 在僧房后壁岩缝隙间。俗称“睡龙树”，为元代植，树龄800多年。粗如碗口，如悬空苍龙。树根屈曲盘旋，树身紧贴陡峭石壁，似盘旋巨蟒，沿着峭壁蜿蜒曲折地向上攀爬8米许，穿出崖顶展开一片茂盛树冠，四季常青，苍翠碧绿。旁镌“苍龙卧壁”四个字。

石壁石楠树（2017年摄）

古银杏 寺庙庭院有两株明代古银杏树，一雌一雄，挺拔粗壮，高20余米，周围粗近1米，枝繁叶茂，秋天果实累累。

镶金碧玉竹 在院内崖岩缝隙间。相传憨山和尚当年应召晋京受封，御赐金银珠宝，翡翠玛瑙，憨山视而不见，唯独向皇帝要两株镶金碧玉竹子，带回蟠螭山，栽种于寺院内。竹枝翠绿，嫩黄相间，犹如翡翠。

山上另有蜂腰石、龙泉、梅村泉、尊生泉，以及沪上著名画家虚谷、江寒汀墓。

铜井山铜井泉（2016年摄）

铜井山 在潭山东北，主峰海拔231米。山体由石英砂岩构成。山顶有岩洞，其悬溜汇而为池，大旱不涸，名曰铜泉，又名铜井，山因此得名。清徐枋《铜井山记》云：“邓尉支（诸）山，铜井最胜，以其有石有泉也。其顶高出诸山，独有二大树冠之，远见三十里。石隥盘纡，拾级而上，既陟其巅，有巨峰横偃，大如十间屋，其高几丈，嵌空崚嶒，作势奇妙。下有泉二，俱在石罅中，石皆青碧色，其质细润，如古铜器，而泉深如井，故名铜井……峰侧有古庙，居二大树下。庙旁精舍三四楹，坐卧食息与奇峰相对，而烟云出没皆在足底，真殊境也。”山西侧为孙家岭，

铜井山（2017 年摄）

迤南为孙家堰，东侧为吾家山。北侧为观（官）山、朝士坞。山下旧有宋代黄策、明代严讷、清朝彭定求等名人墓葬。民国初年，铜井山下有“铜井寄庐”藏书楼。

山顶有天寿禅寺，建于南宋绍兴年间（1131—1162），明洪武初重建，此后屡次重修。新中国成立后废，2010 年后重建。寺旁现存“灵泉”等石刻。

西碛山 俗称窑上山，在潭山西北、游湖南。东西走向，与铜井山相连属，长约 3000 米，最宽处 700 米，主峰海拔 245 米。山体由石英砂岩构成。其巅旧有划船石；北

西碛山（2017 年摄）

麓有熨斗柄，长百余丈，唐伯虎曾绘有《黄茅渚熨斗柄》图；“文化大革命”中，围湖造田而被废。现遗迹犹存。西麓怪石巉岩，有泉注出石罅，称夹石泉，稍南有白鱼泉、黄石牌（又称“小赤壁”）。山之西南为迪山，东南为铁山，石色如铁故名。清毛曙《西碛山南道中》诗云：“迟日午初丽，繁枝春正酣。离离延极目，历历欲浮岚。倚杖沉吟对，寻溪次第探。准拚双蜡屐，遍迹万峰南。”

清康熙、乾隆年间（1662—1795），苏州程文焕在西南麓建程园（又称九峰草庐、逸园、西碛山庄），尤侗、沈德潜、蒋恭棐、袁枚等有诗文纪胜。苏州状元石韫玉墓葬于此。山坡遍植桂花，数十年树龄的桂花树随处可见，山坞里还有多株千年老桂树，花开时馨香四溢，沁人心脾。2015 年，铜井山至西碛山的山顶森林防火通道暨健身步道修通。

吾家山 又称马驾山，在司徒庙西南，与铜井山相连属。海拔 85.8 米，山前树梅成林，崖壁镌刻清康熙年间江苏巡抚宋荦“香雪海”题词。山麓旧时多名人别业，明崇祯皇帝周皇后父周奎于此筑“香雪别墅”，清陈玉庭建有“壑藏舟”（又名泛香居）、潘遵祁有“香雪草堂”、潘霨有“荥阳别墅”。明末清初以来成为观梅赏胜最佳处，山上辟有梅花园，有乾隆御碑、梅花亭、闻梅馆。

吾家山（2017 年摄）

安山（2017 年摄）

安山 在卧龙山西北，中间隔铜坑港，属太湖半岛，与镇湖三洋隔湖相望。南北走向，长约 1100 米，由石英砂岩构成，海拔 103 米。山顶有春秋时期的烽火墩、石室。60 年代起，北部被开山采石，90 年代停采。山麓安山村里有钱武王庙，子孙世守而祀。东为坳里山。南侧铜坑港，为苏州西部锁钥，西连太湖，东达西崦湖；湖上有铜坑桥，连通铜坑与安山。

玉屏山 又称玉遮山，俗称遮山，因山横列如屏，遮挡明月而得名。在光福镇东，距离镇区 5 里。南北走向，长约 1500 米，海拔 192 米，略呈纺锤形。山体由石英砂岩、砂页岩及石灰岩构成，有煤矿点和铅锌矿点。山上旧有卧牛峰、读书台、钵盂泉、仙人

玉屏山（2017 年摄）

洞、千步街、洗砚池、积绿园、卧花坡、千年松、百丈崖等十景。70年代“文化大革命”期间，曾开产煤矿。因煤层薄、质量差，劳民伤财，一年后停产。原刘家大队曾在东麓绞里村开山采石，80 年代停采。旧有徐有贞、彭珑等名人墓葬。

城隍山 在玉屏山北，原名蜀山；其形如展翅凤凰，故又称凤凰山。清《光福志》转引《寰宇记》载：“晋太康二年，掘得石凤凰，故名。”东南麓有城隍庙，因此俗称城隍山。南北走向，长约 1200 米，北峰海拔 148 米，南峰海拔 115 米。南峰山半大石拔起称“鹳石”，灵秀特异，有洞穴，常有猪獾出没，故俗称獾孔洞。山体为石英斑岩，有萤石矿点，瓷石储量 4933 万吨。60 年代起，吴县瓷石矿在山西南麓开山取石，90 年代停产。

山顶旧有凤祥庵，南宋宋咸淳初年僧寿椿建，明初归并锦峰山昭明寺。清顺治初年，云门孤卓禅僧重建。顺治十三年（1656），僧化雨又于山麓建法堂、僧寮，改额凤翔禅院。

山西南麓原有城隍庙，始建于明代。明弘治二年（1489）九月，文学家都穆曾游览到此。庙毁于 50 年代，80 年代后期复建。2000 年，在城隍庙址上重建寺庙，改名宝祥禅寺。

湖河

太湖

别名震泽、具区，又名五湖、笠泽，位于江苏和浙江两省的交界处，长江三角洲南部。为太湖流域第一大湖，中国第三大淡水湖，史称“三万六千顷，周围八百里”。南岸为典型的圆弧形岸线，东北岸曲折多湾，湖岬、湖荡相间分布，面积 2427.8 平方千米。湖中现有岛屿 51 座，总面积 89.7 平方千米，实际水域面积为 2338.11 平方千米，湖岸线总线 405 千米。湖底地势由东向西倾斜，湖盆形态呈浅碟形，平均水深 1.89 米，最深处在太湖中心平台山以北，深约 5 米。

光福南、西、北三面为太湖萦抱，拥有水域面积约 160 平方千米，湖岸线蜿蜒曲折，全长约32千米。湖中旧有白浮山、长浮山、冲山、漫山、平台山等岛屿。北临无锡，西接宜兴，并与苏州高新区镇湖、吴中金庭、太湖度假区交接。有泄水要道铜坑港，为苏州西太湖重要关口，宋代起设铜坑汛，派兵镇守。东行为西崦湖，过虎山桥，分流为三，一支北折自四河口，由东渚砚溪，经龙塘港，通浒墅关；一支自东绕黄家渠，经福隆桥（俗称菱塘桥）达东崦；一支自南流，经福溪桥、市河达东崦湖，二水汇合经光福塘，通木渎香溪河。

2015年，修筑环太湖公路，南起太湖度假区渔洋山，北接通苏州高新区镇湖街道，全长16千米。2016年，全线通车。

太湖风帆（2015年摄）

环太湖公路光福段（2017年摄）

白浮山岛（2017 年摄）

白浮山岛　位于蟠螭山西北，山体由石英砂岩构成。山体呈椭圆形，海拔 31.5 米，面积 0.05 平方千米。1956 年，渔民在岛上建房居住。60 年代，改称“红湖山”。70 年代，围湖造田后与陆上联通。1980 年恢复原名。

长浮山岛（2017 年摄）

长浮山岛　位于蟠螭山西北，山体由石英砂岩构成。山体呈东北—西南走向，海拔 16.2 米。岛为冲山支脉，平时两山相连，水大时淹为孤岛。1970 年起，围湖造田，与冲山连成半岛。次年，太湖公社在长浮山南麓建集镇。1973 年，公社机关由白浮山迁至长浮山，成为太湖公社所在地集镇，命名长浮镇，镇区面积 1 平方千米。2000 年太湖镇整建置并入光福镇后，成为普通商贸集镇。

冲山岛（2017 年摄）

冲山岛　位于长浮山西，山体由石英砂岩构成，主峰大南山海拔 85 米。西高而东卑，中皆荡田。山上多桃花，居人以劈竹编篱、造篷为业，民风淳朴。旧时有郁史君庙。民国《吴县志》

云:“(冲)山当太湖中，居民数百，环山田皆窪下。湖小溢即淹，道光间十年九灾。”清末庚申之变，诗僧觉阿避乱冲山，募捐田百余亩，建义仓于山巅，“遇饥则开仓赈之，山中人尤感其德。未几示寂，人无老少咸顶礼哀悼”。1970年，筑通连接长浮山、白浮山的大堤，遂成半岛。周围有长浮、癞头浮、箬帽浮、小浮、北敞等5座小岛屿，现均连成一体。80年代，上海电影制片厂在冲山建立摄影基地，曾拍摄《孙中山大总统》等多部影片。冲山居民以擅长佛像工艺雕刻，闻名海外。

漫山岛 位于长浮山西南，距离长浮山3.6千米。山体由石英砂岩构成，呈南北走向，分为西头山、东头山、东洞山、北山等4座小丘，主峰西头山海拔77.3米，总面积1.3平方千米。东、西两条大堤连接岛上南、北两山，东、西为洲，洲中有河流、水田。旧时多桃花，居人劈竹编篱为业。现有北山、东头、西头等3个自然村落。

平台山岛 位于太湖中心，与无锡、宜兴交界。原名杜圻洲，又名北山，因山势平坦如台而俗称平台山。海拔5.6米，面积0.02平方千米。山上有禹王庙，每年五月，渔民前往祭祀，汛期结束再到庙里还愿。清《吴门补乘》云，北宋元祐八年(1093),“北山更置巡铺，逐季轮差兵级人船守巡”。

游湖 在镇西北，太湖“五湖”(菱湖、莫湖、贡湖、胥湖、游湖)之一。相传，吴王阖闾曾至此游玩而得名。唐《吴地记》云:“游湖在长山之东，周回五十余里，西口阔二里，东南岸为树里，西北岸为长山。”明洪武《苏州府志》云:“游湖，在太湖中。《独异志》云：禹治水至游湖，风涛甚。有二花虬龙负舟而过，左右恐惧，惟禹安然无畏。”游湖承太湖，北有濮舍港，通彭山湀，北为姚市港。清《太湖备考》载:“游湖界，

平台山岛(2017年摄)

游湖(2017年摄)

南自西碛嘴起，越铜坑，沿安山、幽（坳）里山，北抵新桥；折而西，沿游城山、长山一带滩岸，至三洋、珓嘴，为一大兜；湖口在珓嘴、西碛之间，阔四五里，不止二里。相传，昔年珓嘴之外，尚有一洲，亦名三洋；又名东峊，上有禹王庙，明季沦于湖。”游湖水位较浅，70年代围湖造田。1983年，原田舍大队顾春生到游湖承包生荒圩田230亩，创办春生农场。90年代，曾建有镇办企业砖瓦厂。此后，改成苗木基地与鱼池。

东崦湖　又称上崦湖，位于古镇东南，原面积1040亩。北以菱塘岸为界，东连接木光运河。清《光福志》云：“上崦，又名东崦，在镇东南，汇而成渠，周十余里。西承下崦，东达浮里桥。崦中有凤凰墩、鸭墩，水田一顷，所产菱芡较胜他处。”湖水较浅，宜植茭、藕、芡实，质量称佳。湖中有土石小岛凤凰墩、撄鸭墩。撄鸭墩上原有古僧万祖□塔，明正统、清道光间分别重修。清黄中坚有《春日过上崦诗》云：“云白山青水拍天，菜黄麦绿柳含烟。此中但有王摩诘，不使林泉让辋川。”

民国时期，东崦湖北边部分湖面被围，改作稻田。1958年冬，在湖底发现新石器时代石斧等器物。70年代被围垦，成为光福“知青点”、中学农场。1979年年末，知青点撤销后归属田舍村。90年代后，改为鱼塘。2006年后，东崦湖被开发，改成桥岛风光及商业、娱乐、住宅场所，水域面积缩小为原来的三分之一。现有光福旅游集散中心、文体中心、文体广场、福园别墅小区、福溪住宅小区、福润花园。2015年，湖岸西边修通健身步道千米；2016年建有御码头、牌坊。

东崦湖（2017年摄）

西崦湖（2017 年摄）

西崦湖

又称下崦湖，位于古镇西边。周围原 20 余里，面积约 1300 亩。西边连接铜坑港，穿越虎山桥，与浒光运河相连。清《光福志》载："下崦，又名西崦，在镇西，周二十余里，西承太湖，东达上崦，北接游湖，四面环山。"群山围抱，水光滟滟，似天然山水画。明万历年间（1573—1619），浔阳（今湖州南浔）董份曾出资买下此湖，并修筑环湖大堤，栽桃植柳。袁宏道《光福》云："其下为虎山桥，两峡一溪，画峦四匝，有湖在其中，名西崦湖，阔十余里，乱流而渡，至青芝山足，林壑尤美。山前长堤一带，几与湖埒；堤上桃柳相间，每三月时，红绿灿烂，如万丈锦，落花染成，湖水作胭脂浪；画船箫鼓，往来湖上；堤上妖童丽人，歌板相属，不减虎（武）林西湖。"西边是安山、铜坑山，中间有铜坑港通太湖，港口有铜坑桥，恰似锁钥。东边是龟山、虎山，流入浒光运河和东崦湖。1958 年冬季，在湖底发现石斧等新石器时代器物。湖北为鱼池，新中国成立后建有吴县水产养殖场。

浮庙墩　在西崦湖中，四面环水，面积 8 公顷。明末董份所筑。旧有一庙，虽遇大水不淹，故名浮庙墩。岛上杂树扶疏，庐舍田园，桑麻鸡犬，犹如仙岛。遥望水面，如玑似螺，颇惬幽趣，非舟不达。现有湖堤通岸上。

浒光运河　西起虎山桥，穿四河口，经虎丘区东渚、通安，至浒墅关镇竹青桥流入江南大运河。光福至通安河段，原称东渚塘，1958 年拓宽浚深。全长 16 千米，河底宽 20 米，河底高程 0.5 ～ 1.2 米。其中光福段自虎山桥至东渚哑子桥，长 5800 米；河上桥梁有虎山桥、福运桥、庆丰桥、高木桥。

浒光运河（2017 年摄）

木光运河 古称香水溪，又称光福塘。1958 年疏浚，并改称现名。西起上崦湖，途经浮里桥（后改称福利桥）、善人桥、石码头，至木渎西街，流入胥江。全长 13 千米，河底宽 10 米，河底高程 0.5 ～ 1 米。其中光福段自东崦湖至善人桥，长 6400 米；河上桥梁有菱塘桥、福利桥、福利老桥、张墅观桥。

木光运河（2017 年摄）

邓尉探梅——香雪海

光福有梅历史悠久，人工植梅始于南宋，经明清两朝绵延至今。光福百姓以勤劳的双手在太湖之滨构筑了一道独特而亮丽的风景名胜——香雪海，名闻遐迩，康熙、乾隆两代帝王曾特地至此赏胜，令无数达官富贵、骚人墨客流连忘返，为之陶醉，写下大量隽永的诗词、文章，曾有《查山探梅倡和诗》《邓尉探梅诗》《光福香雪海——邓尉探梅诗文选》等著作。

香雪海是生态文明建设的成功样本，在中国梅文化发展史上占有重要的地位，在中国旅游文化史上书写了浓墨重彩的一笔。2011年、2016年，“邓尉探梅”先后被列入苏州市和江苏省非物质文化遗产代表性项目名录。一年一度的香雪海“梅花节”已经成为光福旅游乃至苏州旅游的品牌。

植梅

植梅历史　清乾隆《吴县志》记载，南朝萧梁时，钱塘（今杭州）建造禹王庙，觅梅树作为栋梁，僧人跑遍江南大山，最终在穹窿山南麓山坞里发现可当作栋梁的老梅树。老梅“树有神异，取之不得”，于是“祀白马神于坞，树遂可伐”。由此可见，光福地区有梅历史的悠久。

光福人工植梅有“秦汉说”和“唐宋说”，而根据现有文献资料记载，光福人工植梅在南宋。南宋淳祐年间（1241—1252），休宁人查莘到光福，买地西碛山东南，种梅结屋。山农纷纷效仿，以种梅为业。清《光福志》云：“迨宋元之交，（石湖）范村荒芜，而梅之名擅于光福。”

元朝，光福山里梅花已较盛。元至正二十四年（1364），王造曾以“万树梅花屋数椽”诗句，描写里人徐达左居处环境。山中已形成十里梅花之盛景，杨大本与卢熊等人游邓尉七宝泉，写有“泉头酌酒兴飞扬，十里梅花送远香”诗句。徐达左《卢熊公武新正访予耕渔轩，翌日游七宝泉》诗中也有“连山十里梅花雪”之句。明正统初年，出现“梅花万树，芬敷烂漫，爽鼻而娱目，使人心旷神怡……视他所殆别有一天地”（徐有贞《先春堂记》）的胜景。成化初年，徐有贞为光福乡绅徐用庄写有《雪湖赏梅赠用庄宗契》诗12首，其中有“溪如银汉舫如槎，玉作林峦粉作沙。不有暗香风外度，教人何处觅梅花”诗句。正德年间（1506—1521），孙承恩观梅诗中有“玄墓山中梅花窟，千树万树难仿佛……十里廿里飘香风”之句，可见山中梅花之广之盛。状元大学士顾鼎臣有《怀家山梅》诗云：“聚坞梅花甲天下，忆曾游赏费赓酬。何时去作湖山主，廿里瑶光豁壮眸。”

光福梅花香雪盛景的记载，首次出现在明嘉靖《吴邑志》。该志卷十四“土产”云：“吴邑梅，光福山中尤多，花时香雪三十里，物外奇赏也。”明末，梅树遍及整个光福山区，明崇祯《吴县志》云：“邓尉西行历乌山、观山、朝士坞、外窑、里窑、熨斗柄、西碛山、弹山，过长旗（圻）岭、竺山至玄墓，出入湖山间，山人以圃为业，尤多树梅，花时一望如雪，行数十里，香风不绝，此吴中绝景也。”时人杨文骢在《春游偶记》中曾以“梅海”形容邓尉玄墓梅花。明末清初，光福山中遍地梅花，绵延30里。清康熙《苏州府志》云：“梅各处皆有，惟光福邓尉山间香雪万重，几三十里。”

清代，“光福山中，栽梅为业者恒十之七”（清《光福志》），“十家五家无别种，千树万树同一色”（吴翊《西山探梅》），“望衡千余家，种梅如种谷”（张诚《光福里探梅》）；并出现许多植梅大户，潭东“山下郑茂良，种花一万枝”（孙原湘《探梅诗》）。清康熙三十三年（1694），江苏巡抚宋荦探梅吾家山，题词“香雪海”三个字，从此“香雪海”名声更著，传闻大江南北。清乾隆《吴县志·物产》载，梅花“最盛者以玄墓、铜坑为极，马家山（即吾家山）、费家河头、石壁皆游赏处也。而邓尉山前、香花桥上，坐而玩之，日暖风来，梅花万树，真香国也”。

嘉庆以后，因蚕桑获利多，花农改梅为桑。孙原湘曾有《邓尉香雪海古梅已尽，居民易以桑，望之如梅，但无香耳》诗。梅树栽植移至潭东、菖蒲潭一带，梁章钜云：“近年梅花菖蒲潭最盛，殆不亚昔时之香雪海矣。”光绪十七年（1891），凌泗《浮梅日记》记载：“归途过菖蒲潭，自香雪海多栽桑，而此间梅花转盛，亦沧桑之变也。”抗日战争期间，光福“香雪海”遭重创，1949年汪东在《游香雪海》中写道：“艺梅者意重收子，为农家副业，其后寖薄，多改种桑，此行所见已然，梅亦半谢，余笑谓真沧海桑田也。”

但是，局势稍有好转，香雪海梅花便迅速恢复盛景。周瘦鹃著文称：“我曾和上海的朋友们结队登临，只见山上山下，以至远处，白茫茫的一片雪白，全是梅花，真是一个不折不扣、名实相副的香雪海。”（《邓尉探梅》）20世纪60年代后期推行“以粮为纲”，梅地改为粮田，大批梅树被毁。80年代，镇政府重新规划，逐步恢复香雪海景点。1987年投入80多万元，在进山公路两旁营造4千米梅林带，退田植梅50多亩。90年代又投入100多万元，退耕农田135亩，恢复香雪海景区，并树立香雪海保护界石；建造赏梅公园，遍植各种梅树上万株。2017年，香雪海景点有面积约200亩。

品种及花期　光福属莫干山脉东延之低山丘陵地貌，土地肥沃，气候湿润，尤适宜梅树的栽植。光福梅树按绽放时间，可分为早梅和晚梅；按颜色分，有白梅、红梅、绿梅、墨梅，名贵品种有绿萼梅、江梅、朱砂红、玉蝶梅、官城梅（又名观成梅）、消梅、千叶梅、鸳鸯梅等。清乾隆《江南通志》载：“光福邓尉山香雪海，花重几三十里……消梅，其实松脆，为梅之上品，光福有而不多。”香雪海现有雪见车、黄香梅、满天星梅、送春梅、墨梅、宫粉、朱砂等近 30 个品种。

红梅（2015 年摄）

白梅（2015 年摄）

绿梅（2015 年摄）

梅花一般在春节前后的二三月份开放，清乾隆《吴县志·物产》云："梅花以惊蛰为候。《岁时记》所谓二十四番花信风，梅信第一也。"花期 1 个月左右，时值农历正月，因此备受人们青睐。

探梅

探梅习俗　"梅，天下尤物，无问智愚贤不肖，莫敢有异议"（宋范成大《梅谱序》），自古以来受到人们的钟情与喜爱。

光福赏梅以邓尉山最著名，故世称"邓尉探梅"。其习俗形成于明朝，正统年间徐有贞有"折取琼枝插船上，满城知是探春回"（《雪湖赏梅赠用庄宗契》）诗句描写探梅。成化以后，邓尉梅花声名渐盛，王鏊、唐寅、顾鼎臣、梁辰鱼、王世贞、王稚登、申时行、王衡、李流芳、姚希孟等吴中名士纷纷到山中探梅，并有诗文、图画传世。明末，邓尉探梅（或称玄墓看梅）逐渐成为苏州一大习俗。

清康熙二十八年（1689），康熙皇帝南巡特地到邓尉探梅，写下"邓尉知名久，看梅及早春"诗句。此后，乾隆帝六次南巡，每次都赴邓尉探梅，六赋《邓尉香雪海歌》。至此，光福成为江南第一赏梅胜地，文人墨客无不以到邓尉看梅为荣，"大江南北以梅著者无与香雪海比，寻梅者以不得至香雪海为憾甚"（清程恩泽《游香雪海记》）。

每当梅花时节，上自达官贵人，下至普通百姓，都把"邓尉探梅"视作一种风气时尚。清顾禄《清嘉录》云："暖风入林，玄墓梅花吐蕊，迤逦至香雪海，红英绿萼，相间万重。郡人舣舟虎山桥畔，襆被遨游，夜以继日。"清袁学澜《吴郡岁华纪丽》云："梅之花以惊蛰为候……二月中旬，郡人舣舟虎山桥，襆被遨游，舆者，骑者，屣而步者，提壶担榼者，相属于路。"清《光福志》云："正月谓之'梅花信'，因山中梅放之际……惟时四方名流骚客，或寻胜，或探梅，舟车往来，络绎而至，极一春之盛。"

著名文学家、园艺家周瘦鹃曾对江南几处赏梅地作过比较，撰文云："立春节届，一

雪海赏梅（2015年摄）

般爱花爱游的人们，已在安排出门去探梅了。到哪里去探梅呢？超山也好，孤山也好，灵峰也好，梅园也好，这几处梅花或多或少，都可以看看，而最著名的探梅胜处，莫如苏州的邓尉。”（《邓尉探梅》）

2016年1月，“邓尉探梅”被列入江苏省第四批非物质文化遗产代表性项目名录。

探梅线路　光福山峰连绵，梅花逶迤30里。为方便游客探梅，清人曾专门设计“探梅二日游”，《清嘉录》《吴郡岁华纪丽》分别记载探梅线路：由光福（镇）至三官堂前，至费家河头，抵涧里、乌山头、铜坑，寻吟香阁遗址。过巉山头及草庵、金（惊）鱼涧，登观山岭，取董份墓，至玄墓山，从蔡家坞一直至柴庄岭、老虎洞、姚家河头。次日，从姚家河头经光福、凤鸣冈，上峙崦岭，司徒庙看“清奇古怪”。上香雪海。由倪家巷、铜井山下，至潭东。上弹山，登石嵝，转天井上，看红梅绿萼。登六浮阁，看太湖。至潭西，访五侯公墓。过蟠螭山，上大石壁，归绣球山。由潭东，上长圻岭，过钱家坎，仍上柴庄岭。归舟。“梅花数十里，历历在目。若误趋他途，则不能遍揽其胜也”。

现在，汽车成为旅客主要交通工具，探梅路线大多走苏福公路。由邓尉山麓凤鸣冈沿公路西行，至吾家山，上香雪海。或由玄墓山沿八一公路，至司徒庙，再上吾家山香雪海。香雪海出来，可以去潭东或铜坑、窑上赏梅。2016年环太湖公路筑通后，亦可以从太湖度假区沿环太湖公路西行，沿途边看太湖风光边赏梅；至潭东后分二路，一是上石嵝探梅，二是东折至香雪海，赏梅花胜景。

2017年梅花节期间，香雪海景区与“苏州好行”合作，开通景区直通车和短驳车，直通车线路设置苏州拙政园换乘中心—苏州火车站北广场客运站—香雪海景区3个站点，全程走高架，平日每天有3个班次，节假日为4个班次；节假日开通短驳车，市民和游客将车停放在光福文体中心广场，乘坐“苏州好行香雪海—太湖环线”短驳车。该线路途经铜观音寺、香雪海、司徒庙、太湖一号桥（太湖渔家乐），最后到达65路公交首末站。

梅花节 1997年，光福举办首届“香雪海”梅花节（2002年起与太湖度假区联手推出“太湖之春”旅游月活动），邀请相关人士、媒体记者、沪宁线各大旅行社负责人参加开幕式，举行文艺表演，宣传推介。此后，每年农历春节前后均举办“梅花节”，组织梅林寻福、盆景展、摄影比赛、书画展等活动。历时一月余，各地游客纷至沓来，极一时之春。2010年，“梅花节”期间香雪海景点入园人数9.8万人次，门票收入220万元。

2015年第十九届太湖梅花节开幕仪式（2015年摄）

一年一度的香雪海梅花节已经成为光福、吴中区乃至苏州市的旅游品牌。2017 年香雪海第二十一届梅花节暨第十六届“太湖之春”旅游月活动，2 月 10 日开幕，至 3 月 12 日结束。梅花节以“春晓邓尉山 情系香雪海——康熙、乾隆两代帝王赏梅处”为主题，将光福当地特有的传统文化融入旅游月活动中，有苏派盆景代表性传承人周斌芳精品梅花盆景义展、光福农民画家许伟清“雪海流香”梅花作品展及现场赠书、光福刺绣艺人府向红携绣娘现场展示，还有闹元宵佳节、集五福临门、得幸运红包；画扇 DIY、汉服秀巡游；梅花仙子相约香雪海；手绘香雪海、儿童舞台剧等活动。当年梅花节期间接待 43 万人次，门票收入约 430 万元。

馆亭　御碑

光福邓尉探梅最佳处首推吾家山香雪海，山上有闻梅馆、梅花亭、乾隆御碑。1960 年 3 月，香雪海（包括梅花亭，馆、御碑）被列为吴县文物保护单位。1998 年，镇政府投资在御碑右侧沿山径新辟一条宽 5 米的彩砖通道，延伸到吾家山顶，山巅新筑观梅亭，栽植梅树近百株。

闻梅馆（2017 年摄）

闻梅馆　在吾家山半山腰，背山面东，共三间，呈长方形，砖瓦结构，花岗岩石柱，长 8.5 米，宽 4.1 米，由香山帮现代建筑大师姚承祖设计并建造。门口楹联云：“寻宋商丘题咏遗文，入胜出幽十里梅香归吐纳；访清高宗游观陈迹，抚今怀旧四围山色感兴亡。”馆内一对盘龙抱柱，刻有清乾隆皇帝御题“疏影横斜水清浅，暗香浮动月黄昏”柱联。馆前有长 15 米、宽 10 米的平台，平台前置有花岗石长条石栏。驻足平台，放眼远眺，香雪海梅花一览无余；光福山水胜景尽收眼底。

梅花亭 在闻梅馆后面上方，旧亭毁于兵燹。1923 年重建，由香山名匠姚承祖设计并建造。梅花亭高 7.5 米（内高 3.7 米），直径 7.4 米，造型别致，独具匠心，外形呈五瓣梅花形，所有藻井装饰全嵌着一朵朵小梅花，拱围中央一朵大梅花，亭柱、柱础、花砖地面均作梅花瓣状，且与周围景致融为一体，亭子置于梅花丛中。亭顶铸青铜仙鹤，栩栩如生，寓“梅妻鹤子”之意。亭下一泓池水，清澈见底，仙鹤倒映池中，情趣盎然。亭下断崖，镌刻宋荦“香雪海”题词，铁划银钩。

梅花亭（2017 年摄）

御碑 在吾家山梅花亭西侧，碑上刻有清乾隆二十七年二月二十八日（1762 年 3 月 23 日），乾隆皇帝第三次邓尉探梅所写《邓尉香雪海歌再叠旧作韵》。诗碑为青石质地，由碑身、碑额两部分组成，统高 3.06 米，碑身高 2.36 米，宽 1.14 米，厚 0.32 米；碑额高 0.70 米，宽 1.24 米，浮雕双龙戏珠图案，龙身盘曲夭矫，中间刻“御笔”两个字。碑体书刻文字 10 直行，满行 24 字。御碑旧有亭子，毁于清末。

乾隆御碑（2010 年摄）

梅花经济

梅花经济由旅游门票、艺梅盆景、梅子果品等组成。而随着商品经济的发展和人们商品意识的增强，“香雪海”商标品牌在社会经济运营中正逐渐产生效应。

艺梅盆景 光福花农以梅为业，且有树艺传统。清《光福志·风俗》云：“山居者以树艺为务，光福西北多山，宜植花果杂树，山中人业于此，而贩四方者十有七八。其民勤，间有力之家亦不废树艺。”潭东、潭西等地花农或将各式品种的梅树，采用枝条修剪、压制、盘曲等方法，或将老梅树桩劈削后嫁接新枝，培育成观赏盆景，然后出售，成为其主要产业及经济来源。清沈德潜《邓尉观梅杂咏》云：“潭山山下户，产业在梅桩。”又《潭东潭西》云：“闲时接梅桩，附赘似枝指。微红间萼绿，妍媚缘懒髓。”梁章钜著文称，潭西人“分畦种梅，独得不传之秘，能使红绿相间，一望如锦屏……苏州城中盆梅皆从此移植者”。清嘉庆、道光年间（1796—1850），潭东郑茂良家世代以盆景树艺为业，植树万株，技艺精湛，受人青睐，孙原湘有《赠花农郑茂良》诗。

1949 年后，香雪、潭东等地有苗圃培育梅桩盆景。80 年代起，窑上周斌芳潜心研究“苏派”盆景艺术，栽培各式梅花盆景，现为苏州盆景造型艺术非物质文化遗产项目代表性传承人，作品曾多次在全国性比赛中获大奖。

梅果加工 光福花农将花果制成蜜饯（旧称“青腌作”），成为传统“苏式蜜饯”的主要产地之一。将梅子打碎成“梅泥”（即梅子浆），用梅泥来拌和桂花，可以使桂花保鲜完好如初，成为最佳天然保鲜品。绿梅花具有药用价值，花农将采摘到的花朵卖给药店。梅子可以做成各色话梅。民国《吴县志·物产》载：“霜梅，以盐渍梅，晒干捶碎，其核曰霜梅。或以蔗饴渍之，和以桂花，曰桂花梅，夹以玫瑰曰合梅。又霜梅，亦名白梅，取黄干者去核，和饴捣之曰梅酱。梅中或加嫩姜、桂花，则呼曰桂花姜。”

民国时期，费家河头有大江南、悦来顺、福昌祥、公光隆、张祥丰等青腌作 5 家。

1954年，由吴县供销社接收成立吴县花果加工厂。80年代，光福地区有县、公社（镇）、大队（村）三级蜜饯厂8家，将梅子加工成糖渍青梅、各式话梅等产品。1985年，吴县光福食品酿造厂生产的“香雪海”牌糖渍青梅被评为江苏省优质食品，1988年被商业部评为优质产品，远销日本、东南亚以及香港等地区。2003年，光福全镇年产梅子1100千克左右。2017年，全镇年产梅子1250千克左右。

品牌 “香雪海”为含金量极高的品牌，曾被用作工业、餐饮企业产品商标。80年代，苏州“香雪海”牌冰箱曾是苏州四大著名（誉为“四大名旦”）工业产品之一。90年代起，光福田舍村的顾忠明在苏州城里创办“香雪海”饭店，红遍城南，2017年拥有多家连锁店和一家大卖场。

梅文化

光福是江南著名的赏梅胜地，邓尉梅花成为苏州一道独特的风景，“邓尉探梅”也是苏州一个独特的风俗。明清以来，无数达官富贾、骚人墨客都到此探梅赏胜，曾抒写下数以百千计的隽永诗文，留下许多逸闻佳话。

查莘隐居光福植梅 查莘（字耕野）是安徽休宁人，“性喜登临，既遍览云海、匡庐、罗浮诸胜，归思卜居吾吴，而靡有定所”（明查应兆《查山隐居记》，下同）。南宋淳祐年间（1241—1252），他偕郡人到光福山里，“徜徉邓尉、玄墓间，爱其湖山之闲旷，并乐其风土之清且嘉”，于是买地于西碛山东南，诛茅造屋，栖隐其间。他在屋四周遍栽梅树，自榜居屋为“梅隐庵”。庵旁有巨潭，“梅林交错，亢旱不涸”，在池潭崖壁上镌刻“梅花潭”三个字。潭东、潭西，即由此得名。

查莘于此“课耕读书，优游自得，暇则赋诗寄兴，与二三同志啸傲峰巅，徘徊于熨斗柄上，眺望讴吟，无意于当世矣”。他志趣高洁，“力田自给，未尝苟取于人”，且“好施与，年丰则积羡余以备旱涝，遇歉岁乃罄所有，以济贫乏无少吝”，深受当地百姓拥戴。

著有《山居杂咏》。死后葬于梅花庵旁，郡守常懋志其墓。后人为纪念他，将梅花潭附近的小山称作查山。

白梅（2015 年摄）

山里人纷纷效仿，遍栽梅花，逐渐形成以梅为业的生产习俗，以致出现“望衡千余家，种梅如种谷”的盛况。

归庄八次到邓尉探梅 归庄是昆山人，明末清初书画家、文学家，明代散文家归有光曾孙，书画篆刻家归昌世季子。明末诸生，与顾炎武友善并齐名，人称“顾归”。清顺治二年（1645），在昆山起兵抗清，事败亡命。善草书、画竹，文章气息深厚，诗多奇气。

从明崇祯十二年（1639）至清康熙五年（1666），归庄先后 8 次到邓尉探梅，其中前 5 次（顺治三年至十八年）邓尉之行，他借探梅之名看望在邓尉山里的抗清志士，写有《冬日感怀和渊公韵，兼贻山中诸同志》10 首，其中有“垄上倘能兴大楚，岛中莫便殉诸田！野人未暇伤家祸，但说天朝涕潸然”之句，鼓励抗清的同志不要学田横自杀殉国，而是要像陈胜、吴广那样“兴大楚”。

康熙五年，最后一次邓尉探梅。是年正月，他便作准备，特地“典衣为赀”（《观梅日记》，下同）。二月十二日，自昆山出发，十四日至光福，“遥望山麓梅花林，斜阳照之，皑皑如积雪”。十六日早饭后，归庄由隐居在光福卧龙山的同乡葛芝向导，并在沈筇在、茶山僧以灵的陪同下，登临马驾山（即吾家山）。这里是观梅最佳处，“山有平石，踞坐眺瞩，梅花万树，环绕山麓”。归庄深为香雪海梅花胜景吸引，“览胜久之而下”。

十七日，由葛芝向导游览石嵝。石嵝环境幽僻清静，前临潭山，“潭山之东西村坞皆梅花，千层万叠，如霰雪纷集，白云不飞”。那天，他兴趣很高，请寺里无声和尚带路前去茶山，途中遇雨，到山村塾师吴先生家避雨，吴先生特地买菜招待，归庄数杯下肚，口占一绝：“寻梅策杖茶山去，细雨沾衣屐暂驻，便将村酒二三杯，为赏山花千万树。”傍晚，冒雨归石嵝庵，受到无声和尚热情招待。次日早饭后，同无声和尚游茶山，“茶山之景，梅花则胜马驾家”。接着游铜井山，“铜井绝高，振衣山巅，四面湖山皆在目；而村坞梅花，参差逗露于青松翠竹之间，亦胜观也”，并作《游铜井》诗。

接连两天，归庄游朱华岭，回望山麓梅花。随后又到太湖边的熨斗柄，探夹石泉，游小赤壁。二十日，归庄与沈筇在、杨起文同游玄墓山圣恩寺，“途中所见无非梅花林”。他对圣恩寺怀有特殊感情，曾祖归有光曾读书于此。崇祯间游览，他曾题诗于壁，于是作《山中看梅》诗云：“玄墓山头梅似雪，来游日日醉山家。湖滨已送先归客，坞里还寻晚放花。一任穿云芒屐湿，不妨看雨角巾斜。翠微古寺林端见，追忆前游一叹嗟！”他与杨起文等步行至柴庄岭，“遥望五云洞一带，梅花亦可观”。然后，沿邓尉前山，走梓里村回到光福镇。次日，归庄与黄有三、俞无殊、葛瑞五、沈筇在上蟠螭山，至石壁，登七十二峰阁，再至潭东，但见“梅杏杂糅，山头遥望，则如云霞；至近观之，玉骨冰肌，固是仙姝神女，灼灼红妆，亦一时之国色也”。二十二日早饭后，归庄告别葛瑞五，与沈筇在出仕墟村至光福市镇，“一路皆花，大抵梅稍残而杏方盛，间有玉兰几株初放”。

二十三日，归庄依依不舍离开光福。回家后写下数千言的《观梅日记》，记述自己8次赴邓尉探梅的详细经过，盛赞“吴中梅花，玄墓、光福二山为最胜”“邓尉山梅花，吴中之盛观也”。

宋荦吾家山题词“香雪海”　宋荦是河南商丘人。清初官员、诗人、画家、收藏家，与王士禛、施润章等同称康熙年间“十大才子”。

康熙三十五年（1696）春，江苏巡抚宋荦冒雨到邓尉探梅，从玄墓山、青芝山一路过来，登上吾家山，放眼眺望，但见梅花似海，暗香浮动，天姿皎洁，冷艳如雪，真是“遥看一片白，雪海波千顷”，感慨万千，欣然题词“香雪海”，命人镌刻吾家山断崖石壁，特写下《雨中玄墓探梅》，诗云：“探梅冒雨兴还生，石径铿然杖有声。云影花光乍吞吐，松涛岩溜互喧争。韵宜禅榻闲中领，幽爱园扉破处行。望去茫茫香雪海，吾家山畔好题名。”同时在诗题下注明“余于吾家山题香雪海三字”。

宋荦题词“香雪海”（2015年摄）

自清康熙三十一年至四十四年（1692—1705），宋荦在苏州担任江苏巡抚期间，曾多次到邓尉探梅赏胜，前后写下诗歌20余首。一年春天，他携好友吴志尚、心壁道人及儿子宋至等入山探梅，遍历玄墓、铜坑、铜井、青芝、吾家诸山，写下诗6首，记录行程。诗云："斜阳照山麓，鼓枻向长河。崦里梅花放，人家酒旗多。溪桥聊待月，画舫忽闻歌。烟水迷濛际，幽香几阵过。""未嚼铜坑蕊，还看隧道花。山瓢挹冰雪，风袂罥槎枒。危石闲堪凭，游人静不哗。谁将补之笔，貌取此幽葩。"而让他难忘的还是吾家山，"最是吾家山，千林一望间"。泛湖看梅，别具情趣，他有《泛湖观梅》诗云："细雨春波远浸天，梅花烂漫满溪湾。烟中人语村前树，雪里鸡声隔岸山。画桨每侵疏影瘦，芳樽浑带冷香还。绝胜雪夜寻安道，归路渔灯照醉颜。"真可谓是写尽梅花之胜。

孙原湘愿"醉死便葬梅花旁" 孙原湘是昭文（今常熟）人。清著名诗人，又工骈、散文，兼善书法，精画梅兰、水仙。诗文与王昙、舒位鼎足，并称"后三家""江左三君"。

自清康熙、乾隆两代皇帝邓尉赏梅后，"香雪海"名噪大江南北，而近在咫尺的常熟诗人孙原湘因搏取功名则无暇光顾，"平生不识西碛山，梅花笑我居江南"（《探梅铜坑西碛》）。嘉庆四年（1799）春天，孙原湘赴邓尉探梅，携好友李馨、次子文樾同行。人在船上而心已飞到邓尉，他迫不及待写下《舟中先寄梅花》诗："梅花待我诗，恐我约屡爽……暗香触我鼻，明月落我想。我未到花前，蓓蕾莫增长。急乘片云飞，先寄一诗往。"竟然还做起梦来，"我欲见梅花，梅花先就我。茫茫香海中，推我春魂堕。繁枝压肩右，老干碍腕左。侧足仅可容，明珠满身裹……觉后闻余香，衾裯觅残朵。"（《梦见梅花作》）

孙原湘在善人桥上岸，登穹窿山，再坐轿到玄墓山，游览圣恩寺，登临还元阁，走长圻岭到石嵝，登上万峰台，眺望太湖诸胜；又到铜坑、西碛、查山、天井等地，所到之处一一作诗。邓尉梅花胜景，让他激情澎湃，按捺不住内心的兴奋，写下长诗《由穹窿循柴庄、米堆至玄墓小憩，历铜坑、西碛、菖蒲潭，寻查山、天井诸胜观梅放歌》，云："我欲瑶台看珠树，世间岂有蓬莱山？昏昏睡过四十载，那知此境不在虚无间。晓辞钟吾巅，乘云来访郁泰玄。柴庄米堆揖吾前，满山玉树濛濛烟。十里五里香接连，鸡犬都在花中眠。凡夫蓄眼睹未全，已诧身在瑶宫天。梅花宛然笑竹外，客今所见抑何隘？不见铜坑西碛两山间，一白能将翠全盖。晶光遥遥洗眼明，山之灵气梅之精。春心振荡喜若惊，漫天盖地皆春情。参差屋角微露甍，此中人世真瑶京。安得化蝶飞身轻，抱花而卧穿花行。循潭右行折复左，潭山查山似招我。山下郑茂良，种花一万株。红者为绛仙，绿者为绿珠。使吾意境如凌虚，如遇一万倾城姝，此乐只恐天宫无。此时身世已两忘，竟欲老此温柔乡。饥嚼枝上花为粮，醉眠地上花为床……夕阳夕阳汝莫催，我能呼取明月升瑶台。我未至，魂已来；我即返，魂徘徊！”诗人责怪自己“昏昏睡过四十载”，没能及时欣赏人间蓬莱仙境而深深感叹；人在梅林雪海中，仿佛置身瑶台宫天，令他魂牵梦萦。孙原湘登临查山六浮阁，欣然赋诗云：“安得太湖三万六千顷，化为一碧葡萄浆；供我大醉三万六千场，醉死便葬梅花旁。”诗人迷恋香雪海，甘为俯首折腰，“平生不作低眉态，却为南枝俯首来”。此后，他又两次赴邓尉探梅。前后共写下歌咏邓尉梅花诗歌近 30 首。

潘遵祁香雪海里筑草堂 潘遵祁是吴县（今苏州市区）人。潘奕隽之孙，潘世璜之子。清代书画家。道光二十五年（1845）进士，官翰林编修。

道光二十七年秋，潘遵祁辞官回苏州后不久，便在吾家山下营建“香雪草堂”。咸丰四年（1854）建成，草堂内殿堂崇阁，水榭亭轩，清泉幽石，花木荫翳，墙头薜荔。堂之西尚有隙地，治为园圃，仿城里旧居命为“西圃”。堂东有“四梅阁”，藏有宋代名家扬补之（号逃禅）的《四梅花卷》，庭前植有老梅四株，“凡游山者无不拜访”。钱塘戴文节为之绘有《山居图》《四梅阁图》《湖山偕隐图》。俞樾、亢树滋分别有《香雪草堂记》《四梅阁记》，俞樾自叹“曲园与之相比，实犹碛砾之于玉渊”。

咸丰十年太平天国攻占苏州，潘遵祁全家逃到上海。人在沪上，心系草堂，“故山枉费草堂资，自别松楸又一时……今日岁寒冰雪里，梅花如我最相思”（《故山》）。飘萍寄身之际，接到光福好友许鹤巢来信，向他通报苏州及山里消息，并寄去山中看梅诗，潘遵祁回诗二首。太平天国运动结束后，他马上回到光福，见草堂岿然独存，扬逃禅、戴文节的画安然无恙，欣然赋《还山诗》。

同治五年（1866）春天，潘遵祁作探梅“深度游”：二月初四，至涧上。翌日晨，自香雪草堂肩舆过昌蒲潭，至聚坞，抵潭东，登蟠螭山，憩石壁精舍，绕至潭西，取道上石嵝，登万峰台，久坐啜茗而返。次日，逾朱华岭，由观山坞到惊鱼涧，过窑上村，抵西碛嘴，循太湖滨访唐伯虎绘画处——熨斗柄；复自潭西登茶山，仍由聚坞还至草堂，共得诗 12 首。同治八年春，他再作探梅“深度游”：三月初三，夜宿雅宜山丙舍“香雪山庄”。翌日清晨，乘篮舆过柴庄岭，访五云洞，至玄墓山入圣恩寺小憩；由西湾度长圻岭，从潭东聚坞，到铜井山坞谒彭定求墓，取道朱华岭至香雪草堂。逾孙家岭，过惊鱼涧。初四日，携酒上茶山赏梅。初五日，登香雪海，度马驾岭，径抵西碛山，还过铜坑，由涧上登船至雅宜山。“三日登临三十里，诗翁真不负梅花”，共作诗 20 首。

周瘦鹃与邓尉梅花 周瘦鹃是苏州人，现代作家、文学翻译家、园艺家。1931 年后，几乎每年春天梅花时节，都要邀上三五好友作邓尉探梅之行。吾家山“香雪海”让他流连忘返，曾赋诗云：“万树梅花锦作堆，千枝万朵满山隈；几时修得山中住，朝夕吹香嚼蕊来。”后来，他反复引用此诗，还将第二句“千枝万朵满山隈”改为“皑皑一白满山隈”，特地声明：“这一首诗是我为了热爱邓尉香雪海一带的梅花而作的。”香雪海让他终身难忘，“二十余年前，我也曾和上海的朋友们结队登临，只见山上山下，以至远处，白茫茫的一片雪白，全是梅花，真是一个不折不扣、名实相副的香雪海”（《邓尉探梅》）。香雪海让他魂牵梦萦：“每年梅花时节，一见到我家梅丘上下的梅花开了，就得魂牵梦萦地怀念香雪海，恨不得插翅飞去，看它一个饱。”（《探梅香雪海》）

周瘦鹃热爱邓尉梅花，也关注邓尉山梅花的变化。抗日战争期间，邓尉山梅树多被砍伐，让他很是心痛。1946 年春天，他到光福，在玄墓山“见梅树已大遭摧残，圣恩寺前几已荡然无存，后面真假山那里倒还有好多株老梅，尚可一看。还元阁中旧藏《一蒲团外万梅花》长卷，前半早已失去，只剩胡三桥一画和现代人所题跋的诗词了”。此后，山里人又因种梅之利不如种桑，补种了许多桑树，让他深感不适。

1955 年，周瘦鹃与苏州市园林整修委员会同仁到邓尉视察，见香雪海的梅花亭和

美人梅（2016 年摄）

闻梅轩屋都已破败；全山梅树不多，他建议必须补种500株。是年秋，为整修山顶上的梅花亭，他与苏州市园林管理处的同仁前往察看，商量设计修复方案。次年梅花亭修复后，他特地到吾家山，看到香雪海上的梅花亭和亭下斜坡上的轩都已修好了，自觉楚楚可观。1957年3月中旬，他与老友程小青同往探梅，从邓尉山到石嵝、石壁，见梅树明显多了，红梅绿萼也随处可见，心里很是安慰。几年之后，他再次到邓尉，看到修葺一新的梅花亭、闻梅轩兴奋不已，“从亭中下望，见崦西一带远远近近，全是白皑皑的梅花，活像是一片雪海，不禁拊掌叫绝，朗诵起昔人‘遥看一片白，雪海波千顷’诗句来”。60多岁的老人竟然浮想联翩：“我想三五月明之夜，疏影横斜，暗香浮动，梅花映月，月笼梅花，漫山遍野，都是晶莹朗澈，真所谓玉山照夜哩。”

1964年1月27日，周瘦鹃最后一次邓尉探梅，与何畏等人陪同全国戏曲家协会主席田汉前往光福。在吾家山上因急于看一株红梅，他滑了一跤，一边爬起，一边笑道：“从前米颠因爱石而拜石，我这周颠爱梅，今天当然要拜梅了。”他在潭东天井上的苗圃里挑选了“一株绿梅和三株红梅，准备作春节点缀之用”。自称是爱梅“周颠”，爱梅之情溢于言表。

绿梅（2016年摄）

千年古刹

光福山丘众多，峰峦秀美，僧尼多好栖居于此修行弘法。据清《光福志》记载，清末，境内有光福讲寺、天寿圣恩禅寺、天寿禅寺、奉慈庵、司徒庙、东岳行宫等寺庙道观30余座，真所谓“名山胜景僧多占”。

历经沧桑变迁。2017年，光福境内有龟峰山铜观音寺、玄墓山圣恩禅寺、香雪司徒庙、潭山石嵝庵、蟠螭山永慧禅寺、城隍山宝祥禅寺、铜井山天寿禅寺、虎山岱真道院等，其中以铜观音寺、圣恩禅寺、司徒庙最为著名，分别被列为省、市级文物保护单位。此外，铜观音寺前的光福寺桥、寺后龟山光福塔，以及藏于司徒庙里的《楞严经》《金刚经》石刻亦为省级文物保护单位。

铜观音寺

铜观音寺，原名光福寺，又名光福讲寺、光福贤首教寺，位于光福古镇下街龟山南麓。建于梁天监二年（503），取佛教“佛光普照，广种福田”之意，命名为光福寺。

唐崔鹏《光福讲寺舍利塔记》云：“光福寺者，即梁九真太守顾氏之家山也。士有恶嫌尘网，种植善根，遂舍林泉，建兹佛刹，立寺之始，其由此焉。”其实，当时佛教风靡，许多大户人家就在自己家里辟室创立寺庙，真正舍宅为寺的应该是顾氏后裔顾野王。清代著名考据学家、方志学家、光福顾氏后裔顾震涛对此有专门的考证，他在《吴门表隐》卷二中记述云：“光福（山）名龟山，汉顾融隐此，名顾氏家山，至十四世孙陈黄门（侍郎）野王舍宅为寺。志中误载梁九真太守顾某舍宅云。”

光福寺原本规模巨大，民间至今称呼“大寺”。现在大院里保存两块出土的青石基础遗物，近1米见方，足见其规模宏伟。唐武则天时期（684—704），改为光福讲寺，成为宣讲佛教贤首教义、培养佛教徒的场所，故又称光福贤首教寺。会昌五年（845），寺毁于“灭佛运动”。咸通年间（860—873），奉诏重建。

北宋康定元年六月二十三日（1040年8月3日），村民张惠在寺旁取土，挖得因会昌灭佛而散失的铜观音像，送还寺院。当时吴中大地久旱不雨，“祷之即雨”，轰动吴中，佛教信徒纷至沓来，大修殿宇，香火极盛。“自是凡有祷者，州人敬迎入城，无不感应”。从此，人们便称呼“铜观音寺”。

明宣德五年（1430），苏州知府况钟率众施财修葺。正德初年，僧普照重修，“崇台层宇，焕然如新”。寺后据岗阜，前临林墅，古殿修廊，环抱林木。嘉靖四十五年（1566），寺院建筑因年久失修而坍塌。万历年间（1573—1619），董份倡众修建。此后，

铜观音寺全貌（2017 年摄）

民国时铜观音寺（摄于 20 世纪 30 年代）

铜观音寺大门（2017 年摄）

顾大任又率顾氏后裔修葺。清初毁于火灾，汪琬有诗云："数折山中寺，疏杨间古槐。石幢新剥落，金像旧浮来。地与岗身接，门临涧水开。老僧频指点，劫后有残灰。"清康熙、乾隆年间，次第修复，恢复旧貌。

清道光十二年（1832），江苏巡抚林则徐奏请重建光福寺，并率属捐俸。具体经办者为顾野王后裔顾沅，参与者有顾兆熊、顾志祖、顾元恺、顾禄、顾荣照、顾学祖、顾震涛等。郡绅石韫玉、乡绅李宗沆，山主顾沅偕同顾志祖、顾学祖、顾震涛等延戒僧松泉兴复丛林。林则徐和布政使陈銮、按察使额滕伊分别为铜观音殿题额作联。道光十六年六月初三（1836 年 7 月 6 日），御书"慈云护佑"匾额。铜观音寺一时成为吴中最负盛名的寺院。迁里李宗沆为寺庙捐田地，以保准日常经费。同治七年（1868），方丈重新修葺铜观音殿，拓宋元碑记及明以来题咏成册，潘遵祁题词并重书寺额。"时适患久霖，当事迎观音入城祈祷"，潘遵祁有诗记此事。

1953 年，当地利用寺庙殿宇开办初级中学补习班。1956 年，寺院改为光福中学。但殿宇以及佛像保存尚完好。"文化大革命"开始后，寺院佛像及建筑遭到破坏。1971 年，庭院两棵明代古樟树被砍伐。1979 年为解决校舍，铜观音殿被拆除。1995 年落实宗教政策，中学搬迁至光福邓尉山新区，寺院由僧人接管，恢复重建殿阁，香火渐旺；并在镇政府的支持下，拆除上街原学校教师住房，开辟直通凤鸣冈公路通道，新建花岗石牌坊、停车场。1995 年，铜观音寺与光福桥、光福塔并被列为省级重点保护单位。2017 年，铜观音寺建筑及文物主要有牌坊、光福寺桥、翻转桥、顾黄门祠、唐朝经幢、天王殿、大雄宝殿、铜观音殿、西方殿、碑廊、光福塔等。

牌坊 在凤鸣冈公路下，进寺通道中间，花岗岩石材质，1998 年春新建。正面中央额"铜观音寺"四字，由君山书写。两边石柱楹联镌刻："禅地非常深生祖道，法门无尽大振宗风"，华人德撰书。反面中央额"慈云护祐"四个字，由吴进贤手书，两边石柱

铜观音寺牌坊（2017 年摄）

翻转桥（2017 年摄）

楹联“水有空灵性自明，烟霞清静尘无迹”，潘振元撰书。

翻转桥 在光福寺桥、光福寺之间，亦称“翻身桥”。南端桥级借光福寺桥石级，北端桥级借光福寺门前石级；中间桥面为下街街面，东西两边用两块青石将街面分开；桥面中央用太湖鹅卵石拼砌成一朵筛面大小的梅花，构成“翻身”旱桥。正桥接反桥，反桥连古寺，成为铜观音寺一大奇观。寺对面上街原有照墙，长10多米，高6米余，黄墙灰瓦，上书“南无阿弥陀佛”，俗称隔河照墙。“隔河照墙翻转桥”，成为旧时光福寺一景。“文化大革命”中，照墙被拆除。

顾黄门祠 在寺门东侧，祀奉陈黄门侍郎顾野王。唐光启二年（886），顾野王后裔顾在镕考中进士后修建，中间供有顾野王塑像，两旁配祀顾野王5个儿子。后又增附唐武则天长安年间（701—704）同中书门下平章事（宰相）顾琮和进士顾在镕塑像。后来废毁。清道光十二年（1832），后裔顾沅等重建。现建筑尚存，飞檐翘角，双重斗拱，端庄古朴。

唐朝经幢 在山门前东西两侧，分别立于唐宣宗大中五年（851）五月、六年十二月，青石质地，八角形，高1米余，底座为浮雕莲花瓣，顶端佛龛八面刻有八尊如来佛浮雕像，神态各异，雕刻精美。中间刻《尊胜陀罗尼咒经》。清末，里人许鹤巢有《光福寺经幢歌》诗。光福女诗人吴茝《石幢歌》有“萧梁古寺空山里，岁久渐看生荆杞。名蓝金碧知何存，嵯峨犹见石幢峙。屹然相向山门前，雨淋日炙不知年”诗句。“文化大革命”中，经幢散落居民家，90年代得以搜集并恢复。

唐朝经幢（2016年摄）

大雄殿（2017 年摄）

殿宇建筑

寺院最早布局以塔为中心，根据方位和地形分布建筑。龟山东北部多峻岩，植以松柏等佳木花卉，是游览参观区；西部临下崦湖，是僧人生活部分；西南背阴面阳，风水最佳，辟为佛殿，供信徒们举行礼仪，为寺院核心区域。

光福寺依山而建，殿宇蓝舍，鳞次栉比，规模宏大。清道光年间（1821—1850）重修后，寺院建筑有头山门、四金刚殿（又称天王殿）、大雄宝殿、铜观音殿、西方殿、嘉荫堂、听潮音馆、吟香阁等，殿宇楼堂，修廊榭庑，蔚然成为一大丛林。中学搬出时，寺院仅剩山门、大雄宝殿、西方殿。2017 年殿宇中轴线上依次为天王殿、大雄宝殿、铜观音殿、送子阁，另有鼓楼、钟楼、西方殿、藏经阁。

天王殿 又称四金刚殿。70 年代初拆除，1996 年重建。临街而筑，面阔三间，中间供弥勒佛像，两侧供奉四大金刚像。殿后为院子，东西两侧为鼓楼、钟楼。

大雄殿 清道光十二年（1832）古建筑。面阔三间，正间宽 5.1 米，左右次间宽 4.5 米，进深 13.8 米，作单檐硬山式，山头施砖博风，龙吻作脊。前有廊，施船篷轩。“大雄殿”额原由清末潘遵祁书写。原殿正梁折而不倾，为寺院“一奇”，民间有“断梁殿”之称。殿内彻上明造，不施斗拱，檐檩直接安于檐柱头上。殿前三间与殿后明间，均安装落地窗门，每间六扇。殿中央原悬有光绪皇帝御书“香雪慈云”“沛泽流慈”巨匾。殿柱楹联由清俞樾（曲园）撰写隶书，联曰：“远接胥江近邻邓尉鹫居占山水秀灵，引来雪海香潮万树梅花还供佛；重装宝络再整庄严鸠宇仿齐梁模范，讲到路绳津筏十方檀越静听经。”大殿西侧为西方殿，亦为道光十二年建筑，面阔五间，二层楼房。

殿前院中央有一只铁铸宝鼎，高近5米。大殿前东侧有明代古香樟树一株，树龄600余年，枝杆高大挺拔，高约30余米，粗壮需三四人合抱，冠盖如伞，遮云蔽日，苍翠葱郁。

铜观音殿 始建于宋康定元年（1040），殿中央供奉铜观音像。殿内原有《观音画像碑》《铜观音像记》《光福寺铜像观音灵应碑》3块宋碑。其中《光福寺铜像观音灵应碑》，由南宋嘉定四年（1211）宣教郎无锡县丞赵善重撰书，知殿僧师琬立石，碑文曰：“范金瑞相出泥涂，曰雨曰旸信不诬。具足神通周法界，何言灵感著姑苏。只为吴人多敬信，凡有祷祈无不应。邦石以事达于朝，故遣微官来审证。微官奉檄欲行时，岂期大士已先知。预戒僧徒缓行化，侵晨悉俟水之涯。以兹一事今亲见，

铜观音殿（2017年摄）

昔人所言诚可验。稽首归依观世音，应身得度随诸念。嘉定辛未仲春上瀚，被檄而来。得详铜像观音灵感事迹，饶盖居有，赞叹不已，敬用数语以述所闻。”元、明、清均有修葺。

清道光十二年（1832）重建，柱梁全用楠木。林则徐题额“惠庇民天”，撰联曰：“大慈悲能布福田，曰雨而雨，曰旸而旸，祝率土丰穰，长使众生蒙乐利；诸善姓愿登觉岸，说法非法，说相非相，学普门功德，只凭片念起修行。”陈銮题额“慈庇下民”，撰联曰：“即佛即心，愿众生共乐慈悲，永无苦难；随感随应，信世界不离因果，便是菩提。”额腾伊题额“千光百福”，撰联曰：“旸雨转丰年，念三番心斋，两回顶礼，敢谓精诚通广大；齐梁馀旧址，仰金容伊穆，绀宇重新，永祈苦难度蒸黎。”殿正中悬道光十六年（1836）六月初三御书“慈云护佑”匾额。1979 年，因扩建校舍而拆除。2000 年，在原址重建，面阔三间，飞檐翘角，殿内中间佛龛上供奉观音铜像。殿后为送子阁。

铜观音像 高约 1 米，青铜铸造，体态丰腴，慈眉善目，头戴华锦，脚踩莲花，神态自然慈祥，面容丰腴饱满，左手轻轻抬举，嘴唇微微启动，恰似默默诵经，造型线条流畅美观，形象栩栩如生。文物专家根据其造型与风格，确定为唐代观音佛像。

铜观音像（2017 年摄）

铜观音像于唐“会昌灭佛”运动中失踪。北宋康定元年六月二十三日（1040年8月3日），梓里村民张惠在寺旁（或说在湖边）取土时重新发现，将铜观音像送还光福寺。为供奉铜观音像，寺院专门建造铜观音殿。元祐年间（1086—1093），黄公颉撰写《铜观音像记》，“凡有祷而弗获者，州人必请命于刺史，而致敬无不得其感报”。朱长文《吴郡图经续记》（卷中）载：“光福寺，在吴县西南，建于梁世。近岁，居人获铜观音像于水滨，乃置寺中，民间瞻奉，颇有感应；本郡或迎就城中，祈请皆验云。”范成大《吴郡志》（卷三十三）云：“光福寺，在吴县西南七十里。旧有铜像观音，岁有水旱，郡辄具礼迎奉入城，祈祷必应。淳熙三年（1176）为人盗去，至十四年（1187）再得之。”铜观音像失而复得。南宋嘉定四年（1211）仲春，朝廷委派无锡县丞赵善重以宣教郎身份到光福调查验证，赵氏以亲身所见书写《题光福寺铜像观音灵应碑》，其中有“只为吴人多敬信，凡有祷祈无不应”诗句。

元代陈基《光福寺观音显应记》载：至正十三年（1353）秋，吴中连续淫雨，都水庸田使西夏文书讷，平江路达鲁花赤、西夏六十总管高履迎铜观音像于城里卧佛寺，“设斋蒇事，灵贶昭灼”。天气即转晴，是岁号大有年，于是绘像刻诸石，“又蠲寺之杂役，且勒文以记之”。次年春，雨水滋甚，迎祷辄应。夏淫雨继至，农民告病，于是迎铜观音像入城，置承天寺。“越十三日癸丑，适为示现之辰”。江浙行中书右丞西域买术丁、都水庸田使文书讷、海道都漕运万户燕山脱因，平江路达鲁花赤、六十总管高履等捐出俸金，“大集缁流作诸佛寺”。文书讷“制法衣传之，玉环以衣之”。监修国史掾淮南施允恭，奉母命捐俸度工，以黄金饰全像，慈相端严，宝冠有炜，行殿内外，备极瑰丽。四众围绕，天人具瞻，香华纷郁，幢旛旖旎，镬螺鼓钟，铿訇震动。“如是三旬有二日”，七月辛亥，自城里还光福，百官有司寅饯如初礼。施允恭“复俾善画者写铜像，勒之美石，以彰显应之实”。

明宣德五年（1430）夏，苏州大旱，连月不雨，秧苗无法栽植。苏州知府况钟曾将铜观音像请到苏州城北禅寺殿中，亲自烧香祈祷，越二日大雨，灾情缓解。况钟“感其灵应，率众施财修寺”。清道光十二年（1832），苏州自夏至秋持续干旱，居民饮水发生困难，江苏巡抚林则徐与布政使梁章钜、陈銮、按察使额滕伊等到光福，将铜观音像迎入苏州城，供奉于天官寺，亲自焚香祈求，即日下起大雨，旱灾解除。次年春夏，苏州淫雨连绵，农田大批庄稼被淹死，林则徐带领官员再次到光福，请铜观音入城祈晴，迎

碑廊（2017年摄）

供于开元寺，焚香祭祀，不日天气便转晴。祷雨祈晴，两次应验，令林则徐十分感动，于是倡议主持大修铜观音寺，并率属捐俸。

碑廊石刻　在大雄宝殿东侧，沿廊蜿蜒上行，直至送子阁，收藏宋朝至当代各种石刻数十方，其中有唐代进士顾在镕诗碑，元代赵孟頫重书，“字句交辉，为光福二绝”。现已毁。宋代碑刻最有九方：《铜观音像记》碑，元祐年间，黄公颉撰文；《般若波罗蜜多心经》碑，宋乾道五年（1169）正月二十五日智琼立，顾清灿书，附凿井跋；《上方教院舍田记碑》，嘉泰元年（1201）仲冬，陇西彭泽赞书；《光福寺铜像观音灵应碑》，赵善重书，僧师琬立；《行在尚书礼部符》碑，绍定四年（1231）；《平江府判田公据》碑，嘉熙四年（1240）二月；《平江府给光福寺僧了傅立石执状》碑，宝祐六年（1258）二月；嘉熙三年（1239）残碑；绍定五年（1232）八月，紫端石残碑。元明清碑刻各二方：《铜观音珠冠施主人石碑》，元延祐六年（1319）五月，住山了清识；《平江路达鲁花赤总管府免役文榜》碑，元至正十八年（1358）九月；明宣德六年（1431）春三月，苏州府知府况钟，同知杨栗、王佐等立祷雨碑，翰林侍读学士、庐陵曾棨撰文，儒学教授、临

元朝碑刻（2017 年摄）

宋朝碑刻（2017 年摄）

清朝碑刻（2017 年摄）

江陈孟浩书丹并篆额；崇祯十年（1637）三月，残碑；《光福寺铜观音赞心经》碑；清道光十九年（1839）五月十七日，吴荣光书；《印心石屋》碑，清道光皇帝御书，两江总督陶澍刻。2000 年后，新置元至治元年（1321）二月赵孟頫《光福重建塔记》等各类碑刻 20 余方。

在西方殿廊壁嵌有民国张默君《西崦梅花诗》碑，长 1.18 米，宽 0.44 米。碑上镌刻近代著名诗人、书画家“大鹤山人”郑文焯《西崦梅花》诗两首：“石气侵衣欲去迟，暮阴路曲梅花欹；山深苔静无人见，落尽高花有好枝。”“西崦寺里如山藏，空绿连湖引雪香；欲共小红桡唱去，春风解作散花场。”1934 年春，张默君依原韵和唱两首：“漫对青梅怨暮迟，花魂犹共石魂欹。山中自有春常在，月上空潭媚花枝。”“幽岫偏宜云气藏，如潮空翠泼山香。尘劳拾处诗禅定，一任天花下道场。”碑文为章草体，一气呵成，笔势连绵，纵横舞逸，气度超然，文字体结构彰明，苍劲古朴，有气势，有变化，充分体现“章草”风格，诗书并美，堪称二绝。

链接：光福寺镇寺之宝

李根源《吴郡西山访古记》卷一记载，光福寺旧藏镇寺之宝《山翰墨长卷》，全长 45 米余，分为二卷，上卷长 24 米余，卷首为明钱东皋《光福寺图》，次为黄谷原补图，有明彭年、董份、申时行、王稚登、傅光宅、方岳、刘慎、张凤翼、赵宧光、袁宏道、沈苹桢等人募捐修寺启、疏、跋、记 20 段。有明嘉靖四十一年（1562）四月二十八日，都察院据僧本立告给印信文簿执照，钤有都察院大印二方。万历四十六年（1618），释道一呈苏州府为赎铜观音案呈，天启元年（1621）五月二十日苏州府批，钤有苏州印。下卷长 21 米余，卷首是《铜观音像》，次为清代虚谷和尚《光福寺图》，有清蒋元益、姜晟、石韫玉、韩崶、何士祁、陶澍、蒋德馨等人募捐修寺启、疏、跋、记 15 段，还有近代名人翁同龢、洪钧、郑文焯等题跋 20 余段。民国时，由住持灿澜收藏保存。

光福塔 全称光福寺舍利佛塔，亦称光福方塔，四面七级，砖木结构，耸立在铜观音寺后龟山上。建于南朝梁大同初年，藏有《大方广佛华严经》和光福讲寺开山祖师悟彻和尚舍利灵骨。唐会昌五年（845），塔与光福寺毁于“灭佛”运动。咸通年间（860—873）奉诏重建，崔鹏撰有《光福讲寺舍利塔记》。光启二年（886），里人顾在镕考中进士后出资修葺，并撰《光福塔记》，赋《题光福上方》诗云：“苍岛孤生白浪中，倚天高塔势翻空。烟凝远岫列寒翠，霜染疏林堕碎红。汀沼或栖彭泽雁，楼台深贮洞庭风。六时金磬落何处，偏傍苇丛惊钓翁。”宋乾道五年（1169），顾清璨、沈彦荣重修。元延祐元年（1314）重建（次年竣工），佛慧雄辩大师、光福寺住持沙门了清撰写碑文。至治元年（1321），赵孟頫书《光福重建塔记》。明朝万历二十年（1592），乌程（今湖州）董份倡导募捐修葺。清乾隆二十一年（1756），里人徐坚倡导募捐修缮。嘉庆年间（1796—1820），遭雷击起火，木构件焚烧殆尽。抗日战争时期，塔内楠木塔心被人所盗。此后，塔身长期裸露。

1995 年，光福塔被列为江苏省级重点保护单位。1997 年大修，加固塔基、塔身，更换平座、大柁等构件，增补塔心柱子，恢复塔刹、平座、腰檐、楼梯、副阶及底层叠式顶，并安装避雷针等设施。工程历时一年半，总投资 100 余万元，1999 年 8 月竣工开放。2017 年，再次维修古塔。塔墙身砖壁内外呈方形，转角处以砖砌成圆柱形。塔体高 22.15 米，塔刹高 8.35 米，总高 30.5 米，台基宽 9.17 米，塔身每边长 5.38 米。西面开门，二至七层四面有券门，各层有楼板和木扶梯，共有 88 级台阶，每层有腰檐平座，翼角翚飞，风铃高悬，雄伟壮观，古朴韶秀。

圣恩禅寺

圣恩禅寺，全称天寿圣恩禅寺，俗称圣恩寺，位于镇西南玄墓山麓。唐天宝年间（742—755），建天寿禅寺。南宋宝祐年间（1253—1258），又建圣恩禅庵，辟为上下道场。元至正初年，天寿禅寺毁于火灾，圣恩禅庵随之衰败，寺院变成富豪别业。元至正九年（1349），江南名僧千岩高足万峰自杭州到此，见玄墓山水相拱，龙虎盘旋，朱雀

圣恩禅寺全景（2017 年摄）

导前，玄武殿后，阴阳合而子午正，作偈云：“玄高向午面朝湖，三凤三龙天下无。左右环盘前后阔，此山真好立禅徒。”卓锡重新建寺设坛，构筑伽蓝，并创建万峰道场。开山说法，僧徒大集，“十方禅纳争驰参礼于座者，星拱云合”，缁素奔凑，远迩云集，山里人头攒动，盛况空前。后人为纪念他，将寺称为“万峰寺”，称玄墓山为“万峰山”。经过他与徒弟普寿、普隐、普持、智璿等人共同努力，寺内殿宇一一恢复建成，画栋飞甍，“岿然为一大丛林，虽宿号名山盛刹者，或未之能先焉”，成为江南名刹。正统八年（1443），经僧道立奏请，明英宗赐额“天寿圣恩禅寺”。景泰六年（1455），诏建保国道场。天顺三年（1459）五月，英宗重新题写“敕赐圣恩禅寺”匾额。

明朝赋税繁重，圣恩寺未能幸免，寺庙逐渐荒废。嘉靖十五年（1536），陆粲作《邓尉山志序》称：“余少时尝游兹山，今二十年矣，间者再至，虽岩壑之胜为殊，而梵宇荒落，顿异畴昔。其间幽楼邃构，往往为势家所据；而长松古梅剪伐殆尽。问之，山僧云：苦更赋繁重，鬻以偿负矣。”隆庆年间（1567—1572），寺院成为徐冽家别业。天启五年（1625），苏州绅士文震孟、姚希孟等邀请“三峰派”创始人法藏住持圣恩寺。崇祯元年（1628），法藏正式担任圣恩寺方丈，重振古寺。此后，剖石、济石、济志继承衣钵，共同努力，将圣恩寺推到历史最高峰，寺院有建筑5048间，殿宇宏壮，“遂为三吴宝坊之冠”；僧生逾千人，“缁素坌集，日有千人”，成为临济宗三峰派的中心，时有“禅宗莫盛于临济，临济之禅莫盛于三峰，三峰之禅莫盛于圣恩”（《邓尉圣恩寺志》）说法。再加上清康熙、乾隆两代帝王多次临幸，赐钱赏物，赐额题诗，圣恩寺成为“郡中名刹第一”（冯桂芬语）。

清嘉庆后，圣恩寺逐步衰落。道光年间（1821—1850），“寺积逋赋无算，前僧伐古树几万株”（冯桂芬《重修邓尉圣恩寺记》）。同治十年（1871），僧真照月岩重修。宣统三年（1911）春，现代高僧谛闲到寺讲经，弘扬佛法，溥仪老师陆润庠偕程德全、左孝同等带领众生到圣恩寺听经，盛极一时。后因时局动荡混乱，寺院几成湖匪窝。

1942年，申子珮、潘子义等联名迎请融宗和尚住持圣恩寺，寺庙得以保护。50年代，圣恩寺被列为江苏省重点文物保护单位。后由驻军部队接管，融宗搬至司徒庙。1986年，被列为吴县文物保护单位。90年代起落实宗教政策，融宗回到寺院，修复殿宇，恢复宗教活动。

殿宇建筑

圣恩寺殿宇依山而筑，错落有致，殿堂成群，气势恢宏。明洪武九年（1376），建造观音阁、大法堂、大殿、塔院、斋厨，并铸巨钟，立层楼。永乐七年（1409），重修大雄宝殿，新建藏经阁、天王殿、方丈殿、山门、寮库。永乐十四年，建四宜堂。正统十年（1445），建梵天阁。崇祯初，重建大法堂，新建大悲堂。当时主要殿宇有天王殿、大雄宝殿、大法堂、方丈殿、碧照轩、藏经阁、天开图画、双梧轩、还元阁等。

清顺治五年（1648），重建还元阁、碧照轩。顺治十年，吴梅村母亲朱太夫人捐资修建藏经阁，“列楹三间，广筵九丈，深如其广之数”，中间“塑释迦、药师、弥陀三像，慈容睟盎，缨络交加；加其旁则方匭长龛，东西森向，琼签玉轴，充仞琳琅”。建成后，置《大藏经》，“共有六百七十余函”（吴梅村《邓尉山圣恩寺藏经阁碑记》）。康熙年间（1662—1722），殿宇有华严坛、大悲坛、伽蓝堂、祖师堂、南询堂、拈花寺、精进堂、禅悦堂、延寿堂、印心堂、白衣阁、温砚寮、宝书楼、丛桂轩、满月阁、证心室、纯白窝、四宜堂、御书亭等，共有殿宇房屋5048间。清末，殿宇有山门、金刚殿、天王殿、大雄宝殿、地藏殿、还元阁、白衣阁、供佛阁、印经楼、祖师殿、观音阁、大悲堂、大法堂、四宜堂、拈花堂、御碑亭，三塔院、碧炽轩、钟楼、五十三参、方丈堂等。

民国时，据张郁文《光福诸山记》所载，圣恩寺有梵天阁、藏经阁、还元阁、碧照轩、松风水月轩诸胜，共计300余间。

圣恩寺殿宇建筑，2017年有牌楼、牌坊、天王殿、大雄宝殿、伽蓝殿、祖师殿、圆通宝殿、钟楼、法雨堂、念佛堂、大法堂、藏经阁、方丈殿、塔院、居士楼、五观堂、证心室、香积厨、斋堂等。寺院大殿西边另有“鸣凤朝阳”坊，建于清康熙十一年（1672），两面浮雕龙、狮、鹤、莲，画面浑然一体；正面中枋刻有清初著名书画家王时敏所书“宗门砥柱”四字。

牌坊 青石、花岗石混合结构，建于清康熙元年，六柱五门，正面上枋浮雕莲花宝瓶，左右雕有神童、仙鹤、孔雀；中柱雕狮子滚球和双龙戏珠，两柱楹联：“天寿无疆万里山河宏寿域，圣恩普及众生今古沐恩光。”右边楹联：“禅净双修如虎添翼生极乐，万外教行本是一家归寂光。”横额：“真空妙有。”左边楹联：“点星之火可以燎原续慧命，不磨古刹常转法轮度群述。”横额：“三谛吉空。”背面上枋雕双龙戏珠，中枋刻有“阿弥陀佛”四个字，下枋雕锭升等物。

牌楼 1998年建，花岗石砖木混合结构，四柱三门，中高两低，楼檐为红棕色琉璃瓦，中间阔3.45米，两侧次间阔2.7米，出挑11层，额枋为花岗石凿成，镌二龙戏珠图案，正面刻“三吴古刹”额，正面刻“邓尉胜迹”额。斗拱科攒，飞檐翘角，龙吻兽

圣恩禅寺牌楼（2017 年摄）

戗，雍容华贵。

天王殿　面阔五间。明景泰七年（1456）五月道清和尚创建，崇祯八年（1635），法藏、弘壁和尚等重建。清雍正十一年（1733），天王殿遭火灾，乾隆年间（1736—1795）重建。同治年间（1862—1874）重修。大门中央悬挂“敕赐圣恩禅寺”匾额。大殿柱联：“朗照十方是名诸佛；澄清五浊即入重玄。”大殿正中佛龛供奉弥勒菩萨佛像，背面供奉韦驮菩萨，两旁为持国天王、增长天王、广目天王、多闻天王像。外墙嵌有明崇祯七年（1634）吴县知县杨云鹤立《天寿圣恩禅寺常住田免役碑》，浦起龙《邓尉山圣恩禅寺重修天王殿记》碑，清顺治十八年（1661）《奉宪永免徭役坐扣军储碑》，康熙三十三年（1694）《奉抚都院立石永禁一应寺产不许贴赎碑文》。

天王殿（2017 年摄）

大雄宝殿 在天王殿后，面阔五间，明洪武九年（1376）万峰及徒普隐建；永乐七年（1409）智璘重建；崇祯八年（1635），法藏重修；清顺治十四年（1657），弘璧又重修。乾隆皇帝书“万顷湖光分来功德水，千丛花影胜入旃檀林”联，横额“梵天香海”。同治年间（1862—1874）重修。大殿正中供奉释迦牟尼佛，两旁侍立迦叶和阿难两大弟子，两壁排列十八罗汉，后壁左右供奉文殊、普贤二大菩萨，佛祖背面为海岛观音，善财童子、龙女侍立两旁。在佛祖前面还站立着两尊菩萨，护法神伽蓝菩萨、韦驮尊天菩萨。现为僧人诵经念佛、做法事处。殿后墙上有明正统八年（1443）石碑，高1.6米，宽0.77米，内容为正统八年九月十九日，礼部僧录司给原白马寺住持道清的札符，准其到圣恩寺当住持。

祖师殿 在大雄宝殿左侧，供奉禅宗祖师达摩像，高近2米，用天然老树根雕而成，在根端雕出达摩祖师苍颜虬髯，灵动非凡。殿中供奉万峰、智璘、道立、道清、素一、法藏、剖石、吼崖、融宗等牌位。

大法堂 藏经阁 面阔五间，宽31.4米，进深九檩11.5米，砖木结构。1993年兴建，次年落成。前面有露台，置有宝鼎。

方丈殿 在证心室北，为方丈早晚功课处，面宽三间，东侧为方丈起居所，中间设佛龛供佛像。

印经楼 在伽蓝殿南，天王殿东。面阔三间，五架梁，前双步廊，后单步廊，二层楼，下为僧舍，上为方丈诸客所。2001年11月后，改建为僧寮及碧照轩。前有庭院，植有枇杷、丹桂。

还元阁 在祖师殿南，天王殿西。面阔三间二层。旧有还元阁，年久失修，白蚁蛀蚀，行将倒塌。1981年拆除，梁柱易建为司徒庙大殿。1996年，新建还元阁，现为诸客场所。

圆通宝殿 又名观音殿，在大雄宝殿后西北侧山坡上，面阔五间，宽广各20米，两层重檐式建筑。2007年新建。殿内为坐式四面千手千眼铜观音像，铜像净高8米，直径6米，用纯铜制造，重30吨。两厢有百余尊观音塑像，殿廊四周镶嵌有汉白玉“善财童子五十三参图赞”浮雕。

钟楼 亦称毗卢殿，在大雄宝殿露台东侧，三层阁楼式建筑，面阔、进深均为12.2米，高14.65米。前有广场，建有40米长廊。原钟楼在天王殿东南方。明洪武九年（1376），僧奕持募铸成万石巨钟，钟表镂阴文小楷《法华经》，僧性愍所书。明嘉靖二十一年（1542），被权相严嵩攫去。万历年间（1573—1619），僧旭

圆通宝殿（2017 年摄）

钟楼（2017 年摄）

晓募铜蜀山，获万余斤，三铸而成，仍镂有《法华经》，有“一撞一声一部经”偈语。钟声洪亮，传说响声能远传湖州、苏州、常州三地。“文化大革命”初，巨钟被运至原木渎吴县动力厂化为铜水。1999 年 7 月在现址新建，次年正月竣工。新铸巨钟，重 6 吨，表面镌刻《法华经》6 万字。2002 年 5 月，举行钟楼落成暨毗卢那佛开光庆典。

塔院　方丈室后山西北角，别为一院落。2000 年 8 月建，面阔五间，名“天圣塔院”，奉安万峰祖师、历代大师以及融宗灵塔。2001 年 4 月，新置宝鼎一只。

2000 年后，新建望湖亭、闻钟亭、喝石亭、念佛堂，其中念佛堂面积 300 多平方米，2001 年 3 月建，为寺内主要礼佛诵经处。

晋柏　在大雄宝殿前院内有古柏两株，相传为晋代所植。树为圆柏，高 20 余米，东边一株树龄 1800 年，最粗树围 5.20 米；西边一株树龄 1500 年，树粗逾 1 米。两树均属于苏州市古树名木，保护级别为一级。至今英姿挺拔，苍郁葱翠。

晋柏（2017 年摄）

链接：圣恩寺镇寺之宝

邾公牼钟，周代青铜乐器，古色斑斓，高1尺余，四周表面有36颗钟钮，能敲打出36种不同音响，故俗称“奶子钟”。通体镂有籀篆铭文，释文曰：“佳王正月初，吉辰在乙亥，邾公牼莽，乃吉金玄鏐。”此钟为稀世镇寺之宝，与苏州虎丘王子吴鼎、镇江焦山无专鼎钟，并称为江南三宝。

钟铭文有拓本长卷，名人题词、题跋甚多。清末潘祖荫题跋：“大江以南，无专鼎在焦山，王子吴鼎在虎丘已失，与此鼎峙而三矣。”近代吴湖帆题跋云：“周邾公牼钟、拓片，藏吾邑邓尉玄墓山圣恩寺。庚申（1920）三月与陈子清兄同游玄墓，子清手拓此帧以赠。亚伟研兄属，吴湖帆题。庚午（1930）冬十月望日，题于梅影书屋。”抗日战争期间，日本侵略军觊觎此钟，僧融宗沉之于深井，得以保全。1950年，打捞出井。1956年参加苏南文物展，展览结束后被南京博物院征集。现收藏于南京博物院。

圣恩寺是千年古刹，珍藏文物甚多，据近代李根源《吴郡西山访古记》等相关资料著录：一、莲花经钟，明万历戊午（1618）铸，重1.8万斤，刻有全部《妙法莲花经》，王志坚序文，第一卷文震孟书，第二卷沙门真炤书，第三卷贺焜、缪希雍书，第四卷贺炌、吴惟明、王志坚书，第五卷王志长书，第六卷贺懋熙书，第七卷于玉德、梁祖茂、沙门湛渊书。二、《七级浮屠图》，长5.4米。三、蝇头楷书《华严经》全部，共1095048字，款署“康熙甲子（1684），吴门弟子许□□永供圣恩禅院法堂，虞山弟子许德心咸如氏敬写，河南弟子程嵋眉山氏绘像。”工洁匀整，技艺绝妙。四、《西方接引佛象》，长5.4米，雄伟静穆，“审其纸墨设色，必为元明时物”，清道光二年（1822）六月徐嘉谋重装。五、《西方胜境图》，长5.4米，道光二年六月徐嘉谋重装。六、明嘉鱼熊开元、吴江周永年编纂《邓尉圣恩寺志》，六本十八卷。七、《大方广

明朝血经（2015年摄）

佛华严经》（明崇祯，清顺治、康熙）血经三部。还有明洪武《大藏经》和《金光明最胜王经》以及清王文治手抄经本等。

圣恩寺庙会　时间为正月初九日。新编《光福镇志》（苏州大学出版社 2005 年版）载，相传正月初九为帝释天（玉皇）诞辰，俗称“天生日”。苏城素有“斋天”之习俗。圣恩寺“斋天法会”，自康熙三十八年（1699）诏建“万寿道场”始，由来已久，是日“酬愿者骈集，观者如堵”。

其实，圣恩寺庙会也是为了纪念康熙皇帝恩泽。康熙五十八年正月初九，康熙皇帝特旨给圣恩寺丰厚赏赐，派遣大臣送至玄墓山，盛况空前。为了永记皇恩，寺庙将此日作为庙会之日。

圣恩寺庙会为期三天，农历正月初八至初十，初九为主日，庙里除了翻晒经书外，还将郏公桱古钟等一批镇寺之宝展示给佛教信徒。人们一早就赶到玄墓山烧香观宝，连常州、无锡、湖州等地信徒也赶来，寺内香烟缭绕，人山人海。1958 年后，庙会停止。20 世纪 90 年代恢复。庙会期间，寺外有调龙灯、舞狮子等活动，游访者不绝于道；寺内念经、拜忏，人头攒动，香烛高烧，热闹非凡，进香游客有 3 万～ 5 万人次。

圣恩寺庙会现已列为区级非物质文化遗产代表性项目。

圣恩寺庙会（2017 年摄）

司徒庙

司徒庙，位于青芝山北、吾家山下，祭祀东汉大司徒邓禹。院内有古柏四株，故又称古柏庵、柏因社、柏因精舍。

相传，汉邓禹曾经隐居在光福。据明《邓尉圣恩寺志》记载，从前光福境内曾有三座邓禹祠，云："邓将军祠有三，一在山南湖滨，门（前）有古柏；一在志（梓）里村；一在顾巷。传为东汉太尉邓禹三兄弟所居此，当是。各村立祠，祀将军耳，今（圣恩）寺前有邓尉庙。"清《吴门表隐》云："邓将军庙有三，一在光福南街，门（前）有古柏；一在志理（梓里）村，一在顾巷。相传，汉太尉邓禹兄弟三人曾各居一村。又玄墓各村

司徒庙大门（2017 年摄）

有二十八处土谷神庙，祀汉云台二十八将，皆宋时建。”清道光《苏州府志》云：“司徒庙，在青芝山北，相传祀汉邓禹。庙前古柏四株，名清奇古怪，皆千年物也。今名古柏庵，又名柏因社。”

司徒庙始建年代无考。当地百姓“雨旸则祷之，疾疹则祷之，经商、狱讼则祷之，咸若有答焉者”（明王梦熊《司徒庙记》，下同）。明宣德十年（1435），乡贤顾进、顾昌倡捐重建，其“首捐己囊，寻募众缘，鸠工庀材”。先作前堂，次作右室，以奉大士；次作左室，以为庖厨；次作后殿，以奉神像。”“其规制之崇广，视昔加三之二矣”。历时3年，至正统三年（1438）建成。天顺五年（1461），徐用之、周文贵等人出资扩建，重建西墙。此后，历代均有重建或修葺。“文化大革命”中，原香雪大队利用庙舍开设香雪中学。1976年学校搬迁，并拓展古柏院，修建碑廊。1986年，被列为吴县文物保护单位。90年代，新建大雄宝殿。2000年后，重修殿宇，新辟古柏院东侧碑廊和邓禹草堂。

司徒庙现有殿宇布局为传统院落式，前为墙门，有披轩，上书“司徒庙”三个字，门前分立石狮一对。现存庙宇殿舍中轴线上有二进，共20余间。第一进天王殿，面阔三间，为清末民国初建筑，中间供弥勒像，两旁供奉四金刚塑像。第二进为大雄宝殿，面阔三间二庑。天王殿与大雄宝殿之间院落两侧有二层楼厢房。西边底层为石佛殿，供石佛一尊，楼上为藏经楼。东边厢房为赏柏厅，悬挂“第一香林”匾额，中间供邓禹塑像。东侧为钟鼓楼，有古黄杨树一株。古柏院东南西三边为碑廊，东侧碑廊北端有阁楼式闻钟亭和假山。

“清奇古怪”古柏 司徒庙东侧为古柏院，有古柏四株。清《吴门补乘》云：“邓尉山有司徒庙，相传为东汉邓高密侯禹祠。庭有古柏四株，皆千年物。前人各以一字题之，曰清奇古怪，肖其状也。”清《光福志》云：“司徒庙，在青芝山北，或云汉高密侯邓禹祠。前有古柏四株，皆千年物，名清奇古怪。”相传，古柏为邓禹亲手所植，造型别致，姿态各异。传说，乾隆皇帝南巡至此，叹为观止，分别赐名清、奇、古、怪。清柏，主杆粗壮挺拔直耸云天，体态稳健，枝叶苍翠，给人挺俊清朗，富有朝气的感觉。奇柏，主干似腰被斩后断成两枝，一枝垂到在地面又郁郁葱葱；另一枝距离几米，着地重新伸出新枝，长成一棵新的古柏，颇有枯木逢春之趣。古柏，古朴苍劲，姿态肃穆，纹理萦纡似百索绕躯盘旋而上，又如蛟龙盘绕在身，给人以粗犷憨厚之感。怪柏，不知何年何月被雷劈成两爿，一爿远离母本落地生根，卧地三曲，形似走地蛟龙；另一爿却似悬空吊篮，就地卧到，似昂首蛟龙，呈欲腾空起飞之势。清宣统二年（1910），因古柏多被斲伤，邑人王雍熙、冯泽贤、李曾祥、陶忠伟等出资修筑铁栏保护。1976年，拓

“清奇古怪”古柏（2017 年摄）

展古柏院。

古柏虽经千年风霜雨雪、日曝雷击侵袭，历劫不磨，依然苍劲挺拔，葱郁苍翠。在江南水乡实属稀罕，堪称天下奇观，令无数文人墨客咏叹不已。清初徐枋称：“司徒庙柏，千年物也。雄奇偃蹇，各极其致，有非图画所能者。殆不减少陵（杜甫）所咏孔明柏也。”近代李根源将古柏与苏州织造府瑞云峰、汪氏义庄假山、拙政园紫藤，并称为“苏州四绝”。周瘦鹃称它是苏州“最最宝贵的宝树”。1964 年 1 月，田汉观赏古柏后题诗云：“裂断腰身剩薄皮，新枝依旧翠云垂。司徒庙里精忠柏，暴雨飙风总不移。”1977 年初夏，叶圣陶到此赏柏，作七绝二首。古柏属苏州市级古树名木，一级保护级别。

《楞严经》碑刻　镶嵌于司徒庙赏柏厅侧碑廊内，全称《大佛顶如来密因修正了义诸菩萨万行首楞严经》。经文石刻由涿州房山云居寺方丈在苏州预定镌刻，故亦称“房山石经”。由昆山魏肇鲁倡议，聘请10位名家书写，始于明崇祯元年（1628），至崇祯十年刻成。捐钱捐物者，共计200余人。碑刻成后，因“夷寇”交讧、运河竭道淤塞、经费困难，暂藏吴地，后由顾锡畴转藏于光福南凤凰山狮林寺。清康熙四十二年（1703）皇帝赐额。

《楞严经》共10卷，6.7万多字，刻在84块青石上。第一卷6块，明崇祯元年（1628）秋，亦非居士张炳樊熏沐敬书；第二卷9块，崇祯二年闰四月，清凉居士张鲁唯沐手敬书；第三卷8块，崇祯元年，云栖广雅侯峒曾熏沐敬写；第四卷8块半，无书写年月，娄东佛弟子王时敏熏沐拜写；第五卷8块，无书写年月，弟子归昌世斋沐敬书；第六卷8块，崇祯四年九月，佛弟子大副顾锡畴熏沐敬书；第七卷9块，崇祯七年建申朔，东吴凤里弟子王瀚上化熏沐稽首书；第八卷8块，崇祯二年仲夏望后一日（1629年9月3日），古娄佛弟子弘节顾同德沐手敬书；第九卷11块，无书写年份，天童菩萨戒弟子通皎诸保宙沐手敬书；第十卷有6块半，崇祯十年冬月，昆山弟子闻樨居士张立平熏沐稽首书；最后两块为魏肇鲁、章懋德题跋。魏肇鲁“铭识”两则，分别写于崇祯十一年四月八日（1638年5月21日）、崇祯十五年正月□日，记述碑刻全过程。

《楞严经》是一部保存完整的明代石刻经卷，由吴门金石家章懋德（字渭溪）镌刻，每块青石长0.95米，宽0.33米，平均每块刻字800字左右。书法精正，字迹匀称，刀法流畅有力。1957年8月被列为省级文物保护单位。1976年，狮林寺年久失修塌毁，

《楞严经》碑刻（2017年摄）

殿宇被拆除，碑刻散落。后由融宗和尚征集，并收藏于司徒庙。1982 年 3 月再次被列为省级文物保护单位。

《金刚经》碑刻 镶嵌于古柏院南侧碑廊。《金刚经》全称《金刚般若波罗蜜经》，此碑刻于明万历二十七年（1599），全部经文刻在一块青石碑上，碑高 1.92 米，宽 0.69 米。设计者将经文巧妙安排在一座七级宝塔图案上，卷首从宝塔中心开始，整部《金刚经》可顺序诵读。而每层塔角檐下的铃铛及塔檐下的莲柱上，又各刻一个“佛”字。整座宝塔上没有一字虚设，宝塔与经文排列完整，又富有对称性。经文全用工整的蝇头小楷书写，精刻细镂而成。1982 年 3 月，《金刚经》与《楞严经》同时被列为省级重点文物保护单位。

《金刚经》碑刻（2017 年摄）

碑廊另有二碑：一为康熙皇帝御书“松风水月”碑。清康熙二十八年（1689），康熙皇帝巡幸光福时书于圣恩禅寺，青石材质，碑高 0.41 米，宽 0.96 米。二为“般若船”碑。国民政府主席林森手书，花岗岩材质，碑文笔力遒劲，字体圆浑。

邓禹草堂 在司徒庙北部，占地 30 多亩。2000 年，镇政府出资 200 多万元新建。有茅屋数间，再现当年生活场景。除水池、曲桥、假山外，有轩榭、亭子各一座，呈现一派江南园林风貌。园内栽各种古梅数百株，集迎春红梅、闹春墨梅、绿梅等 14 个光福珍贵梅花品种于一园。园中央有荷花池，面积 300 平方米。

古镇风貌

光福镇山清水秀，环境优美，名胜众多，1982 年光福景区被列为国家级太湖风景名胜区十三景区之一。境内历史积淀深厚，旅游资源丰富，省级文物保护单位有《楞严经》碑刻、铜观音寺（寺、寺桥、光福塔）2 处（4 个），市级文物保护单位有圣恩寺、石嵝庵、石壁永慧寺、东崦草堂、司徒庙、香雪海、董份墓、徐枋墓、惠栋墓、徐学谟墓、虚谷上人墓、吴县烈士墓等 12 处。

进入 21 世纪，光福致力于大旅游格局建设，注重山水风光、名胜风物、人文景观的融合，集自然风景、名胜古迹、古镇老街、宗教寺庙、革命红色（新四军太湖游击队纪念馆、冲山之围纪念碑）等旅游资源于一体，成功打造香雪海梅花节、太湖开捕节等旅游品牌。2014 年，光福景区被评为国家 AAAA 级旅游景区。2017 年，光福景区共接待游客 76.5 万人次，门票收入 785.36 万元。

老街古弄

光福古镇历史悠久，街道、民居依山傍水，镇内古桥曲巷，行走在镇内幽静的古街上，能感受到处处散发出的恬静古朴气息。静静的古街，流淌着千年古韵风情，倾诉着时代沧桑变迁。

光福街道经纬分明，条条古弄从街道延伸到幽深的民居中，构成古镇合理而便利的交通格局。

大街 位于古镇区中心，东西走向，为贯穿镇区主街，是全镇商贸中心区。东起龙头嘴与小巨角街相接，西至孙家弄十字街口，长 100 多米，宽 8 ～ 10 米，1990 年改花岗石弹石路面为六角形水泥道板。

民国期间，大街店铺林立，老万丰、德昌和、大昌、同益、隆号等数十家商铺开设大街两侧，有邓家、刘家、周家、李家、茹家等饭店 5 家，有石永兴、黄隆兴等面店 5 家，还有三醉楼、鸿园、新风等茶馆。解放后，大街两旁有供销社百货大楼、副食品商店、邓尉茶室、烟草批发部等商店数十家。

2017年，大街有超市2家，五交化商店1家，药店1家，食品店1家，百货商店2家，服装店 2 家，家具店 1 家，五金店 1 家，理发店 2 家，点心店 2 家，烟草批发部 1 家。

南街 因位于古镇区中心南而得名。连接新老镇区，呈南北走向，南接邓尉山路，北通大街与上街交会处的十字街口，长 220 米。宋时有街。民国时期，为花岗石碎片铺成的弹石路面。1988 年，南街由原来 2 ～ 3 米拓宽至 4 ～ 6 米。1990 年改为六角形水泥道板。现为镇区商业街。

旧时，南街是镇区商业繁华地段，1 号为百年老店香雪饭店，4 号民国时曾是太和堂药店，9 号民国时开有品芳斋糖果店，15 号民国时是宝源号典当，典当弄因此而名。28 号是清代建筑方宅，方家弄因此得名。31 号民国时为福溪旅社。46 号为民国建筑，现为镇老年大学驻地。56号旧时有关帝堂。关帝堂隔壁是东平王庙。东平王庙建于北宋元丰初，有房40余间，为纪念唐朝名臣张巡而建；清嘉庆二十三年（1818），光福巡检司胡鹏升、里人顾亮吉等募建；民国时是国民党绥靖队驻地，20世纪60年代被毁，建造吴县纺织机械厂。73号处，清乾隆时建有御码头，御道从73号山墙边经过。60年代，码头毁。旧时，南街还有文昌阁、徐公祠、雪屋、武圣庙、邓将军庙、妙峰庵、土地堂等建筑。

1993年，新镇区建邓尉山路，与南街相接。2017年，南街有汽车修理厂1家，副食品店1家，车行1家，冷库1家，眼镜店2家，旅店1家，鞋店4家，理发店5家，批发商行2家，布店2家，金店1家，点心店1家，窗帘店2家，床上用品店2家，炒货店1家，五金店1家，小百货店2家，服装店33家，是古镇区主要商贸区。

上街 位于古镇区西部，呈东北—西南走向，东接十字街口，西出竹行桥西堍，街长350米。形成于南朝梁代前，宋时极盛。民国时期为花岗石碎片铺成的弹石路面，1990年改为六角形水泥道板。2011年，上街改造成粉墙黛瓦的传统苏式建筑风格，花岗石路面。

上街7号为清代建筑金宅。3号处福溪河旁，曾有明顾鼎臣所建“绩断厅”（俗称“楠木厅”）。上街58号为清代民居建筑方宅。新中国成立初，光福镇政府曾设在43号。13号曾设置过派出所、爱卫会。2011年，镇政府投入457.05万元，将上街改造成粉墙黛瓦的传统苏式建筑风格，花岗石路面。2017年，上街有各类商铺8家。

上街（2017年摄）

下街（2017 年摄）

下街 位于古镇区西部，形成于南朝梁代前，宋时极盛。下街东接大街普安桥北堍，西出竹行桥北堍，街长 350 米，宽 2 米，弹石街面。街两侧建有住房，1974 年，拆除沿河房屋，下街路面拓宽至 5 米。民国时期为花岗石碎片铺成的弹石路面，1990 年改弹石路面为六角形水泥道板。

下街 9 号曾是光福联合诊所所在地。19 号为清代古宅。21 号是光福仅存的明代建筑之一，为里人许鹤巢故居，即苏州状元陆润庠读书处。建于梁天监年间的光福寺（铜观音寺）坐落于下街。

2010 年，镇政府投资 437.02 万元，将下街改造成粉墙黛瓦的传统苏式建筑风格，花岗石路面。2017 年，下街有饭店 1 家，商店 3 家。

杨树街 位于古镇区东，旧称东街。西以福龙桥接壤光福大街，东至菱塘桥，依河成街，全长 100 米。在与大街交接处附近，原称杨树头，旧有古杨柳树多棵。街市尽处有古石堤，称菱塘岸。2007 年，菱塘岸改建为公路。26 号有徐氏后裔六房弄遗址和杨栈弄（又名姚家弄）。10 号为清民居凌宅。福龙桥处原有青石牌坊，刻有青、白二龙，故又称龙头渚；1913 年被毁。

2017 年，杨树街有副食品批发店 1 家，理发店 2 家，五金交电商店 1 家，小饭馆 3 家，旅馆 1 家。

小巨角街（2017 年摄）

小巨角街 位于古镇区西北，呈东北—西南走向，长 400 米。形成于南朝梁代前，宋时极盛。民国时期为花岗石碎片铺成的弹石路面，1990 年改为六角形水泥道板路面。小巨角街有清、民国古宅 2 处，民国时的恒隆米行等也在其处。新中国成立后，小巨角街驻有粮食管理所、供销社、生产资料部、运输站等单位。在街北端建有粮库、碾米厂。

2012 年，镇政府投资 322.25 万元，将小巨角街改造成粉墙黛瓦的传统苏式建筑风格，路面为花岗石块。2017 年，小巨角街有商铺 4 家。

孙家弄 位于古镇区十字街口西，东西走向，自十字街口通到邓尉山北路，长 60 米。民国时，孙家弄曾有耶稣堂，开办过时疫医院。孙家弄十字街口曾有万云楼茶馆。街上原有光福文化站、光福影剧院、邮电局、工商银行、农业银行等。

2017 年，孙家弄有家电商店 2 家，中国移动门市部 1 家，点心店 1 家，日杂商店 1 家，理发店 1 家，粮油店 2 家，其他各类商铺 5 家。

花园弄 位于杨树街南侧。南端有东崦草堂，俗称徐家花园，后改称吴家花园。南北走向，自杨树街至人民桥，长 150 米。市级文保单位东崦草堂坐落于此。

旱桥弄 位于大街东段北侧，长 127 米，路面宽约 1.2 米。弄口有春和堂药店。

旱桥弄（2017 年摄）

古桥 老宅

古桥

光福河湖交错，桥梁众多，解放后陆续建修桥梁。2017 年，镇区桥梁有通利桥、普安桥、光福寺桥、福溪桥、福龙桥、永福桥、人民桥、迎宾桥、虎山桥等 9 座，其中光福寺桥、虎山桥为吴中名桥。

光福寺桥 俗称“大寺桥”，位于铜观音寺前。建于宋代，单孔石梁式平桥，跨越福溪市河，连通上下街。清《吴门表隐》载：“光福寺前桥扶栏有石，琢凿甚工。宋时旧物。”此桥为苏州至今仍保存有宋代雕刻、营造法式的少数古桥之一，长 16.1 米，跨度

宋代建造的光福寺桥（2017 年摄）

5.4 米，宽 3.06 米，由三块条石拼成，桥堍呈喇叭口状，宽 3.75 米。栏杆、锁口石、压顶石均选用武康石凿成，弹击有声，铿锵作响，故乡民又称“琵琶桥”。桥梁东侧刻有楷书“光福寺桥”四个字，西侧石梁雕有腾龙和万字纹图案，双龙戏珠，云彩飞舞，形象生动，雕刻精细。1995 年，光福寺桥与光福铜观音寺、光福塔被列为省级文保单位。元至正二十四年（1364）、明嘉靖年间（1522—1566）、清康熙十八年（1679）三次修葺。2013 年，政府出资大修，桥面两边侧梁替换成混凝土结构梁。

虎山桥 横跨虎山、龟山之间，界东、西两崦。始建年代不详，宋范成大《吴郡志》称为“古津梁”，吴中著名古桥梁之一。据文献记载，南宋嘉泰年间（1201—1204），里人徐氏出资重建。元泰定年间（1324—1327）重修，改为三孔石拱桥，并以纪年改称“泰定桥”。明成化十一年（1475）再次重修，陈颀撰记。至万历年间，成为危桥，两岸行人引绳而进。万历二十一年（1593），申时行倡导重修，工程由徐应祥主持，桥改为五孔，桥上建有亭子。申用懋有碑记（残碑现存）。清顺治初，释某募建，仍改三孔。清乾隆年间，徐坚、李肇修、徐洪山、汪芳贻、徐敏中倡捐募建。徐坚于嘉庆二年（1797）冬追忆其始末，撰写《重修虎山桥记》。

虎山桥是旧时游人进山探梅、寻胜访幽的必经之路，所谓“二月中旬，郡人舣舟虎山桥，幞被遨游，舆者骑者，屣而步者，提壶担榼者，相属于路”，也是眺望光福湖山风光的绝佳处。“虎山踏月”“虎山看月”更是古代文人墨客推崇的游山赏胜习俗，写下大量隽永诗文。

1937 年冬，虎山桥坍塌。抗日战争胜利后，搭建一座三孔木桥，以便南北往来。1956 年，政府出资修建三孔木桥。1963 年重建，改为三孔钢筋混凝土平桥。1989 年重修，改为钢筋混凝土公路桥。2006 年再度重新扩建，现桥长 105 米，宽 9 米。

福溪桥（2017 年摄）

福溪桥 因桥旁有竹行，俗称竹行

普安桥（2017 年摄）

桥。横跨福溪，连接大街。始建年代不详，元时有桥。明成化年间，里人徐衢重建。清乾隆时修葺。1973 年拆除，1997 年重建，为单拱金山石贴面桥。

普安桥　又名普贤桥，横跨上、下街福溪市河上。建于南朝梁天监年间（502—519），唐、宋、元时数次修葺，明时重修。1973年拆除，1997年重建，为仿古单跨石板桥。

安福桥　因旁为湖渔集市处，故俗称鱼行桥，横跨上下街福溪市河。始建不详，明成化初，里人徐衢重建。清嘉庆二十三年（1818）重修，改为圆孔。1973 年拆除，1997 年重建。

通利桥　在福溪西侧，俗称西桥。横跨福溪市河，贯通虎山弄。

福龙桥　跨市河，连接小巨角街和杨树街。1997 年重建。

福隆桥　俗名菱塘桥，跨菱塘岸、崦东村。花岗石单孔拱桥，建造年代不详。明永乐年间（1403—1424）重建。成化初年，里人徐衢重修。1975 年重建并改为混凝土桥。2008 年再次拓宽重建，混凝土结构，长 36 米，宽 4 米。

铜坑桥　在铜坑山北侧，西崦湖之尽处。横跨铜坑港，为太湖入光福之锁钥。始建年代不详，明以来屡葺屡圮。50 年代重建并改为混凝土桥。1982 年重建，长 36 米，宽 3 米。2015 年，再次重建并拓宽延长。

杨树街 10 号凌宅（2017 年摄）

老宅

光福古镇上达官富贾居住不多，豪华的深宅大院较少，加上沧桑变迁，现存建筑以传统的苏式普通住宅为多，仅有少量古宅。

杨树街凌宅　位于杨树街 10 号。清光绪十七年（1891），凌吟斋建，为五进宅第，占地面积约 650 平方米。整座宅第由大门到后面沿中轴线摆布，对称合理。大厅明间脊檩和两边次间的梁、枋都饰有云纹、花卉抱托，柱础为花岗岩石鼓墩，厅堂地面都铺水磨方砖。雕刻图案的色彩都为素色。第二进门头用水磨砖砌建，砖雕画面装饰兰花、蝙蝠，中间字枋上楷书“燕翼诒谋”。

上街方宅　位于上街 58 号。清嘉庆十八年（1813），方氏所建，占地面积约 650 平方米，为三进平房宅第。大门临街，建有门堂间。第二进门头上、下两节，上节画面为上面雕塑双龙戏珠，两旁云丝、花卉纹饰，下置福、禄、寿三星。下节两边塑置兰花、竹子和如意云纹，中间字枋上行楷书“吾爱吾庐”。

上街金宅　位于上街 7 号。始建年代不详，清光绪二十一年（1895）金梧春重建，占地面积约 400 平方米，为四进宅第。门面临街，设有门堂间，第一进水磨砖库门门头，设花卉纹装饰，柱挂齐全，中间字枋上楷书“长乐永康”。第二进厅堂桁、檩设花卉、云纹木雕抱托。大梁扁方形，成弓状。地面铺青黛色水磨方砖。三、四进为宅主住屋。

下街 19 号申宅（2017 年摄）

下街申宅　位于下街 19 号。始建于明末，为明代申时行后裔宅第。清乾隆三十年（1765），申氏重建，占地面积约650平方米，为四进平房宅第。头进沿街，设门堂间。库门门头皆以水磨砖叠砌，第二进门头两旁挂柱饰石榴型吊篮。墙面两边饰“万年青”花卉，中间字枋上书“旧德诒谋”。第三进字枋上书“慎修思水”，旁刻雕鹿、蝙蝠、老寿星，喻为“福”“禄”“寿”三星高照，雕刻官吏和一只鹿，喻宅主人加官受禄。

小巨角周宅　位于小巨角街 23 号（旱桥弄 14 号）。清宣统三年（1911），周伯泉所建，为四进宅第，占地面积 550 平方米。平面布局，照墙、门厅、大厅、楼厅沿中轴线摆布，依地就势，略带歪斜。各进楼高度相等。厅后库门，作为内外两进分界线。大厅为外宅中心，楼厅是内宅中心。大厅即前厅，是宅主重大礼仪和接待宾客的地方。楼厅即后厅，是宅主生活起居之地。各进厅堂都为硬山式，建风火照墙。房脊用砖瓦叠砌，做成纹脊梁（屋脊两头飞翘，做各种花纹）。楼房左右高度相等，两侧厢房对称。

小巨角街周宅（2017 年摄）

室内大厅屋顶的山界梁上的空隙都用山、雾、云、花等图案装饰。大梁两端有架于升口，抱住桁条两边的雕花板，称抱梁

云。大厅明间配6扇落地长窗，两边次间配置雕花半窗。窗子中间的雕花板上，雕刻全本《西厢记》，为光福名宅雕刻之最。门口金山石条作台阶。脊檩饰云纹、兰花等托抱。滴水为双椽檐，柱石用花岗石做成鼓墩。

各进墙门门头都用水磨砖砌建，库门墙脚置设金山石雕花柱石。各进门头装饰砖雕不同，有蝙蝠、寿桃、百吉、祥云，喻为“福寿吉祥”，有砖雕鹿、蝙蝠、寿星，喻为“福禄寿”三星高照，有和合、木鱼、鼓板、石磬、龙门、灵芝、松树、仙鹤，象征福、禄、寿、喜、大吉大利。各进字枋也不相同，第三进门头字枋砖雕“燕翼诒谋”清晰可见。

周宅依山傍水，应山顺势，墙体下部都以山石叠砌，上部用砖，顶部嵌置彩绿色琉璃花格，墙面以纸筋抹成灰白色。

孙家弄宋宅 位于大街18号（包括上街3号）。清嘉庆十八年（1813）建，占地面积约600平方米。分中式、西式两部分，中式部分在孙家弄，西式部分在上街3号。三进平房，第一进沿街，为街面房。库门门头用水磨砖建造，雕刻兰、竹、松、菊和万年青，天井地面铺金山石坑板。第二、第三进库门门头画面不同，配置砖石雕刻，中间字枋砖雕楷书“福泽隆常”。大厅大梁有云纹状镂空抱梁，桁条的二头各配有云纹或花卉镂空抱托。厢房设半窗，半窗下建云纹状木制花栏。挂柱为方形八角，左右成对，柱隧灯笼式，塑饰花卉镂雕。画面饰祥云、花卉。

下街许宅 位于下街21号。始建年代不详，清举人许赓飏（号鹤巢）重建。为四进平房宅第，占地面积850平方米。第一进临街，第二进后步右始，建有直通后门的备弄。大厅明间6扇落地长窗，次间砖墙半窗。12扇半窗和6扇落地长窗配有木雕花卉图案和花格，柱石为青石鼓墩。大梁置有云纹抱托，是镂空雕花卉状。梁、枋、柱、桁、檩、窗、槛、栏漆制成楠木色。库门墙门头用水磨城砖砌建，置饰砖雕，内外墙门画面不同。大厅、备弄和厢房的地面均铺水磨方砖，天井内中间铺金山石坑板，两边用砖瓦铺饰成吉祥形图案。

南街方宅 位于南街28号。建于清光绪三十三年（1907）春，三进宅第，占地面积约800平方米。第一进临街，库门门头的砖雕较为考究，为镂空雕。整宅房屋保存完好，楼面、楼厅损坏少。“文化大革命”中，砖雕作品破坏严重，仅存两块雕砖保存于居民家中。

小巨角街周宅 位于小巨角街13号。1928年6月建，为四进宅第，占地面积500

南街 28 号方宅（2017 年摄）

平方米，是民国时期光福建筑代表作。

周宅房屋结构独特，高于同时代其他楼房，中轴线对称分布。库门墙面以水磨砖贴面，墙面砖为浅雕。大厅的山界梁空隙用云纹图案装饰，大梁两端设镂空花卉抱。桁条两头以兰花等花卉形状设置抱桁。明间 6 扇落地长窗，两边次间 16 扇半窗，都施木雕、花格。门口用长形金山石条作阶，大厅内水磨方砖铺地。库门墙门上雕刻题材广泛，各进的画面不同。第一进为 5 只蝙蝠和“寿”字，寓意为“五福同寿”。第二进为牡丹花和公鸡，比喻为“功名富贵”。第三进库门墙门为三层，上层塑“福、禄、寿”三星官，中间设字枋，书“阑橘凝香”四字，下层中塑“万年青”，“万年青”两旁塑童男童女一对，喻“千年和合”。画面都为素地，没有色彩。门、梁、檩、桁、枋、柱油漆，屏、窗揩抹桐油。房屋硬山式，建风火照墙，风火墙中嵌彩绿色琉璃花格。

园林 纪念馆

光福历史上曾有随缘堂、耕学斋、来青堂、苇轩、雪屋、耕渔轩、遂幽轩、先春堂、蓄斋、见南山斋、晚香林、邓尉山房、东崦草堂、如是斋、云壑藏舟、白云堂、真如小筑、聚坞草堂、涧上草堂、青芝山房、九峰草庐（又名逸园）、六浮阁、七十二峰阁、环翠阁等宅第园林。现有东崦草崦、石竹园、新四军太湖游击队纪念馆。

东崦草堂 坐落于杨树街花园弄底、东崦湖滨。明末，里人徐鉴湖（一作镜湖）所筑，故亦称徐家花园。后曾被废弃。清道光年间（1821—1850），徐鉴湖五世孙徐傅重

东崦草堂（2017 年摄）

修。金兰《重过东崦草堂》诗云："重到云深处，峰峦觉愈奇。泉声訇竹坞，山影溺荷池。北海尊独在，南窗榻已移。卜邻空有约，愧乏草堂赀。"

东崦草堂，南临东崦湖，面对邓尉山，可见涟漪，可听松涛，环境优美，风物宜人。草堂北向，前宅后园，南园北宅，住宅为二层楼建筑。花园以荷花池为中心，池西南一人工小溪蜿蜒曲折，沟通荷池和外湖，有小桥跨溪之上。池南一厅堂，所谓"东崦草堂"者也。草堂之南本亦为池，故草堂实建于两池之上。后堂南之池废为平地。荷池及小溪皆有黄石驳岸，犬牙交错。岸边有紫荆、桃、梅等花木，青翠繁茂，姹紫嫣红。亭台廊榭别致，假山、池塘相映。塘内植有荷花，养有金鱼，实属幽雅。建筑造型精巧，古色古香。北部为宅居，分上、下两层，构造讲究，飞檐凌空，玲珑剔透，工艺非凡。徐傅依原构建月满廊、欣怀亭、延翠轩、丛桂小榭、读书堂诸胜，开凿荷花池，增筑看云处。汪芑有《徐氏草堂诸咏》分别歌咏草堂诸景，《东崦草堂》云："绕屋多好山，开门疑入剡。一笛钓船秋，夕阳下西崦。"《月满廊》云："虚廊缭而曲，茶烟竹外冷。斜月闻霜钟，惜踏梅花影。"《欣怀亭》云："碧筩池上酌，柳阴日亭午。散发复局棋，坐中客三五。"《延翠轩》云："藤萝张作帷，苔藓厚于褥。小立角巾欹，凉浸须眉绿。"《丛桂小榭》云："留人丛桂树，秋意满庭户。抱槛小池平，残荷响疏雨。"《读书堂》云："书堂面庨豁，卷幔山光青。永书少尘事，手写耒耜经。"

东崦草堂是吴中名园，常有文人雅集。汪芑有《东崦草堂碧桃盛开，同人结社招饮，牵牵不果，赋此酬之》诗云："名园东崦滨，芳春雨初歇。闲门草温暾，纡径泥滑笏。碧桃花乱红，开轩日为夺。文章自天成，云霞争绮发。主人命俦侣，欢宴当佳日。波暖绿冒池，峰多青排闼。艳妆带露秾，笑靥临水活。玉环艳多肌，徐熙画没骨。秀气餐湖山，朗抱谭风月。入座樽不空，登坛帜辄拔。险韵关诗脾，清言抉理窟。量逾蕉叶三，数减竹林七。贱子荷见招，奔走愧羁屑。胜赏过讵留，良会继难必。景兹洛社英，纪以巴歌拙。傥约饯婪尾，深杯敢辞罚。"

东崦草堂布局合理、协调，构筑规模、陈设格局均不同于一般草堂。园、宅无一不反映当时设计者的独具匠心。现存建筑均为清代建筑遗构。原清代观察史黄安涛手书的匾额无存，其余如欣怀亭、延翠轩、荷花池及北部的宅第等均存无损。花园长廊壁有东崦草堂记碑两块，东崦草堂平面图碑一块，均嵌在月满廊壁内，在宅后尚存有《徐蘅川像赞碑》6 块（原碑数不详），由嘉兴竹田里张廷济、嘉善黄安涛及王永祥所书。《东崦草堂记》中有："思夫沧浪之亭，乐圃之居，天镜之阁，玉山之堂，其林麓烟云之趣，浩渺幽邃之观，孰为胜绝！而四方人士之来是者，牵拂相招至，以不到为耻”之语。

民国时，苏州画家吴似兰购得，改称吴家花园。花园保存完好，1982 年被列为吴县文物保护单位。

石竹园 位于司徒庙对面。2003 年建成开放。园主顾根荣、陆润珠夫妇凭着对石、竹的独特爱好，历时 30 多年搜集天下奇石 1000 多件、名竹 30 余种，利用私有宅院修建千奇百怪的石竹园，以石会师，以竹会友，成为一处集修身、益智、雅趣于一体的游览胜景。园占地面积 1500 平方米，园内分 6 个展区。

第一展区是一个占地 2 亩的花园，园内有 30 多种名竹，与 10 余块大型奇石，名竹奇石相伴，亭子廊轩辉映；树木葱茏，花卉鲜艳；一盆盆古桩，生意盎然；鹅卵石径，曲折通幽，逸趣无穷。

第二展区陈列展出各种天然象形石。展区中央是一块名为“玄武迎宾”的巨石。一只天然五彩灵璧石龟，龟身缠着一条蟒蛇，背负元宝，有喜贺贵宾健康长寿之意。四周橱窗内陈列着酷似各种各样的动物象形石，有布满峰峦洞壑、八面玲珑的“华山秋韵”，有晶莹闪亮的钟乳石，有奇巧天成的石蛋，有以假乱真的“五花肉”，有人见人爱的

石竹园（2016 年摄）

"娃娃鱼"，有"大红寿桃"，有"屈原问天"，有广西大化所产的"东坡夜游赤壁"；有产自山东崂山的绿玉，上面是一幅天然国画"海鸥击浪"，右下角有"古城遗韵"，形似大漠中的古城堡。

第三展区是名石区，有闻名海内外的福建寿山石、浙江青田石和鸡血石、内蒙古巴林石，这 4 种印章名石，贵如黄金；有以"漏透瘦皱"著名的太湖石、灵璧石，有洁白玲珑的昆石，有层峦叠嶂的英石，古代"四大名石"汇聚一室；还有形纹俱佳的山东博山文石、红梅含苞的河南河洛石等数十个品种。

第四展区是化石展区。在一块块化石中，夹藏着经过亿万年炭化、硅化、钙化、矿化而成的古代生物遗体、遗物、遗迹。有恐龙蛋、珊瑚、震旦、海百合、大象、巨犀、马头、麋鹿、山羊、中华鳖、鱼、树木等各种化石，它们以生命的代价记载着地球发展的历史。

第五展区宝石区。有翡翠寿星、幸福石、七彩结晶石、天然水晶、鸡冠石、橄榄绿、岫玉，有产自越南的红宝石、墨西哥和澳大利亚的矿石，还有科学家从南极带回来的南极石，琳琅满目。还有多块带有天然象形文字石头，沙漠玫瑰石上有"小山"两字，产自广西的青铜石上有一个清晰可见的"吉"字，珊瑚上有一个繁体的"发"字。

第六展区，展示的是唐、宋、元、明、清的古代石雕，共有一二十件。院中的太湖石是不可多得的宝石，形似一只姿态优美的凤凰，拖着一条斑斓的尾羽，扭转凤头，正引吭高歌。

新四军太湖游击队纪念馆 坐落在太湖冲山北山。2008 年动工兴建，主体工程占地面积 1700 平方米，总投资约 1000 万元。

1940 年 11 月建立的新四军太湖抗日游击支队在中国共产党的领导和新四军的直接指挥下，紧紧依靠人民群众，协同主力，艰苦奋战，挥戈于京沪铁路苏锡段以南，出没于万顷太湖之中，长期坚持在苏西和锡南地区进行抗日游击战争，粉碎日伪军频繁的"清乡""扫荡"，打击敌人的嚣张气焰，保卫了苏西和锡南地区人民，直至抗日战争全面胜利，并于 1945 年 10 月奉命北撤后编入华中野战军第 6 纵队，参加解放战争，为中华民族的独立和解放，建立了丰功伟绩。

为纪念新四军太湖抗日游击支队卓越的功绩，在冲山建造新四军太湖游击队纪念馆。纪念馆面朝东方，面前是成片的芦苇，东面是西碛山，西面是漫山，北面隔着开阔湖面的是镇湖，登上纪念馆朝西可以望到无锡。

纪念馆外景（2017 年摄）

纪念馆展厅设在八角形纪念塔——太湖阁的第一层，分太湖支队初建、太湖支队重建、太湖支队扩建和烈士英名录四部分，馆内以图文并茂的展板形式和陈列游击队战士曾用过的生活用品、战斗武器和信件等，再现抗战时期的芦苇沟、通信船以及联络站，展现太湖游击队的战斗历程和英雄风貌。2009 年 9 月 28 日建成开馆，被命名为市级爱国主义教育基地，成为红色旅游新景点。

学生参观纪念馆（2016 年摄）

2011 年起启动纪念馆二期布展工作。为丰富馆藏史料资源，工作小组通过多种途径征集史料，三年多时间收集到具有珍贵历史价值的实物60多件（套）。2015年1月6日，纪念馆二期“太湖县革命斗争事迹陈列馆”开馆，面积80平方米，分为6个篇章，通过图文结合，再现解放战争时期场景。

至2017年年底，纪念馆累计接待参观者100多万人次。

旅游服务

光福镇景区游客中心 根据国家AAAA级旅游景区硬件建设要求，须具备区、镇、景点三级游客中心。在区级游客中心（太湖国家旅游度假区游客中心）基础上，2013年，在镇区银桂路建设光福景区游客中心（二级游客中心），中心建筑面积3927平方米。同时，在各景区、景点都建有游客中心（三级游客中心）。游客中心内设置景区介绍、旅游咨询、游程信息、导游、休息、通信、便民服务、景区形象展示、投诉处理和安全提示等功能，各功能区划分合理，互不影响。

镇级游客中心——光福景区游客中心（2017年摄）

交通　景区交通便利。境内设苏州绕城高速光福出口。公交63路、64路分别连接苏州火车站和苏州汽车南站，65路公交车开往苏州轻轨1号线始发站木渎，651路、652路为境内公交，可直达各景点。

景区交通站台（2017年摄）

餐饮　光福镇饭店众多，以经营苏帮菜和太湖水产品为主。2017年，景区附近有饭店5家，能够容纳5000人同时就餐。另有“农家乐”特色饭店多家，以经营大众化菜肴为主。

景区宾馆（2017年摄）

住宿　2017年，光福镇有三星级宾馆2家，可提供2000张床位。普通旅馆3家，满足不同人群的住宿需求。

停车场　香雪海景区有200个停车位，新四军太湖游击队纪念馆有150个停车位。各旅游景点都设有专门停车场。

公共自行车点　境内有二级游客中心、香雪海景区、铜观音寺景区、上海宾馆等7处公共自行车点。

渔业之乡

光福拥有太湖水面约 160 平方千米，拥有全太湖近 50% 的渔民、渔船和全国内陆第一渔港，是远近闻名的“渔业之乡”。

太湖渔业资源丰富，1952 年全湖水产产量 406 万千克。此后随着渔具、渔法的改进以及渔船作业机械化程度的提高，渔业产量不断增加。20 世纪 60 年代起，实施渔业资源繁殖和人工放流。1984 年设立禁渔期，每年自 2 月 1 日至 8 月 31 日实行全太湖封湖禁渔。2015 年，渔业总产量 842.5 万千克。2017 年，光福渔业总产量 938 万千克。

太湖渔民以船为家，常年生活在湖上。70 年代初，开始陆上定居。在长期的生产实践中，渔民积累了丰富的经验，形成了众多特色鲜明、风味浓郁的生产、生活习俗。平台山庙会、太湖祭神歌、太湖开捕节等已列入区级非物质文化遗产代表性项目名录。

太湖风光（2010 年摄）

渔业

太湖面积 2400 多平方千米，水面广阔宽敞，渔业资源丰富。湖底大多平坦，有利于捕捞作业。据调查，太湖鱼类品种有 106 种，其中数量多、价值高的经济鱼类有 30 多种。常年生活在太湖的鱼有梅鲚、鲤鱼、鲫鱼、白鱼等，能够就地繁殖，就地成长；半洄游鱼类有青鱼、草鱼、鳙鱼等，幼体产在长江，洪水季节随江水流入太湖区域；洄游鱼类有鳗鱼、刀鲚等，每年在一定季节里从海洋溯江进入太湖。

从太湖周围出土的文物表明，五六千年前，先民们已用类似渔网的渔具到广阔的水域捕捞。原始的捕捞形式是在渠道或浅滩徒手摸捉或“竭泽而渔”。以后用简单的鱼梭、鱼镖等工具捕捉，逐渐演变为“梁子渔业”。在河流中用堆石或集枝的办法，以截留因水势涨落而往返的鱼类。后来，发展成“簖”（簖的前身）。《酉阳杂俎》中记载晋代以竹捕鱼，产量高，号“万尺簖”的史实。晚唐诗人陆龟蒙有“到头江畔从渔事，织作中流万尺簖”诗句。“梁子渔业”后，进而发展为“持竿垂钓”和“结绳为网”的渔具捕捞。

唐宋时期，捕捞渔具不断改进，促进了太湖捕捞渔业的发展，尤其是大渔船直接用于捕捞，增加了渔业捕捞产量。唐诗人杜甫有《白小》诗描述太湖银鱼，诗云：“白小群分命，天然二寸鱼。细微沾水族，风俗当园蔬。入肆银花乱，倾箱雪片虚。生成犹拾卵，尽取义何如。”明洪武起，太湖梅鲚鱼列为贡品。明《万历野获编》载：“贡子鲚，起自洪武间，命岁贡万斤，至隆庆二年（1568），用光禄寺赵锦言始减大半。”明孙子度有《戈（罛）船诗》描述太湖渔业繁荣景象和渔船之乐，诗云：“尝读眉山诗，雅羡鱼蛮子。谁知五湖中，鱼乐乃过此。宽如数亩宫，曲房不见水。双舫截湖水，横纲互数里。高眠狎波涛，天风听所止。长鱼几人搏，尺许无足齿。鬻卖逐自然，通侯富可拟。亦有童子师，书声到水市。衣食既鲜华，弦诵恒清美。虽有桑大夫，差科未扰是。人生老戈船，头白何足耻？”

清代，太湖捕捞渔业发达，“香幽隔浦闻渔唱”“一网拖来数万钱”是当时渔业的真

太湖银鱼（2008 年摄）

太湖白鱼（2008 年摄）

太湖白虾（2008 年摄）

太湖蟹（2008 年摄）

实写照。清朱彝尊《太湖罛船竹枝词》有“村外村连滩外滩，舟居翻比陆居安。平江渔艇瓜皮小，谁信罛船万斛宽”，“棹郎野饭饱青菰，自唱吴歈入太湖。但得罛船为赘婿，千金不羡陆家姑”之诗句。清《震泽县志》记载，乾隆年间“商艘民船来往如织，其中有千斛渔舟，风帆六道，远若浮鸥，近如山涌……又有轻舟似叶，冲风驾浪，出没深波，见者胆寒”的繁荣景象。清《光福志》载：“泽居者以捕鱼为生……以船为家，率能致富，或有既富而携带重资贸易他省，航海懋迁。”

民国初期，太湖大船将沉重的篾篷改为布篷，渔网以麻为原料，人工编织而成。太湖捕捞渔业迎来新的发展，民谚云：“农民牵三日三夜砻，不及渔民一枷风。”太湖为各地鱼类集中生产区之首。20 世纪 20 年代《工商半月谈》载：“太湖捕鱼，政府并无规定，渔民可以自由捕捉。”当时，“小渔船渔夫苟特别嗜好，每年尚能粗衣足食，大网船除家庭开支外，大多数有盈余”。抗日战争时期，鱼价低，物价涨，经济萧条，渔业凋零，渔民生活维艰，又遭土匪、湖霸横行欺凌，致使渔民无法进入部分水域捕捞。

1949 年后，人民政府根据太湖水面大，湖泊、河道、池塘多的特点，实施捕养并举方针，从资金、物资、技术等方面支持太湖渔民恢复渔业生产。50 年代，政府为渔民发放渔业贷款，增添渔船、渔具，修理破旧船只，还发放部分救济粮，使部分贫困渔民淡季时度过春荒。捕捞渔业稳定发展，产量逐年增长，1952 年为 40.6 万千克；1957 年为 826 万千克，捕捞总收入 167.63 万元，渔民人均收入 206 元。60 年代后，全太湖规定繁殖保护区，实行渔产资源繁殖保护和人工放流，淘汰部分杀伤力较强的渔具。1969 年，全湖鱼产量 1173 万多千克，总收入 188.51 万元。

1978 年后，渔业生产实行“统一经营，几业分开，专业承包，几定奖励”的联产计酬生产责任制，调动渔民生产积极性，捕捞渔民收入逐年增加，渔业产量不断提高。1984 年起，每年 2 月 1 日至 8 月 31 日实行封湖禁渔期，湖区船进港、网入库、人上岸。封湖禁渔的同时增殖放流，放流花白鲢等鱼种；加强对太湖“三白”（白鱼、银鱼、白虾）、太湖青虾河蟹、太湖梅鲚河蚬等三大国家级水产种质资源保护区的管理，未经许可不得进入从事渔业作业，以保证太湖各类优质渔业资源的繁衍生长，维护生物多样性，促进渔业可持续发展。

1984 年后，渔业生产实行大包干，以船为主承包给个人经营。1990 年，有捕捞船 652 只，从事渔业生产人员 6500 多人，渔业产量 631.2 万千克，其中捕捞渔产 577.3

万千克（占全太湖的一半以上），捕捞总收入 1763.20 万元。1998 年，水产总量 681 万千克，其中捕捞渔产 600 万千克左右。2000 年，光福鱼产量 686 万千克，其中捕捞 668.2 万千克、养殖 17.8 万千克。2015 年，光福鱼产量 842.5 万千克，其中捕捞 803.2 万千克、养殖 39.3 万千克。2017 年，光福鱼产量 938 万千克，其中捕捞 897.7 万千克、养殖 40.3 万千克。

渔民

太湖渔民，由世居太湖的渔民、半渔半农逐渐演变成专业的渔民、外地渔民季节性来太湖捕捞后定居的渔民、由海洋渔民演变而来的渔民和由农民演变而成的渔民等 5 部分组成。

太湖世居渔民　历史长久者主要有蒋、金二姓。蒋姓人数最多，占全湖渔民总数的 38.7%。其分为两支：一支智、荣、炳、元、叙、兴字辈的祖籍常州，由放水老鸦演变为撑大船；另一支原属苏州。据《太湖备考》记载，清康熙三十八年（1699）四月初四，康熙皇帝从苏州乘船到东山，出胥门 10 余里，六桅渔船蒋汉仲、蒋荣甫等向康熙皇帝献鱼，得赐银子 27 两，分授其孙蒋文达、蒋文彬珍藏。金姓渔民，占大中船总户数的 12.8%，字辈排列：建、国、仕、万、世、方、顺、龙、乾、坤、最、久、长，现已繁衍到“最”字辈。清吴庄《六桅渔船竹枝词》中有十代相传渔世业，渔人相传有九代、十代者的记载。以此推算金姓渔民在太湖捕鱼至少已有近 30 代。用小船的有相当一部分是久居太湖边的世袭渔民。

外来渔民　渔民本来流动性很大，不受区域和生产条件的限制，一家一船，来去自由，有的外地渔民到太湖进行季节性捕捞，有的不再回去，定居在太湖。他们分别来自浙江、安徽以及江苏的苏北地区。

由海洋渔民演变而来的渔民　这部分渔民大多使用大桅船在太湖捕捞，大桅船俗称

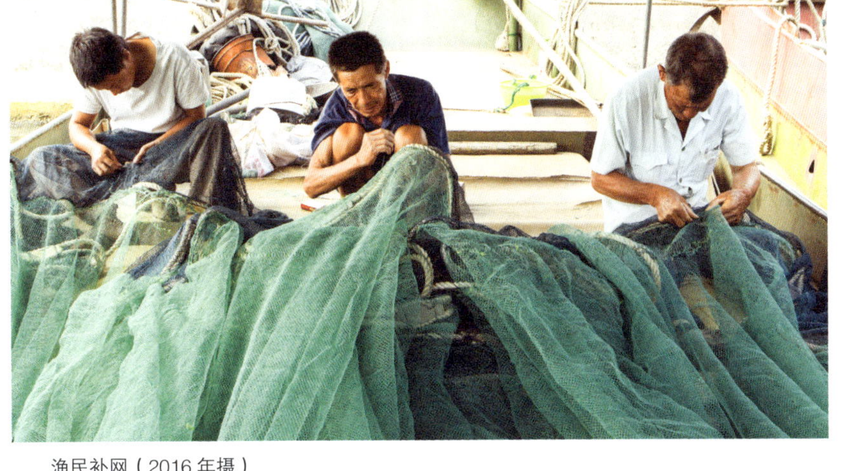

渔民补网（2016 年摄）

“北洋船”。他们原在长江以北的沿海捕鱼，间或经商。有的是为了捕鱼，也有的是为了躲避战祸或拉丁服役，遁入太湖。清代中叶，此类“湖海两栖船”因太湖由“开放型”变为“半封闭型”（建造桥梁、兴修水利造成），大桅杆不易倒伏，进出不便，加上海上盗匪出没频繁，不安全，不稳定，到清末渔民就定居在太湖。这部分渔民至今仍保留着出海捕鱼的习俗，信奉天妃偶像，其中薛姓渔民在常熟浒浦有祖祠，每年要去浒浦祭祖。随着时代的变迁，“北洋船”成为太湖大型捕捞渔船中的一支，1990 年后日渐消失。

由农民演变而成的渔民 这部分渔民有的是失去了赖以生存的土地，转为捕鱼度日，成为渔民；有的沿湖农民“田事稍闲，男则捕鱼灌园，女则劈绩纺线，谋生之方，不专仰田亩”。随着捕鱼劳作的增加，由半农半渔逐渐转为专业渔民；还有一部分是新中国成立后因渔业收入比农业收入高，逐步由农业转为渔业。这部分渔民有的是在互助合作化运动转业而来，有的是在 1967 年“连家渔船社会主义改造”时，由农民转为专业渔民。

太湖渔民大多散居在沿湖各地，分布在浙江吴兴，江苏常州、无锡等地，在太湖或内河从事天然捕捞。以水域环境聚集在一起，由各类渔具组成“帮”，使用的渔具渔法一般都是世代相传，不轻易改变，有着浓厚的血缘关系。解放后，渔民又是按照历史停泊的港口和作业性质，逐步组织起来，建立渔业村，渔业村仍旧具有作业性质的特征。太湖最大的淡水捕捞船，载重量达 60 吨的“七扇子”大船和载重 30 吨左右的中船，全部集中在光福太湖渔港村。

渔船

太湖渔船历史可追溯到新石器时代晚期，距今约有5000年。太湖地区良渚文化遗址出土的桨和渔网用的木浮标，证明当时已造舟用网到宽广水域中去捕鱼。春秋时期，吴国有发达的造船业，能建造用于水战的各种船只，光福舟山（现属太湖度假区香山街道）相传是春秋时建造战船的地方。洞庭西山（今金庭镇）的练渎，相传是吴国水军操练场所。明清时，光福铜坑是载重六七十吨大渔船的造船之处（见清《太湖备考》）。新中国成立后太湖渔船的修造，由太湖渔具修造厂为主和镇湖乡西京、上山两村和冲山村船匠承担。

太湖渔船的记载，始见于明郑若曾《江南经略》，云："（太湖）渔船最大者曰网罟，其次为小鲜船、剪网船，最小为划船。"清初顾炎武《天下郡国利病书》记载，太湖有六桅、五桅的大船，也有一桅、二桅的小船，以及撒网、赶网、逐网、罩网、杠网、塘网等捕鱼网具。

据统计，1937—1945年，太湖新造大中渔船40艘；1946—1949年增加40艘。20世纪50年代初期，人民政府贷款支持渔业生产，新造了一批30～40吨的中船，约占当时大、中船的三分之一，以后稍有增加。80年代落实生产承包责任制后，向中型捕捞、运输两用船发展。

七桅船 又称七扇子，原名罛船，原来为六桅，俗称大船。清《太湖备考》云："太湖渔船大小不等……其最大者曰罛船，亦名六桅船。""罛船之制不知其所自始，其船形身长八丈四五尺，面梁阔一丈五六尺，落舱深丈许，中立三大桅，五丈高者一，四丈五尺者二，提头桅一，三丈许，梢桅二，各二丈许。"清朱彝尊有《太湖罛船竹枝词》10首，清吴庄有《六桅渔船竹枝词》组诗。据太湖渔业史专家陈俊才考证，清朝后期，渔民根据常年作业实践和捕捞需要，在六桅船的尾梢再添加一桅，成为七桅。

七桅船（2017 年摄）

七桅船是太湖中历史最为悠久的渔船之一，相传是春秋时范蠡遗制。清道光《苏州府志》云：“太湖中六桅渔船之制，不知其所自始，或云是范大夫移家制。”清吴庄《六桅渔船竹枝词》云：“少伯功成早见机，杜圻洲上竟忘归。遗将六扇移家具，尽与渔郎觅食衣。”自注：“相传，此舟范蠡移家所制。”另有一说，七桅船由南宋“岳家军”战船演变而来，当年岳飞抗金驻扎于太湖，后岳飞被害，“岳家军”不满朝廷，解甲归渔，将战船改作渔船，捕鱼度日，繁衍至今。

船全长 24.85 米，满载水线长 20.40 米，船宽 4.96 米，吃水 1 米，排水量 78.31 吨，载重吨位 60 吨，用作捕捞鲢鱼、鳙鱼、红、白鱼、梅鲚鱼、银鱼以及白虾。船上装有七根桅，拖力大。具有帆大、帆多、受力均匀、抗浪性强、稳定性好等特点，风力八级仍能航行作业，六级顺风时，时速可达 20 千米。船舷两侧装有挡水板各两块，逆风也能“之”字形向前行驶，船上载有舢板一只，方便船与船相互联系及上、下船取鱼、送鱼。作业时，可以双船或四船拖网，左舷放网的称左船，其船楼于右舷；右舷放网的称

五桅船（2017 年摄）

右船，其船楼偏于左舷。甲板前后贯通，操作方便，居住条件也好，是国内淡水捕捞中最大的一种渔船。50 年代，全太湖七桅船有 116 艘，总吨位 5742 吨，均集中在太湖湖中渔业村。90 年代后，七桅船剩 4 艘，其中 2 艘分别由县、市级作文物收存。2017 年，七桅船存 2 艘。

五桅船　又称五扇头、北洋船。相传由北洋渤海一带迁徙而来。该种船原在近海作业，春捕黄鱼，秋捕带鱼。冬季正值海洋淡季，而太湖是梅鲚鱼和大鱼旺季，于是从海洋进入太湖进行季节性捕捞，间或南北运输，后避战祸，遁入太湖，逐渐在太湖地区定居。这种船型，结构不失海洋船抗浪的遗痕。明《江南经略》及清《太湖备考》中记载颇多，称其"舟居反比陆居安"。新中国成立后，这种船基本上未发展。

三桅船　又称三扇头，属太湖中型船，船身总长 19.43 米，满载水线长 16.75 米，船宽 3.36 米，吃水 0.75 米，排水量为 32.12 吨，载重吨位为 25 ~ 30 吨，用作捕捞银鱼、白虾、梅鲚鱼、花、青、鲤、鳊、白鱼。性能较好，拖力大，抗风力较强。在 6 ~ 7 级风力下仍能坚持航行作业。在四级顺风时船速可达 15 千米。船首、船底微向下垂，故船不易偏航。这种船在太湖乡（镇）的湖胜、湖丰两渔业村较多，新中国成立后曾发展到三四十艘。

钩船　属太湖的小型船，船身总长 8.05 米，满载水线长 7.74 米，船宽 1.76 米，吃

三桅船（2017 年摄）

水 0.38 米，排水量 2.31 吨，载重吨位 2 ～ 3 吨，因以挂钩为主作捕鱼工具，故称钩船。70 年代后，大部分钩船改为丝网、横拖，兼筑鳊鱼窝，一部分船季节性牵银鱼，捕捞鲢、鳙、鲤、鳊、花、梅鲚、白虾等水产品，船体虽小，有两道风帆，六级风仍能行驶作业，在四级顺风驶帆时，船速可达 7 千米。这种船大部分既作生产船，又为居家船。船型瘦长，行动灵活，有活水船舱保鲜。该船种分布在沿太湖的港湾、河浜中为多。

渔港

自古以来，太湖数以千计的渔船择水而泊，大多直接停泊在太湖中，若遇到风雨大作，给渔民的生活带来诸多不便。

渔港樯桅林立（2016 年摄）

由于围湖造田阻隔了南北水上交通，而蟠螭山旁水浅且块石多，不便航行和渔船停泊。为了便利渔船停泊避风及水上交通，1973 年 12 月 12 日，由江苏省革委会农业局批复在光福蟠螭山（南山）西侧开挖太湖渔港工程，并成立开拓渔港工程指挥部，下拨水产基建投资款 20 万元，作为开挖渔港经费，组织渔民开挖。1975 年开挖到太湖三号桥，由于走向遇到癞头浮岛的山石，组织专业队在岩石上炸出河床。整个渔港工程土方为 116400 立方米。1977 年 3 月竣工放水。

太湖渔港呈东西走向，全长 1400 米，港面宽 48 米，港底宽 40 米，渔港两端建桥，东端是可通汽车的 2 号桥，西端是活动钢质桥面的 3 号吊桥，渔船不用倒桅就可自由进出渔港。渔港可同时停泊渔船 800 多艘，其泊位之多居全国内湖之首，因此被誉为“中国内陆第一渔港”。

渔港的建成，既为水上交通提供便利，又为过往船只提供避风港。禁渔期间，渔港内呈现出千桅林立的壮观景象，构成一道独特的亮丽风景。

渔家风俗

千百年来，太湖渔民以船为家，捕捞为生，独特的生产、生活方式，形成了太湖渔民古老而淳朴的社会习俗。光福非物质文化遗产中，涉及渔文化的有七桅古船制作技艺、太湖渔民婚俗、太湖平台山庙会、太湖开捕祭祀仪式和太湖祭神歌 5 项。

七桅古船制作技艺

七桅大船据说源于春秋战国的古战船，南宋岳飞将古船改造成战船，并建立水师抗击金兵。岳飞冤死后，岳家军纷纷解甲归田，有的水师遁入太湖，继续抗金，后来粮草断绝，水师的将士们再将战船改为渔船，捕鱼度日，繁衍至今。

光福渔港村是太湖地区最大的渔业村，渔民不仅掌握渔船的各种修葺技艺，而且能够掌握七桅大船制作技艺。2016 年 1 月，七桅古船制作技艺列入江苏省第四批省级非物质文化遗产名录。

造船是渔民一生中的大事之一，比较隆重，一般打一艘船要办 10 多次酒席，俗称“七大八小”，大酒、小酒都要用“七荤八素一只汤”16 个菜办酒席，以示吉利，“十六”表示不会遇挫折。现就“开工”“定圆”“下水”为例，叙述于后。

锯料开工 择定吉日良辰，焚香点烛，先敬鲁班诸神，祝词有“满杯先敬天和地，再敬太公和鲁班，开工喜逢黄道日，完工巧遇红运时”。然后，工匠锯一段木头，用红纸包后交船东珍藏，并念“恭喜打船顺利，财源茂盛”等口彩。船东发“喜钱”，宴请造船工匠师傅和宾客喝“开工酒”。

拉线定圆 黎明前由工匠与船东（或船东的长子）在船底中心板上弹一条中心墨线，称“定星”，拉线者即为该船的所有者。然后在船底中心板上敬神，称“斋利市”，口念“日出东方喜连连，鲁班差我到船前，恩光降下千年富，荣华富贵万万年”等吉庆话，祈求“生意兴隆，万事如意”。待上好船梁，办“定圆酒”，宴请工匠和亲朋。

新船下水 新船下水最为隆重，宴请的宾客也最多，因为新船下水要请很多帮忙人，宴席也最丰盛。新船打好后，在各显要位置贴上红对联，船楼两旁是“生意兴隆通四海，财源茂盛达三江”，船头是“船头无浪多招宝，船后生风广进财”，大桅到五桅分别是“大将军八面威风，二将军日行千里，三将军舵后生风，四将军追风赶月，五将军五路财神”，船楼前是“船楼外清风明月，中舱内积玉堆金”，后为“前程远大，后步宽宏”。黎明在船头敬神后“上利市头”，又称“钉喜钉”，将4颗八角锤形带红绿绸的喜钉钉在船头，把作师傅（工匠头）边钉边说“新打快船两头翘，顺风顺水生意好，今日领来财神路，荣华富贵节节高”等口彩，同时向舱内“抛仓钱”。船东送喜钱，鸣放爆竹、鞭炮，众人将船推入河中，并一起从船梢向船头泼水，边泼边喊“顺风顺水”。最后宴请工匠和亲朋好友。

太湖渔民婚俗 太湖渔民特别是大船渔民，其习俗与众不同，渔民婚俗便是其中一部分。这些习俗，随着渔民逐渐在陆上定居，也在逐步发生变化。

大中船渔民是太湖渔民的主体，由于其从事渔业捕捞的经济收益大大强于小船渔民，故旧式的婚嫁礼仪也较小船渔民“正式”、繁复，在太湖渔民的传统婚礼中更具代表性。2013年，太湖渔民婚俗被列入苏州市级非物质文化遗产名录。

太湖渔民婚俗有以下步骤：出帖、合婚、请媒、送小盘、送大盘、吃待嫁、搭船棚、设香堂、赕南北、赕家堂、献宝、发喜花、行聘、正酒、铺床、发迎船、拜堂、入

新渔民结婚（2016年摄）

洞房、坐床、挑方巾、喝同罗杯酒、撒帐、接宝、踏核桃、吃和气汤、揩着肉面、待新舅爷、送卯宴、谢庙、谢棚头、拆棚酒、满月酒、上花坟、火脚、哭亲、入厨、床位、送月饼。

新中国成立后，随着移风易俗、婚事新办的推行，原来烦琐的婚嫁习俗逐渐趋于简化，特别是随着渔民新村的建立，渔民陆续定居陆上后，旧式婚俗逐渐被新式婚礼替代，“祝献”掌礼、堂名已难寻觅。

太湖平台山庙会　太湖渔民将夏禹视为自己的保护神，尊为禹王。建有禹王庙的太湖平台山，被渔民认为是神圣不可侵犯的圣地，香火最盛。

太湖中的平台山，自明代以来，每年有禹王庙会。参加庙会的除太湖渔民外，苏南、浙北、上海部分地区的渔民也来参加。平日冷冷清清的孤岛，一时间千船云集，赶会和做买卖者可达数千人之多，人山人海，喧声不绝。这样的热闹场景，往往要持续半月之久，为其他庙会所罕见。

平台山禹王庙每年有正月“上帛”，清明“祭禹”和冬季“献鱼头”三期香信。其中以清明祭祀最为兴盛。正月“上帛”是纪念禹王诞生和祭鳌求福的祭祀活动。渔民中

平台山庙会（2015 年摄）

传说正月初八是禹王生日，吴俗有神诞举办庙会的习俗。而在庆祝禹王诞生的同时，祭鳌远祸，祈求鳌鱼不要兴风作怪，祈求诸神保佑平安；清明“祭禹”，是全湖渔民的公祭。吴地有清明扫墓祭祖的风俗，大禹是祖先神，所以会公推有威望、热心佛事的香头负责筹集经费，组织祭祀活动；“献鱼头”没有固定日期，一般在农历十月初，具体视天气而定。冬捕开始后，渔民们即以捕到的鲢鱼“献鱼头”，因“鲢”与“连”谐音，取“连年丰收”之意。

“平台山”庙会保留了太湖以及周边地区民间信仰传统文化，保留了许多具有渔民特色的神歌。2013 年，光福太湖平台山庙会被列入区级非物质文化遗产代表性项目名录。

太湖开捕祭祀仪式 太湖开捕祭祀仪式是太湖渔民在长期的生活、生产中形成的特色鲜明的习俗，已有数千年的历史。每到开捕季节，渔民们都要举行“请神”“悦神”“祭神”“祈福”等祭祀活动，祈求平安，庆祝收获；渔民与文艺专业人士联手献上击鼓醒神、华幡扶风、水美鱼欢、游龙灵现等民间传统表演，场面庄严、隆重、热烈，

2009 年太湖开捕仪式（2009 年摄）

有着独特而浓郁的民俗风味。

为保护这一流传数千年的渔业风俗，自 2005 年起，苏州太湖国家旅游度假区、光福镇人民政府联合在每年秋季举办太湖开捕仪式。开捕仪式秉承“还节于民、感恩太湖、延续渔俗”理念，注入环保、生态等新的时代内容，不仅使古老的传统习俗成为传承太湖渔文化和渔俗文化的重要方式，成为广大游客观光休闲、体验渔文化的载体，而且有效地提升了苏州太湖形象，同时也带动渔民的增收致富。

每年 9 月 1 日太湖开捕之前，光福都会在太湖渔港举办中国（苏州）太湖开捕仪式，至 2017 年已举办 13 届。

在太湖开捕节上会再现“渔家竞技”、“渔家祭祀大典”（起神、请神、悦神、祭神、祈福）、“千帆竞发”等原生态渔民习俗文化，气势恢宏、庄严肃穆的太湖开捕节仪式传递出太湖渔民一往无前、勇敢坚强的秉性。太湖的渔业事业发展史可追溯至 5000 年前的石器时代，历史悠久，开捕祭祀文化是太湖民俗文化中的瑰宝。神圣、庄重又带点神秘的太湖祭祀文化，引起游客和观众极大的兴趣。渔民们和民间文艺团队献上水美鱼欢、湖光溢彩等民间传统表演。活动最后，渔船扬帆出港，千舟竞发，吸引大批新闻媒体和摄影爱好者。

太湖渔民所请之神，与宗教信仰有所不同，有花神仙姑、蚕花姑娘、宅神、门神、冲山大王、光福土地、猛将、大禹王等。这一祭祀基本上是原汁原味的太湖渔俗。苏州太湖开捕节的举办，对于挖掘和保护太湖渔俗文化有着积极意义，它既是旅游活动，也是文化展示。2014 年，苏州太湖开捕祭祀仪式被列入区级非物质文化遗产代表性项目名录。

太湖祭神歌 太湖神歌，历史悠久，相传由远古东夷人留下，确切年代无考。因是在祭神时唱，故称“神歌”。内容因以歌颂神的生平业绩，故又称“赞歌”。

太湖祭神歌内容多为赞颂神仙业绩，包含着渔民的信仰、对历史人物的感情以及对国泰民安的渴望。不同于长江渔民的“童子戏”和苏北渔民的“跳大神”，它在江南“宣卷”的基础上，吸收渔歌的唱词，融会讲民间故事的“表白”，形成了自娱、娱神的独特文艺形式。多以七字句为基础，曲调介于湖歌和宣卷之间，司祝领诵并与香民“接乐”同娱，是太湖渔民独特的文化现象。太湖祭神歌在光福太湖渔民聚居区影响广泛。

太湖渔民有春天抬猛将的习俗，在举行过程中，要唱神歌，《猛将神歌》是必唱曲目。

太湖平台山建有禹王庙，每年都有三次祭祀活动。20 世纪 50 年代禹王庙被毁，活动停止。90 年代起，群众自发建庙，祭祀活动恢复。在祭祀时,《禹王神歌》也是必唱曲目。

赕佛是渔民中经常性的小型祭祀活动，称为“赕老爷”。一年四季都有，既有凑份子的集体统一赕，又有一家一户单独赕。一般有以下几种形式：香信赕老爷、总家路头、过长年、喜事长年、愿心长年。“喜事长年”现仍盛行，是在结婚前赕佛，祈求神灵保佑。神歌要唱“喜宴神歌”，都唱吉庆的话。

祭神歌已收集到数十首曲目，但演唱者已寥寥。2013 年，太湖祭神歌被列入区级非物质文化遗产代表性项目名录。

船菜

船餐街 1984 年起，有人在长浮镇上开设湖滨饭店、水乡饭店，生意兴旺，每天食客不断。1991 年，湖滨饭店老板从外地买回一艘报废渔船，停靠在饭店旁边码头旁，腾出船舱，稍作装修，作为餐室，生意红火。部分渔民由此萌生开辟渔家船餐的想法。1993 年，湖中村渔民张林法、张福珍夫妇花 8 万元从东山洞庭旅游公司购得“香雪海”号铁皮驳船，又花 2 万元装修。驳船分为上、下两层，设餐厅和包厢，当年 5 月 1 日正式开业，成为第一艘太湖水上餐船。开张当天，有近百人前来就餐。第二年，张林法又从外地购买一艘渔艇，改装餐厅，扩大船餐业务。

船餐生意的红火，让投资商看到了商机，湖滨楼、湖仙酒楼、水晶坊、来鹤楼、银河楼、太湖明珠相继开张营业。船餐市场初具规模。

1997 年地方政府投资上百万元，兴建船餐街，即由几十条大船，整整齐齐地排列两行，船头并着船头，用甲板紧紧相连，连成 10 多米宽的水上餐厅。从太湖二号桥东侧，伸向太湖建南北向的长 100 米、宽 2.5 米水上船餐码头，码头两旁停靠 12 艘餐船。1999

船餐一条街（2006 年摄）

年，地方政府又投入 160 万元兴建船餐水码头二期工程。从原来餐船码头的北端折向西延伸近 100 米，再折向南延伸 50 多米，建全长 253 米、宽 2.5 米的水上码头，使整个水码头形成“U”形，所有餐船紧靠“U”形外侧停靠，在“U”形内侧辟出 15 亩地，投资 200 万元，扩建停车场，由原来的 78 个车位扩展到 250 个车位。至 2000 年，共有水上餐船 18 艘。鼎盛时期，一次可容 6000 人就餐，一次可停车 400 辆。

最大的餐船 350 吨，长 50 米，宽 18 米，高 13.2 米，分上、下四层，餐船以钢绳索固定在湖中木桩上。餐船是以两艘大型水泥驳船，以钢材为主的钢结构组建成，一次投入 280 万 ~ 300 万元，两年就能收回成本。大的餐船可一次性开 50 桌，容纳 500 人就餐，小的餐船一次性可开 20 桌。船餐市场解决就业 200 多人，为渔民捕捞的水产品增辟了新销路，并带动了水产品加工业等其他行业的发展。2000 年，太湖船餐市场全年营业额逾 1386 万元。

2008 年，随着国家对太湖环境治理力度的加大，船餐市场列入水环境整治项目，日益萎缩。2010 年，船餐市场被取缔，而富有特色的船菜移至陆上延续。

船餐菜肴

太湖菜肴以鱼为主要食材，用不同烹饪方法，能烹饪出不同特色、口味的菜肴几十道。

活炝虾 采用鲜活的太湖白虾，在清水中漂养数日后捞出，装盆入席，以白酒、辣酱、蜜酱、蒜泥、葱花、姜末等调料活炝。其味鲜美至极。端上桌时，鲜虾还在蹦跳，食客雅称“满台飞”，具有鲜明的地方特色，为太湖餐馆的夏令名菜。

清熘虾仁 选用太湖大白虾作原料，出壳成虾仁，洗净漂清，待水渍干，加调料急火熘炒而成。该菜洁白如玉，粒如盘珠，滑嫩鲜美，深受食者青睐。

雪菜银鱼 选用新鲜腌制的“黄雪里蕻”半斤，去叶留梗，切细，与8两左右新鲜银鱼同时入锅，加入调料煸炒，熟后装盆上桌。条条洁白如玉的银鱼中嵌着翠绿细末，犹如白玉嵌翡翠，色泽悦目。该菜清香嫩滑，鲜美爽口，色、香、味俱全。为食客们到太湖必尝的菜肴。

松鼠鳜鱼 选用1斤左右的活鳜鱼，以及虾仁、熟冬笋丁、海参丁、水发香丁和青豌豆适量。先将鳜鱼炸成金黄色，在盆内拼装成松鼠状，浇上熟虾仁及“三丁”与卤汁后上桌。该菜色呈枣红，形如松鼠，肉质香脆松嫩，甜中略带酸，味香鲜美，是太湖周边餐馆中的名菜，尽管价格高贵，却食者尤多。

汤鲫鱼 以1斤左右的活鲫鱼，去内脏，稍经油炸，配以熟冬笋片、水发香菇、火腿片、青菜芯烹调而成。该汤呈乳白色，汤浓香醇，鱼形完整，肉质细嫩，其汤鲜不可言，营养价值尤高。

鲃肺汤 鲃鱼又称斑鱼，是太湖特产。鲃鱼长3寸左右，口小腹大，花背，白肚。肚皮上有小粒毛刺，用手触摸，它即可涨大如球。用鲃鱼作原料煮汤特佳，鲃肺汤驰名江南。所谓鲃肺，实际是鲃鱼的肝脏。将金黄色的肝脏和红色的火腿肉、淡黄色的笋片、棕褐色的香菇、绿色的豌豆，调制成鲃肺汤。汤清味鲜，肺汤早为木渎石家饭店名菜之首。20世纪30年代，于右任、李根源先后为石家饭店题写“名满江南”和“斑肺汤馆”匾额。太湖地区素有“秋时享福吃斑肝”之谚语。当今，太湖船餐桌上的鲃肺汤为食客品位的象征。

鲃鱼亦可红烧，烹调食用前，开背塞肉后红烧，肉质细嫩，十分鲜美。

莼菜汤 莼菜食用最早记载见于《周礼》，自古就是太湖水产的特色佳肴。《晋书·张翰传》载，晋代时，吴人张翰在洛阳为官，见西风起，因思念吴中的莼羹、鲈鱼荟，就弃官归乡，这就是“莼鲈之思”的典故由来。

莼菜做汤，一定要用高温烫，即将水加热至沸点，然后将莼菜、佐料、调味品烹调而成。莼菜汤，味道特鲜，营养丰富，人称“天下第一汤”。莼菜汤还具有药理作用，李时珍将它收入《本草纲目》中，称有补血、清热、利尿、解毒、健胃等疗效。

莼菜还可炒吃，将太湖莼菜加辅料烹调而成的“芙蓉莼菜”和“虾火莼菜”，滑嫩鲜美，清香诱人，也是苏式菜肴中的名菜。

清蒸甲鱼 甲鱼在菜花黄时食用为最佳，食用以清蒸为主。取1斤左右的野生“童子”甲鱼一只，取出内脏后，将甲鱼腹“十”字形剖开塞肉末，配以姜末、黄酒等调料上蒸笼清蒸，待香味溢出，出笼上桌，鲜美无比，尤其是“裙边”更是不可多得的“胶体”极品。清蒸甲鱼是不可多得的滋精补阴的名菜，营养价值高。

甲鱼亦可与母鸡（最好是“童雌鸡”）一起煮汤吃，戏称“霸王别姬”，也是宴席上的一道名菜。

清蒸白鱼 以太湖白鱼为原料，将白鱼斩杀洗净后腌渍2～4小时，炖时加入葱、姜片、料酒，隔水闷炖，清炖白鱼，洁白如银，肉质鲜嫩，味道鲜美，营养丰富。

太湖野鸭煲 以整只太湖野鸭为原料，用水发香菇、熟冬笋片、泡发鱼肚、青菜心等为佐料，加进葱、姜、酒等烹制而成，野鸭煲呈棕黄色，鸭型完整，酥烂脱骨，香醇味佳。

莼菜氽塘鳢片 以太湖特产莼菜与塘鳢鱼为原料。即将塘鳢鱼的脊骨和鱼头剔除后，做成净鱼片，后加黄酒、精盐、葱末拌匀，然后入清水煮成的汤中煮沸，随后出锅倒入莼菜碗中，淋上鸡油，遂成鲜美可口的汤羹，余味无穷。

虾仁豆腐 选用初夏的太湖白虾，嫩豆腐做原料。用嫩豆腐两块，用刀将它横批成3片，每片约2寸长，2分厚，整齐排好在圆盆里，成正方形（共6片）再在豆腐面上加划二刀，切去四小角，撒上虾仁、虾籽、味精。炒锅置旺火烧热，舀熟猪油一两，煎至五成热，加清鸡汤、酒、少许酱油、白糖，然后将盆中的豆腐慢慢倒入锅内，待沸加盖用文火，烧至汤汁稠时（约2分钟）揭盖，再用旺火，收稠汤汁，一面将湿菱粉均匀地淋入锅内，一面持锅缓缓地盘转淋浇熟猪油一两，轻轻倒入盆中即成。其特点：色泽棕黄，菜式美观，鲜嫩肥滑，味美可口。

太湖锅巴汤 将锅巴入锅油炸后盛在汤盆里，并浇上50克沸油；用湖虾虾仁、番茄烹制成卤汁。上桌时，先端上刚氽好的锅巴，随后将滚热的卤汁倒入汤盆里，顷刻间，锅巴里吱吱作裂声响，香扑鼻，声入耳，色悦目，味乐口，四趣相得益彰。太湖锅巴汤是太湖餐船上首选汤羹。据传，当年乾隆帝下江南，在民间尝得此汤，脱口赞道：

“此菜可称天下第一。”从此，被称为“天下第一菜”。

传说，当年太湖修堤，时值大堤合拢之夜，地方官和钦差大臣在湖滨督工，疲惫饥渴之际他们上了村店。村店里已无物可下锅了，于是将吃剩下来的锅巴下锅余了，又将用剩的火腿、虾仁、番茄之类杂烩合煮。上桌时，锅内“吱吱”爆响，将钦差大臣从瞌睡中惊醒，忙问：“何菜？”厨师顺口道：“平地一声雷，天下第一脆！”说来也巧，门外报喜的闯了进来：“大堤合拢告捷！”钦差大喜，连称此菜吉利，于是称此菜肴“天下第一菜”。

带籽咸水虾 太湖地方菜肴中，以虾烧煮的名菜不下百种，如油爆虾、熘虾仁、虾松、卷筒虾仁、虾圆、咸水虾等。带籽咸水虾，是选用初夏的太湖虾，其时雌虾腹部拥满虾籽，虾籽本是天然鲜味，先剪去虾须、脚待用，锅中放清水，加葱团、姜块、精盐煮沸后，将去除须脚的带籽虾入锅，加烧酒烧至虾断生即将虾捞起。待冷却后复将虾浸入汤中约 15 分钟后装盆。带籽咸水虾爽口、肉嫩、味尤鲜，堪称夏令佐酒佳肴。

太湖卤鸭 用鲜活的太湖鸭，宰杀洗净斩脚后，入清水锅加精盐、桂皮、八角茴香、葱、姜，以旺火烧沸撇去浮沫，加烧酒、红曲米粉、冰糖屑等，继续以旺火烧约 1 小时，然后将其翻身，以中火烧约 30 分钟，至八成熟时捞出，待稍冷却后，将鸭斩成整齐的条块装盆，在鸭汤中放白糖烧沸，并用湿淀粉勾芡成卤汁，出锅后加麻油搅匀，将此卤汁浇在盆中的鸭块上即成。太湖卤鸭咸鲜适宜，略带甜，肉质鲜嫩、爽口，佐酒最佳。

太湖糟鹅 太湖白鹅是著名的优良品种，用酒坊陈年的米香糟烹制的白鹅，是太湖传统的民间佳肴，尤其是端午节期间，“对酒尝新鹅”别有一番风趣。

糟鹅选用重 4 斤左右的太湖白鹅，活杀去毛去内脏后，放在水中浸泡 1 小时左右，捞起入锅煮沸，去浮沫，加葱、姜、酒，再煮约 1 小时，捞起，在鹅身上撒些精盐，并将头、脚、翅斩下，劈鹅为两爿，放入钵头中，加大曲酒，用糟布将钵口盖扎紧，使其成袋状。然后，将原汤里的浮油撇去，加白酱油、花椒、姜末、精盐搅拌匀待冷却，后将此原汤与香糟、黄酒拌和，徐徐倒入袋状糟布里，使糟汁慢慢滤入，渗到鹅体中，糟汁加完后，立刻将钵头口盖严实，闷 3 ~ 4 小时即成。一般是上午加工，下午食用。太湖糟鹅皮白肉嫩，糟香四溢，味美可口，风味独特。

工艺之乡

光福民间工艺历史悠久，是苏绣、缂丝的重要生产地。明清时，境内“苏工”玉雕、核雕、“苏作”红木雕刻和佛雕等手工业发达。改革开放之后，玉雕、核雕、红木雕刻和佛雕得到快速发展。政府因地制宜，积极引导，相继建成工艺街、玉器城、冲山佛雕街、迂里玉雕村、中国工艺文化城，从业人员不断增多。2013 年，光福被中国工艺美术协会命名为“中国工艺雕刻之乡”。2015 年 7 月，“巧夺天工——光福雕刻艺术展”在北京国家大剧院展出；2016 年 6 月，在台北举办“福聚匠心——苏州光福手工艺作品台湾展”；2017 年 9 月，参加在法国里昂第二届中法文化论坛并举办“苏作工艺展”。2017 年，光福工艺产业产值 8.6 亿元。

光福核雕为国家级非物质文化遗产传承项目；苏州玉雕、佛像雕刻、苏州红木雕刻、明式家具制作技艺、吴罗织造技艺、七桅古船制作技艺、邓尉探梅为省级非物质文化遗产传承项目；太湖渔民婚俗为市级非物质文化遗产传承项目；仿古铜器制作技艺、苏作家具制作技艺、苏州缂丝织造技艺、太湖祭神歌、光福“圣恩寺”庙会、光福太湖“平台山”庙会、苏州太湖开捕习俗为区级非物质文化遗产传承项目。全镇现有工艺从业人员近万人，拥有各级各类工艺美术师 148 人，其中国家级、省级非遗传承人及高级工艺美术师 20 人。

2013 年 2 月，光福镇获“中国工艺雕刻之乡”称号

玉雕

苏州是中国有名的琢玉之地。明代，苏州玉雕以其精、良、细、灵、巧闻名全国，曾有陆子冈等著名玉雕艺人。

光福是苏州玉雕的一个分支。宋元时期境内有玉雕作坊，明清时玉雕业十分发达。辛亥革命后，社会风俗发生变化，玉雕业凋零。1949 年后，玉雕行业逐渐复苏。1976 年，迂里大队开办玉雕厂，主要为苏州玉石雕刻厂加工戒指、戒面、挂件等首饰。随后，山墩、浩度等大队也相继创办玉器厂。1980 年后，玉器由加工走向生产，品种和产品数量倍增。各式玉器每年都送广州交易会展销，产品热销全国各地，还销往日本、东南亚和欧美各国。1990 年后，光福玉器生产进入家庭，生产作坊星罗棋布。1992 年，镇政府在新区建造工艺街，全镇玉雕作坊陆续落户工艺街及周边民居，玉器生产形成一定规模，并逐渐形成以迂里、府巷、邓尉及东崦湖等村（社区）为中心的玉雕片区，工艺街、玉器城、中国工艺文化城等成为玉雕产品的重要销售场所。

2016 年，苏州玉雕雕刻技艺入选江苏省第四批省级非物质文化遗产保护名录，光福为该项目保护单位。2017 年，全镇玉雕经营户 469 户，从业人员 3928 人，有“非遗”区级传承人 5 人、市级传承人 1 人，玉雕产品销售额 2.93 亿元。

玉雕工作室（2014年摄）

玉石雕刻（2014年摄）

工艺特点 玉雕是一门特殊工艺，一般采用“琢”和“磨”两种工艺手段。所谓“琢”，即对玉进行切、挖、斩等加工；所谓“磨”，即在玉料上反复磨制，使其光滑滋润。故自古有“玉不琢，不成器”之说。琢、磨即是技艺，其方法是否得当，就显出玉器质量的高低、水平的优劣。玉器的特点，在于空、飘、细。空，指造型要灵空；飘，指线条要流畅；细，指琢磨要精细。玉上有多种不同的色彩，依据色彩雕成物件，称作“巧雕”。高超的琢玉艺人，均能巧雕，雕成的物件，或花鸟虫鱼，或古今人物，都能形象逼真，随色赋物，栩栩如生。

技法

相玉 从一块璞玉到做成一件玉器，首先要“相玉”设计。相看后琢磨思考，以判断玉石的内在质量和外形的优劣，而后立意确定做什么题材的作品。

划活 “划活”，在琢玉工艺中是关键的一环。即根据所构思的形象，在玉料上用笔墨线条，把它形象地划（画）出来。

琢磨 指玉器的具体制作。制作玉器行话称“琢磨”。因为玉石异常坚硬，必须用铁制圆盘——铊为工具，以水和金刚砂为介质，经过铡、錾、冲、压、勾、顺等工艺，一点一滴琢磨而成。它与雕刻的“刀子活”截然有别。玉石琢磨，是一种十分谨严的技艺，高手琢磨的玉件，能达到小中见大、以轻显重的艺术效果。

碾磨 也叫光亮、抛光。用紫胶、木、葫芦、牛皮及铜制的铊子，将玉件琢磨的粗糙部位，碾磨平整。通过应用氧化铬等一些化学粉剂原料作介质，使玉件显露出玉材光洁、温润和晶莹的本质。

“两明造”透玉雕 在一块扁平（或稍凸）的玉片上，正反两面透雕出两层各不相同的纹样，两层中间完全透开，以四周边缘相连为一整体。纹饰镂空，正反相错，互相掩映，巧妙奇特。难度较大，做工精细。

金错玉器 利用传统的金错工艺技术，在制成的玉器上碾成细线纹饰，然后嵌以金丝或银丝。玉器须经过磨错。俗称“嵌金”，实为“金错”。古代以雕玉、镂金为最精细的手工艺。金错玉器是“雕玉”和“镂金”的结合，是金错工艺的发展。

软玉法 使玉石变软之法。玉石坚硬，不易雕刻，可用荸荠数枚与木通入水煮玉一昼夜，再用明矾三厘、蟾酥三厘涂刻处，炙干，再涂，药尽为止。

软晶法 使水晶变软之法。水晶坚硬，不易雕刻，可用吉祥草同煮，视熟，即可刻。但只可用铜、铁器煮，不宜用砂器。用此法软玉亦可。

传承人

马洪伟 光福东崦湖社区人。2014 年被评为苏州市工艺美术大师，同年被确认为苏州玉石雕刻技艺项目市级非物质文化遗产代表性传承人。

孙林泉 光福迂里北庄村人。2011 年江苏省人民政府授予工艺美术大师称号。2013 年被评为研究员级高级工艺师，同年被确认为非物质文化遗产苏州玉石雕刻技艺项目区级代表性传承人。

光福苏州玉石雕刻技艺项目区级非物质文化遗产代表性传承人还有府洪敏、袁小娣、钱建良、朱玉峰。

代表作

《吉祥三宝·和谐碗美》 作者孙林泉。作品为仿清代器件，图案采用传统的“吉祥如意”文饰字体，以“碗”为主，配以“匙”和“筷”，组合成“吉祥三宝”“和谐

《吉祥三宝·和谐碗美》（2009 年摄）

完美”，构思巧妙，寓意深刻，雕工精细。2009年10月获得第九届中国民间文艺最高奖“山花奖”。

《象尊》作者马洪伟。作品为仿青铜器件，由青玉雕刻而成，以玉材演绎青铜器文化，把玉器的温润雅致与青铜器的古朴厚重完美结合于一器。2015年12月获第十二届中国民间工艺最高奖“山花奖”。

《象尊》（2015年摄）

核雕

宋代，核雕兴起，材料为胡桃核质。人们常常用来做挂饰和缀饰。至明代，出现以橄榄核为材质的核雕工艺品。当时核雕工艺高超，加上达官贵人争相佩戴，风行一时。清代崇尚精雕细刻，核雕艺术更是工不厌精。

民国初年，光福舟山人殷根福以首创橄榄核雕刻“罗汉头佛珠”成为核雕名家。由于其独特的核雕创意，被誉为“殷派”。“罗汉头佛珠”由18个形态各异的罗汉头加顶珠和底珠共20枚核雕件组成。橄榄核雕18个罗汉头，选取佛教经典人物为题材，根据橄榄核特有外形，结合罗汉神态，所刻出来的核雕作品。其神态各异，惟妙惟肖，立体感强，作品的构思和雕刻都达到极高的工艺水平和艺术境界，为核雕艺术品中的精品。殷根福在上海城隍庙开设“永兴斋”，出售橄榄核雕罗汉头像，在上海滩风行一时。受殷根福影响，核雕成为舟山人的一门手艺，产品大多由“永兴斋”收购转售，年消耗橄榄核10担左右。

殷根福传艺于其子殷荣生、女殷雪芸、徒弟须吟生、金子凤等人，其中须吟生、殷雪芸技艺高超。从事核雕的高手还有郁水元、陶庆泉，各有传人。抗日战争爆发后，核

橄榄核雕刻（2014 年摄）

核雕工作室（2014 年摄）

雕产品销路不畅。1946 年后，核雕产品销路每况愈下，艺人纷纷转营他业，核雕技艺濒临失传。

1973 年，光福成立红木雕刻厂核雕车间，舟山工艺厂一批核雕师傅招进工厂，带徒传艺。随后，核雕再度被人重视，产品以罗汉头为主，销售价格在每串 6 元至 300 元不等，雕刻厂的产品由吴县外贸公司收购后出口，部分个体产品销往全国各地旅游景点和文物商店。1989 年，光福雕刻厂解体，核雕艺人以个体形式从事核雕生产和经营。2005 年后，核雕产品受到人们的喜爱，产品价格直线上升，从业人员不断增多。2007 年，光福核雕入选第一批江苏省级非物质文化遗产保护名录。2008 年，光福核雕入选第二批国家级非物质文化遗产保护名录。现已形成以东崦湖社区、邓尉村、冲山村、府巷村为中心的核雕片区。

2017 年，光福镇有核雕经营户 100 余户，从业人员 565 人，有“非遗”省级传承人 1 人、区级传承人 2 人，核雕产值 7200 万元，销售额 5800 万元。

工艺特点 核雕以产自广东汕头一带的乌榄果核为原料，质地坚硬而细腻。工艺精巧，作品造型活泼，立体感强；线条明晰，人物有神，风格细腻，集中反映了工艺雕刻精、细、雅的神奇魅力，是中国微雕杰出代表。

核雕的技巧以浮雕、圆雕和透雕为主，外形基本保持果核的原形。核雕形式有三个系列：珠串式、坠件式和摆件式。所反映的题材一般有 4 个系列：吉祥如意系列、神仙人物系列、民间民俗故事系列和山水园林系列。精美的核雕工艺品具有很高的艺术价值、技艺价值、实用价值和收藏价值。

技法

浮雕 即在橄榄核上面雕刻，使所有表现的对象凸起的雕刻技法。浮雕最明显的一个特征就是有一个底板（底平面浮雕只从前方位或兼顾到左、右方位）表现对象的“半立体感”，后方位或贴在橄榄核上，或根据橄榄核层面情况简略雕刻。从表达的需要来看，如果想要凸起对象，相应地就需要将非对象的部分铲去，这样就能够有效表现创作的主题。如果在制作的过程中，铲去非对象部分的深度比较浅，那凸起的对象也就显得比较浅，这样的雕件就称为浅浮雕，反之则称为深浮雕。

圆雕　又称立体雕，是艺术在雕件上的整体表现，观赏者可以从不同角度看到物体的各个侧面，由于圆雕作品极富立体感，生动、逼真、传神，所以圆雕这种技法对橄榄原核材质的要求比较严格。圆雕一般从前方位开雕，同时要求特别注意作品的各个角度和方位统一、和谐与融合，观赏者能全方位地透视。

透雕　在浮雕橄榄核作品中，如果将突出的部分加以保留，而将其背面的部分进行局部镂空，从而可以造成一种透视上的美感，这样的橄榄核雕技法被称为透雕，又称镂空雕。

流派

殷派　创始人舟山殷根福。殷派18罗汉头刻画较细腻，属于“横平竖直”类型，刀笔粗，大刀铲削，形简意赅出来的作品很工整，传统刀刻和打磨相结合，所雕刻罗汉头形态逼真，刀法老练，以圆形罗汉为主。

须派　创始人舟山须吟生（或作吟笙），写意罗汉头鼻祖。雕刻以写实为主，一刀一刀，一丝不苟，以长形罗汉为主，面部的肌肉走势活灵活现，表情多样化，还原人脸真实，特征丰富。

传承人

陈素英　光福迂里山前村人。2010年被确认为省级非物质文化遗产光福核雕项目代表性传承人，2014年被评为苏州市工艺美术大师。

许忠英　光福香雪窑上村人。2012年被确认为区级非物质文化遗产光福核雕项目代表性传承人，2014年被评为研究员级高级工艺师，2015年被评为苏州市工艺美术大师。

陆小琴　光福邓尉村人。2012年被确认为区级非物质文化遗产光福核雕项目代表性传承人，2015年被评为苏州市工艺美术大师。

代表作

《苏东坡泛舟赤壁》　作者陈素英。明天启年间，常熟艺人王叔远曾用核桃雕刻核舟《东坡泛舟赤壁》。作者在学习借鉴明王叔远核桃雕、清陈祖章的橄榄核雕《东坡夜游赤

《苏东坡泛舟赤壁》（2002 年摄）

壁舟》基础上，历时 3 年恢复创作《苏东坡泛舟赤壁》。2002 年作品在杭州国际民间手工艺术品展上获金奖；2002 年至 2005 年连续 5 年获上海国际艺术节暨中国工艺美术大师精品博览会金奖。

《十八罗汉核舟》 作者许忠英。2011 年，作者根据佛门书画家沙门月照设计的《十八罗汉核舟》图案，历时数月，成功雕刻《十八罗汉核舟》。2011 年 11 月 1 日，作品照片搭载“神舟八号”升空，11 月 17 日返回地面，圆满完成太空之旅。

《二十四孝》 作者陆小琴。作品用材为一段朽木，仿佛从远古中漂来的船只，用 24 颗橄榄核雕刻中华传统文化中的“二十四孝”，构思独特，雕工精美。2013 年 12 月获第十一届中国民间文艺最高奖“山花奖”。

《十二月花神》 作者许忠英。作者根据家乡盛产各种花卉的地域特点，将一年四季 12 个月的不同代表花朵雕刻在核雕上，作品采取浮雕手法，形象逼真。2015 年 12 月获第十二届中国民间文艺最高奖“山花奖”。

《二十四孝》（2014 年摄）

《十二月花神》（2015 年摄）

红木雕

苏州红木雕刻历史悠久，自明代起形成造型简练、线条挺括、做工精良、磨清光亮的“苏式”风格。主要产品除床、橱、台、沙发等成套家具外，更多的是用于高级卧室、餐厅、书房、客厅等室内陈设的盒、盘、座、几、屏等小件，以浅刻、浮雕、镂雕的技法制作成筒、笼、罩，上雕人物、走兽、花卉。也生产筷、印盒、书镇、书签、线板、托之类的旅游纪念品，品种繁多。因材料以红木为主，故称红木作。作铺内又有木工、雕刻、油漆等专业分工。抗日战争胜利后，西式家具兴起，红木作生意清淡，艺人大多流散闲歇。

1973 年，光福公社成立雕刻厂。1982 年 1 月定名为吴县雕刻二厂，并被上海外贸工艺品进出口公司确立为定点展销单位。1985 年，该厂有工人 369 人，设有行车锯料、配料、机动半成品、木工装配、雕刻、油漆等 6 个车间，年产值 130 万元；产品有以红木为材料的西式餐桌、中式八仙桌、天然几、琴桌、太师椅、各式花架、香几、各式雕龙沙发、茶几、写字台、书架、博古架、各式雕花橱柜、法式床、床头柜、电视柜等 100 多种。还有核雕、牙雕等各式工艺品小摆设，数以千计。产品远销美国、日本、新加坡等国。1989 年吴县雕刻二厂解体。

红木雕刻（2014 年摄）

1989 年起，光福私营红木雕刻厂剧增，制作各类仿古、流行红木家具及小摆件，品种多达 1300 余种，并逐渐形成以福利村、邓尉村、香雪村为中心的红木雕片区。

2016 年，苏州红木雕刻入选江苏省第四批省级非物质文化遗产保护名录，光福为该项目保护单位。2017 年，全镇有红木雕刻技艺经营户 74 户，从业人员 1403 人，红木雕刻产值 4.68 亿元，销售额 3.67 亿元。有“非遗”市级传承人 3 人、区级传承人 5 人。

工艺特点 红木雕因所用木材是红木而得名。红木为名贵木材，一般指紫檀木、酸枝木、花梨木、香枝木、乌木、鸡翅木等硬质木材，因不易多得，历史上都用来做高档家具和精美工艺品。

苏州红木雕尤以红木小件而驰名。红木小件，又称摆件或巧木作，可做玉雕、牙雕和古玩的配座。红木小件采用小块红木，通过锯、刨、拉、凿等工艺，运用传统的镂雕、圆雕、深浅浮雕及线雕等技法，以山水、云纹、花鸟、瓜果、蔬叶、虫鱼等为题材，雕制成文具用品、烟具、花插、碟架、瓶座、几座、玉牙雕配座等，是欣赏与实用相结合的工艺雕刻珍品。它们小巧精美，风格雅致，经过细致的打磨揉饰，闪耀着宝石似的光泽，深为人们所喜爱。

苏州红木家具在形式上精雕细刻，运用透线雕、浮雕、透雕、圆雕、薄意雕、陷地雕等工艺，使造型富于动态美，栩栩如生；在色彩装饰上采用螺钿和剔红、款彩、金漆、描金、彩绘、剔犀、錾金等工艺，或直接采用天然矿物和植物颜色作画，前者富丽堂皇，后者色泽艳丽。

技法

线雕 是所有雕刻技法的基础，也是最简单的红木雕刻手法。一般是指以阴线或阳线作为造型手段的纹样雕刻。红木家具的屏风、箱柜类家具表面常用线雕手法刻画植物的花朵、叶脉及动物的毛、须等图案，以及书款、书铭等文字，画面生动优美，线条流畅自如。线雕是在一个平面上做加法和减法，可分为阴雕和阳雕。

浮雕 是在平面上雕刻出凹凸起伏形象的一种技法，是一种介于圆雕和绘画之间的艺术表现形式。浮雕采用压缩的办法来处理对象，只供一面或两面观看。浮雕大量应用于家具上，是明清家具雕刻装饰应用最多的形式。按照纹样浮凸高度不同，浮雕分为高浮雕和浅浮雕。浅浮雕层次交叉少，其深度一般不超过 2 毫米，对勾线要求比较严谨，常用以线和面结合方法增强画面立体感。高浮雕是一种多层次、多深度、浮凸高度大的雕刻形式，追求的是形象的逼真性和整体性。

薄意雕 雕刻艺术形式更贴近绘画，强调透视变化，在材料上以十分浅薄的雕镂刻画有限的空间。

透雕 是指将底子镂空不留底的一种雕刻方法，用来表现雕刻物的整体形象。镂空的方法是使用钢丝锯拉空后再进行雕刻，也可以“半镂半空”，就是部分用钢丝锯拉空，部分用凿子剔空。透雕介于圆雕和浮雕之间。大体有两种：一是在浮雕的基础上镂空其背景部分，有的为单面雕，有的为双面雕。单面雕一般只透雕正面，不雕背面，多见于椅背等不见人的部件处；双面雕是指在正面和背面均透雕图案，多见于床帷子、衣架的中牌子、座屏的屏框等正背两面都外露的部分，层次丰富，观赏性强。二是介于圆雕与浮雕之间，也称凹雕、镂空雕，指在透雕正、背两面的同时，还要用刀透空纵深部分，使图案立体逼真。所以，镂雕其实也是透雕中的一种，它是一种穿插的艺术。

圆雕 又称立体雕，是艺术在雕件上的整体表现，它要求雕刻者从前、后、左、右、上、中、下全方位进行雕刻，适合从多角度观赏的动物、植物、人物等图案雕刻。圆雕富于装饰性，其作品极富立体感，生动、逼真、传神，多见于红木家具的端头、柱头、搭脑两端、腿足、底座等部位，以广式家具最为常见。在红木小件中，圆雕也是运用最多的雕刻手法。圆雕一般从前方位“开雕”，同时要求特别注意作品的各个角度和方位的统一、和谐与融合。

半圆雕 是圆雕中的一种特殊雕刻手法。根据作品雕刻深度的不同而灵活掌握，比如深浮雕人物，头部可以用圆雕技法雕刻成比较立体的造型，而身体部分应当用半圆雕技法雕成平扁形的图案，才能满足花板平面深度的空间分配要求。半圆雕兼有圆雕立体感和浮雕层次丰富的长处。

陷地雕 所雕图像全部深陷于底中的深刻技法。雕刻最深可达 6 层。

传承人

钟锦德 光福舟山村（现属香山街道）人。2009 年被评为研究员级高级工艺师，2011 年被江苏省人民政府授予工艺美术大师称号。2013 年被确认为苏州市非物质文化遗产苏州红木雕刻技艺项目代表性传承人。

宋卫东 光福香雪铜坑村人。2014 年被评为苏州市工艺美术大师，2014 年被确认为苏州市非物质文化遗产苏州红木雕刻技艺项目代表性传承人。2016 年 6 月江苏省人民政府授予工艺美术大师称号。

光福苏州红木雕刻技艺项目市级非物质文化遗产代表性传承人还有陈忠林，区级非物质文化遗产代表性传承人有王建海、王建新、史忠明、周雪英、顾菊忠。

代表作

紫檀木《南湖红船》 作者钟锦德。用紫檀材料制作，长 90 厘米、宽 27 厘米、高 20 厘米，遵循造船工艺的技艺和传统的榫卯技艺，追求紫檀作品的精致与细腻的特点。船舱顶采用黄杨木薄片编织技术制作，增加南湖红船艺术效果。2011 年 7 月被中国国家博物馆收藏。

大红酸枝《六角官帽椅》 作者宋卫东。以大红酸枝为原料，椅盘六方形、六足，每根木柱下宽上窄，体现明式家具在结构上力求不悖木性的特点。这种造型特异且费工费料的椅子造型，鲜有匠师能制作。搭脑及扶手皆挖烟袋锅榫，扶手根据现代人生理特征与其下并列的两根棍构成完美的舒适度体验。六角形椅盘光滑平整，椅各边皆做成双指甲圆装饰线；正面为壶门式牙板。整体感觉重心极稳定，大气、庄严，造型亦古朴有趣，毫无矫揉造作之感。作品曾获“当代奢侈品红木家具全国巡展（云南站）”钻石奖。

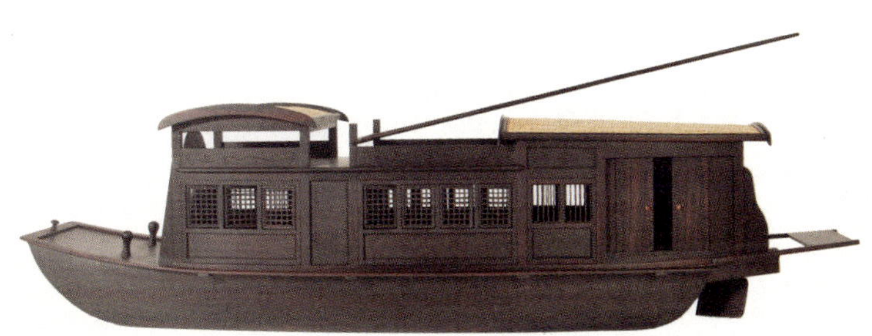

《南湖红船》（2010 年摄）

《六角官帽椅》（2016 年摄）

佛雕

民国初年，冲山村村民陈翰彪、李永良、顾锦章至苏州景德路吴仁泰佛像处拜吴长生为师，学习佛雕技艺。学成出师后，他们长期在上海从事佛像雕刻。新中国成立后，回到光福冲山。1959 年在冲山建立佛像雕刻小作坊，收徒传艺，培养年轻的佛像雕刻艺人。70 年代初期，小作坊发展为 30 多人的队办企业。至 70 年代中期，原太湖公社组建太湖雕刻厂、太湖雕刻二厂，从事佛像雕刻，共有职工 100 多人。改革开放后，太湖雕刻厂、太湖雕刻二厂解体。村民利用佛像雕刻技艺，纷纷在自己家中开办佛像雕刻作坊，从事佛雕的艺人有 400 多人。

冲山艺人所雕佛像、道教像和外国神像，遍及普陀山、峨眉山、五台山、九华山“四大佛教圣地”及全国寺庙、道观。冲山艺人所雕佛像、道教像和外国神像，遍及普陀山、峨眉山、五台山、九华山“四大佛教圣地”及全国寺庙、道观。其中有上海龙华寺千手观音、老城隍庙霍光老爷、沉香阁沉香观音、福缘禅寺大雄宝殿佛像、松江东岳庙东岳大帝；长兴寿圣寺天王殿全堂佛像、千手观音、如来佛像；泰州岳王庙岳王、岳家将；苏州工业园区高垫庙玉帝、十二天将、随粮王，玉皇宫十二生肖神像，石湖景区管理处治平寺十六罗汉；南京毗卢寺文殊、普贤、千手观音；南通江心寺六道地藏、千手观音等；安庆国庆寺三世如来、十八罗汉、海岛观音；六安旺山寺三世如来（高 7.8 米）、十八罗汉、文殊、普贤、海岛观音、伽蓝；河北张家口云泉寺三世如来（高 8.8 米）、十八罗汉、文殊、普贤；内蒙古宝峰禅寺文殊普贤；大连归茗寺十二药叉；廊坊隆福寺大雄宝殿、弥陀殿、药师殿佛像；高邮镇国寺五百罗汉及苏州市石湖景区管理处治平寺十六罗汉；台湾妈祖、南海观音等。

1999 年，镇政府投资 12 万元建造太湖佛雕市场，现已形成以冲山村为中心的佛雕片区。2016 年，佛像雕刻入选江苏省第四批省级非物质文化遗产保护名录。2017 年，

佛像雕刻街（2017 年版）

全镇佛雕经营户共 74 户，从业人员 367 人，有“非遗”区级传承人 3 人，产值 1.05 亿元，销售额 0.74 亿元。

工艺步骤 第一步：选材。根据需求先将大型木头按照不同规格锯成木头毛坯。

第二步：修坯。按照比例画取中心点，用雕刀刻出佛像的雏形，然后选用不同规格的刻刀进行精刻，将身形、五官以及姿态刻出。

第三步：磨光。刻好的雏形佛像需要用砂布反复磨光。磨光的功夫也是几个步骤中最为重要的，因为磨光要按照雕刻成型的佛像的流线走势进行打磨，每处细节都需打磨到位，轻重分寸恰到好处，否则功亏一篑。

第四步：粉土。也称为打底色，将打磨好的成型佛像粉上三层底漆，在这个过程中也需要反复打磨，将上过漆的不平整部位磨到平整为止，需要注意的是，佛像的面部在

佛像作品（2017 年摄）

佛雕雕刻（2008 年摄）

上底漆的过程中需要罩上一层很薄的棉纱布再上五层底漆。

第五步：上漆线。用陈年的砖粉和大漆、熟桐油等原料调和，经过反复舂打成柔软、富有韧性的泥团，俗称“漆线土”，再由手工搓成线，称为“漆线”，在涂有底漆的坯体上用“漆线”盘、结、绕、堆，塑造浮凸的图形，然后安金、上色。

第六步：装饰。根据雕好的佛像所需，在成品上镶上装饰品。

在穹窿山上真观全套神像的工艺制作中，采用传统的“脱胎”工艺。即在石膏模具上，铺一层全麻布，涂一层生漆和瓦灰，一层一层叠加而成。待生漆阴干后，直接敲掉石膏模即可，成为冲山佛雕艺术的新亮点。

传承人　佛像雕刻项目区级非物质文化遗产代表性传承人有李进荣、董荣菊、顾国荣。

代表作

上海龙华寺佛像　作者陈翰彪。作者为龙华寺先后制作弥勒、西方三圣、千手观音等 13 尊大型菩萨和佛像，佛像高大，造型准确，神态逼真，中国佛教协会原会长赵朴初誉为“中国独一”。

复制紫金庵罗汉像　作者顾国荣。苏州东山镇紫金庵 16 尊罗汉塑像是全国文物保护单位。作者运用自己的佛雕技艺，历时 2 年，成功复制紫金庵 16 尊罗汉像，陈列在企业展示馆内。罗汉佛像个个比例适度，造型准确。罗汉所着服装，修饰庄严华丽，图案惟妙惟肖，线条流转自如，衣服层次分明，具有江南丝绸苎麻的质感。

仿古铜器

20 世纪 90 年代，光福出现仿古铜器行业，光福恒联古铜器工艺厂为光福传统工艺注入了新的活力。一件完美的青铜器高仿制品，它的外形、纹饰、铜质、铸痕、锈色，尤其是韵味，必须与原古物相同。

工艺步骤 第一步：母模制作。制作好的青铜器，必须有完美的母模，这是青铜器制作最关键的步骤。如果是复制，就需要用青铜器专业去锈法把古器物清理干净再翻制模具；如果是仿制，就需要雕刻出一件与原古器物一样的母范。母模制作方法是：根据图片或原古物，用模具石蜡或经过处理的石膏塑造出与古器物相似的形状，古器物形状塑造得是否准确，可在进一步雕刻纹饰时加以修改，依据图片作塑造、雕刻时，由于存在视觉差，无法确定原纹饰的具体位置及大小，可以以古器物的对称中线作起点，根据古器物的尺寸及照片的尺寸，计算出粗花和回纹的位置、大小。然后把花纹雕刻在塑好的器形上。出现差异时，调整已塑好的器形，直至花纹均匀分布在器形表面为止。在雕刻纹饰时，纹饰底子要平整，线条要流畅，花纹雕刻深度必须与原古物一致。

第二步：翻制模具。模具翻制，一般采用温室硫化硅橡胶。在原古物上翻制的模具，可以把原古物的外形、花纹、神韵毫不走形地翻制出来。

第三步：模壳制作及铸造打磨。采用失蜡铸造，这种方法简单快捷，能够不失原器形的韵味，可铸造工艺特别复杂的青铜器。不足之处是：器形胎壁厚薄不均匀。用硅橡胶模具倒出失蜡模壳，一定要进行内外修整。外部要保证蜡壳表面平整、不变形；内部修正尽量使其厚薄均匀、棱角分明、光滑平整。底部范线、垫片制作规范。铸出的器物要经过精细打磨抛光处理。打磨时一定保护铜胎原有形状、花纹，尽力使纹饰清晰自然，精美流畅。

第四步：上锈。为仿品上锈是现代青铜仿古工艺中非常关键的一道工序，锈蚀仿造的相似程度，直接决定仿造是否成功。仿古锈方法有种植锈、胶着锈、烧熔锈、电镀锈、移植锈等。

传承人　仿古铜器项目市级非物质文化遗产代表性传承人：金全福。

代表作

《马踏飞燕》　作者金全福。作品根据甘肃武威出土的东汉青铜奔马复制，形象生动，矫健俊美。2002 年 2 月 22 日，由国家主席江泽民作为国礼赠送给美国布什总统。

《马踏飞燕》（2001 年摄）

刺绣表演（2015 年摄）

刺绣

苏州刺绣，简称苏绣，历史悠久。光福是“苏绣”的重要发源地和主要生产地之一,《光福志》有“妇女以蚕桑、绣织为工”“吴之刺绣勤于光福”的记载。刺绣曾是当地妇女必须掌握的活计，母妇、婆媳、妯娌，互为影响，世代相传，绣艺益精。明清时，光福几乎“家家有绣绷，户户有绣娘”，尤以被面著称。民国时期，光福有刺绣发放站、绣庄 40 余家。

1951 年，吴县供销社在光福组建刺绣工场。据资料统计，1954 年光福有绣娘 13185 人，占全吴县刺绣总人数的 63%。当年筹建光福刺绣供销生产合作社，次年又

五彩苏绣（2015 年摄）

立体苏绣（2015 年摄）

建立光福区刺绣大社。多名刺绣高手后被调到吴县刺绣工艺公司（后改名为吴县刺绣总厂），带徒传艺。80 年代，光福成立吴县光福刺绣厂，年产各类绣品 20 万件，产品远销 20 多个国家与地区。1990 年，全镇刺绣社产值 153 万元。此后，刺绣逐渐向高档工艺品趋势发展。2000 年，全镇有绣娘 1.2 万多人，年产值 2800 万元。此后，因本地“四大雕刻”的快速兴起，再加上绣娘老龄化加剧，从业人员锐减。2017 年，全镇有绣娘千余人。

生产形式 主要以家庭为主、妇女为主。绣工至刺绣发放站（旧时称绣庄）领取绸缎面子与丝线（俗称花线），拿回家中刺绣；有时刺绣发放站为了招揽生意，会主动派人到农村挨家挨户推销。绣完成品，送交刺绣发放站，发放站工作人员当场检验绣品质量，按绣工巧拙、绣品工艺高低而评定等第，然后按质付给工钱。

工具与流程

生产工具有绷架、绷凳、绣针、搁手板、面料、绷布、绷嵌条、线等。工艺流程包括设计绣稿、勾稿、染线、上绷、钉稿、配线、刺绣、下绷、装裱等。

针法 苏绣针法总的分为乱针绣与平绣两大类，主要有铺绒、直绣、盘绣、套绣、擞和针、抢针（也称戗针）、平针、散错针、编绣、绕绣、施针、变体绣等 40 多种；绣法有单面绣、双面绣、双面三异（异稿、异针、异色）绣等。

品种 苏绣按用途分可分为日用品（亦称绣什品）、刺绣服装和艺术精品（亦称欣赏品）3 大类，品种有被面、垫子、鞋面、手帕、荷包、屏风、靠垫、枕套、发禄袋、床沿、桌帔、椅垫、床罩、肖像、戏服、台毯、鞋面等数百个，其中以“双面绣”作品最为精美。绣品先后销往俄罗斯、捷克、印度、美国、日本以及东南亚地区和中国香港、澳门。

特色　苏绣具有图案秀丽、构思巧妙、绣工细致、针法活泼、色彩清雅、地方特色浓郁的风格特点。明代就以“精、细、雅、洁”著称。绣品要求平（绣面平整、熨帖如画）、齐（针脚齐整、轮廓清晰）、和（色彩调和、浓淡合度）、光（光彩炫目、色泽鲜明）、顺（丝缕合理、圆转自如）、细（用针纤细、绣法精细）、密（排列紧凑、不露针迹）、匀（皮头均匀、疏密一致），从而达到神形兼备、画绣合璧的艺术境地。

名家与传承人　刺绣是光福重要的传统产业，绣妇心灵手巧，聪明勤劳，起早贪黑，名家辈出。近现代有徐慧珠、顾阿大、杨羡九、张留大、顾雪玉、蒋雪英、郁莲君等刺绣名家高手。光福现有刺绣项目区级非物质文化遗产代表性传承人府向红、陆彩凤。

代表作

《百年好合》（披肩）　作者府向红。2015 年获第 17 届中国工艺美术金奖。

《瓷观音》　作者陆彩凤。2016 年获中国（广东）民间工艺博览会暨第 13 届中国民间工艺山花奖·优秀民间工艺美术作品展银奖。

缂丝

缂丝，又称刻丝，是一种经彩纬显现花纹，形成花纹边界，具有犹如雕琢镂刻的效果，且富双面立体感的丝织工艺品。缂丝是中国丝绸艺术品中的精华，古有“织中之圣”之称，与刺绣相比图案更富有立体感。

南宋时期，苏州成为缂丝的主要生产基地，光福人开始缂丝生产。清代中后期，光福与陆墓、蠡口并称为吴中三大缂丝基地。明清时，缂丝主要根据朝廷“订单”生产。清末民初，除少量应用于戏衣及装饰品外，大部分供出口日本市场。民国时期，缂丝主要集于府巷、山墩、枫浜、安山等村庄，艺人较少，所织工艺品以素带为主。抗日战争爆发后，缂机停歇，缂丝艺人改行谋生，工艺几乎失传。

1972年中日邦交恢复正常后，吴县工艺美术研究所成立缂丝车间，马惠娟被招选进厂，拜师学艺。1980年，光福纺机厂成立缂丝车间，拥有缂机16台、艺人16名，聘请老艺人传授技艺。80年代末，缂丝生产以家庭为主。至90年代初，光福出现历史上少有的“缂丝热”，府巷、枫浜、安山等地几乎家家有缂机、人人学缂丝，男女老少齐上阵。光福街头有几个缂丝交易市场，每天清晨人头攒动，年产值达到1500万元以上。90年代后期，由于工艺美术外贸任务日趋下降，缂丝日用品生产面临困境，生产萎缩，技艺人员大多改行。21世纪后，逐步回归正常，艺人创办缂丝工作室。2006年5月，苏州缂丝织造技艺入选第一批国家级非物质文化遗产名录；2009年9月，缂丝又作为中国蚕桑丝织技艺入选世界非物质文化遗产。2017年，光福有缂丝“非遗”市级传承人1人、区级传承人1人。

经营及生产方式　像刺绣一样采用“代包式”，经营者接单后将其发放到缂丝艺人手

缂丝（2017年摄）

里，艺人在家根据图案要求生产。作品完成后，由经营者上门收取，并按工艺高低而评定等第，结账付款。

工艺特色　缂丝是一门古老的手工艺术，其织造工具是一台木机，几十个装有各色纬线的竹形小梭子和一把竹制的拨子。织造时，艺人坐在木机前，按预先设计勾绘在经面上的图案，不停地换着梭子来回穿梭织纬，然后用拨子把纬线排紧。织造一幅作品，往往需要换数以万计的梭子。

工艺流程　缂丝工艺流程一般有落经线、牵经线、套筘、弯结、嵌后轴经、拖经面、嵌前轴经、捎经面、挑交、打翻头、箸踏脚棒、扪经面、画样、配色线、摇线、修毛头等16道工序。

织造技法　缂丝织造技法主要有结、掼、勾、戗、绕、盘梭、子母经、押样梭、押帘梭、芦菲片、笃门闩、削梭、披梭、平戗、木梳戗、包心戗、凤尾戗等，其中结、掼、勾、戗为四个基本技法。

产品品种　缂丝品种可分为日用品和艺术品两大类，日用品类有包首、手提包、皮夹、书籍封面、眼镜袋、台毯、被褥、靠垫、和服腰带等；艺术品类又可分为仿古与现代两类，有壁挂、立轴、屏风、屏条、中堂、手卷、册页等。

缂丝作品（2010年摄）

传承人

马惠娟 光福梅园紫藤坞村人。2012 年被确认为吴中区、苏州市非物质文化遗产代表性传承人。2017 年江苏省人民政府授予工艺美术大师称号。

代表作

《虎啸图》 作者马惠娟。该图是缂丝第一副披毛类动物题材作品，借鉴刺绣散套针法，并运用于长短戗、斜戗之中，拓宽了缂丝的题材。图中虎眼运用包心戗、木梳戗，并采用劈丝拼捻，具有纬丝光泽反射效果；又选用杏黄、秋黄、麻灰、黄灰、墨绿、深蓝、棕、红、黑、白等 10 种色线，达到虎眼怒目圆睁，赋有旋动感。1985 年参加北京亚太地区国际博览会展出并获银奖。

《乐山乐水》 作者马惠娟。纵 175 厘米，横 75 厘米。以清宫旧藏缂丝《春溪浴鸭图》（现藏于台北故宫博物院）为蓝本，进行二次设计设色。原作由于工艺和色线的限制，故而采用了缂绘相结合的方式来制作。现今丝线色彩丰富、色阶连续，可采用全缂丝制作进行表现。作品内容丰富，山石之上一株老松遒劲苍翠，凌霄花盘附其上，刚柔相得；下方青溪潺潺，水波荡漾；溪畔花草丛生，群鸭嬉戏，一派生机勃勃，整幅画面和谐生动，充满春天的野趣。

《乐山乐水》（2013 年摄）

作品中山石主要用到青、绿、赭三系色线，下方临水石岸绿色为主，上方山石青赭为主。缂织时运用合花线和不规则戗法使这些山石色彩变化自然生动，石块褶皱和边缘用结缂织出，粗细变化多样，使石块看起来坚硬而富有质感。山石和石岸上再点缀深浅不一的苔点，山石便有了生命。野鸭、各类花草、苍松缂织时处处可见精细的变现，多种技法混合运用，色彩呈现艳而不俗。在作品上方缂织原作清宫藏印，以表对原作的继承和敬意。

花木之乡

光福镇境内丘陵起伏，花卉林木资源丰富。自古以来，百姓就有栽花植树的传统，80年代起出现“苗木热”。至90年代中期，全镇80%的农户参与花木种植、销售，几乎“村村有基地，户户种花木”。1998年被江苏省农林厅评为“花木之乡”。进入21世纪，花木种植成为当地第一主导产业。2011年被中国花卉协会命名为“中国花木之乡”，成为苏州全市首个获此殊荣的乡镇。2015年，全镇3.8万农业人口中从事花木种植的有1.5万人，种植户超过1万户。

2017年，全镇花木种植面积4万多亩，在外租地种植面积4万余亩；有经营花木专业公司100多家，专业交易市场1个，花木经纪人1000多名。全年花木销售额5亿元，花木储存价值约28亿元。

2011 年 11 月，光福镇获“中国花木之乡”称号

花木品种

光福自古有花卉苗木栽植传统，随着光福苗木规模的不断扩大，苗木品种也日益增多。据不完全统计，2017 年光福有苗木品种 375 种。

乔木行道树 法桐、柳树、大叶女贞、香樟树、广玉兰、青枫、黄金槐、栗子树、柿子树、樱花树、紫玉兰、白玉兰、黄玉兰、红玉兰、棕榈、桃树、白蜡树、垂柳、红叶李、紫薇树、红枫、青枫、国槐、栾树、桂花树（金桂、银桂、月桂、四季桂、丹桂）、银杏树、木瓜树、杨树、意杨、红叶杨、青桐、枇杷树、乌桕、合欢、金丝柳、垂丝海棠、西府海棠、石榴树、桑树、榉树、朴树、马褂木、构树、元宝枫、蒙古栎、白桦、莲香、丝棉木、蓝花楹、小叶榄仁、新疆杨、毛白杨、大叶榆、垂榆、金叶榆、杏树、李树、棠梨树、千头椿、鹅掌楸、华山松、北京栾树、山杏、八棱海棠、山楂、樱桃、核桃、馒头柳、悬铃木、刺槐、黄栌、早园竹、金镶玉竹、白皮松、水杉、落羽杉、中山杉、龙爪槐等 87 种。

花灌木 金山绣线菊、金焰绣线菊、小叶黄杨、大叶黄杨、金边黄杨、北海道黄杨、红叶石楠容器苗、红王子锦带、红瑞木、龟甲冬青、金银木、连翘、迎春花、棣棠、贴梗海棠、金叶女贞、红叶小檗、天目琼花、假龙头、风箱果、金叶莸、平枝栒子、紫荆、日本海棠、海桐、红花檵木、云南黄馨、月季、凌霄花、紫藤、木槿、蜡梅、茶花、茶梅、法国冬青、日本女贞、黄刺玫、红刺玫等 43 种。

松柏类 蜀桧、龙柏、刺松、塔柏、洒金柏、侧柏、黑松、五针松、铺地柏、沙地柏、雪松、高杆龙柏、圆柏、白皮松等 14 种。

灌木球 小叶女贞球、小叶黄杨球、大叶黄杨球、龟甲冬青球、红叶小檗球、蜀桧球、洒金柏球、龙柏球、桂花球、红枫球、金银花球、枸骨球、红花檵木球、海桐球、连翘球、绣线菊球、海棠球、金边黄杨球等 25 种。

草本类 金娃娃萱草、金边麦冬草、玉龙草、红花草、鸢尾、中叶麦冬草、青叶玉簪、花叶玉簪、斑叶芒、细叶芒、花叶芦竹、梭鱼草、千屈菜、睡莲、荷花、黑藻、狐尾藻、丝兰、荷兰菊、天人菊、二月兰、八宝景天等 30 种。

绿化常用植物 凌霄、地锦、金银花、五叶地锦、蔷薇、爬山虎、中华常春藤、紫藤、葡萄、藤本月季、猕猴、牵牛花、金银花、油麻藤、花叶常春藤等 25 种。

彩色苗木 红梅、绿梅、白梅、樱花、鸡爪槭、五角槭、元宝槭、美国红栌、红叶李、黄栌、野漆树、木蜡树、火炬树、盐肤木、山麻竿、黄连木、卫矛、乌桕、黄金槐、红叶椿、枫香、枫树、无患子、鹅掌楸、水杉、红枫、紫叶矮樱、金叶红瑞木、银杏、金钱松、杨树、珊瑚朴、黄皮树、糯米椴、栾树、三叶槭、紫叶桃、柿树、紫树、金叶连翘、紫叶小檗、红花继木、金边千头柏、金叶女贞、金心大叶黄杨、银心大叶黄杨、金叶桧、洒金珊瑚、金边黄杨、石楠、红叶石楠、椤木石楠、杜英、菲白竹、菲黄竹、南天竹（冬叶红）、紫竹、方竹、红竹、花秆毛竹、花秆早花、南蛇藤（黄）、地锦（红、黄）等 75 种。

杂边土绿化树种 柳树、池杉、落羽杉、中山杉、乌桕、枫杨、江南桤木、赤杨、水杨梅、榉树、榔榆、珊瑚树、水杉、水松、墨西哥落羽杉、枫香、水栎、柳叶栎、水竹、侧柏、圆柏、马尾松、黑松、刺槐、臭椿、苦楝、山槐、朴树、乌桕、麻栎、栓皮栎、白栎、桑树、黄连木、女贞、火棘、胡枝子、紫穗槐、木槿、乌桕、白榆、榉树、构树、杜仲、漆树、紫穗槐、无花果、柿树、君迁子、枣树、木瓜、

花卉苗木基地（2017 年摄）

杜梨、白蜡、杞柳、铅笔柏、日本柳杉、棕榈、沙枣、火炬树等 76 种。

桂花

光福为全国五大桂花产区之一，闻名遐迩的“桂花之乡”。光福桂花，素以朵大瓣厚、色黄味香而著称。种植桂花的历史十分悠久，唐宋时期光福山里已遍栽桂花。品种有金桂、银桂、丹桂、月桂等 10 多个品种，品种齐全。受太湖与山区特殊气候、土壤等因素影响，光福桂花的花形完整、朵大瓣厚。

光福桂花自古就以面积广、桂树多闻名，清初徐枋曾有《邓尉山多桂》长诗，描述光福壮观瑰丽胜景，其中有“秋来香气弥百里，连蜷偃蹇穷山冈。我来饮酒桂树下，仙人指点云物祥”之诗句。明清时，玄墓山桂树特盛，归庄《看桂花记》云：“玄墓（圣恩寺）四宜堂前，丛生森列，金粟满庭，旁近诸山桂千株，顾山家以鬻花为业，花始放即落之，游人往往不及赏。”千株桂花，蔚为大观。

光福桂花素以朵大、瓣厚、色黄、味香，享有盛名。1959 年新中国成立 10 周年时，光福的 4 盆桂花放上了北京天安门城楼。80 年代，上海青浦大观园里的桂花树全出自光福。1999 年，云南昆明世界园艺博览会“世博园”中的 300 多株桂花，全都出自光福。2001 年 9 月下旬，中国花卉协会桂花分会在光福举办首届“中国桂花研讨会”，全国各地的桂花专家聚首光福，研讨中国桂花品种鉴定标准和资源开发。2008 年北京奥运会绿化用的桂花树，也全部出自光福。2017 年，光福桂花种植面积 1.15 万亩，桂花产量 2000 吨，直接经济效益 1980 万元。

鲜桂花可加工成清水桂花、咸水桂花、糖水桂花，用以制作菜肴糕点，还可浸制桂花酒，窨制桂花茶。桂花枝叶是著名中药材。原光福蜜饯厂生产的糖桂花和清水桂花工艺独特，1983 年曾被江苏省土产果品公司分别评为同行业同类产品第一名、第二名，被评为苏州市的名特产品。产品除畅销京、津、沪等地外，有三分之一出口海外。光福还有独特的桂花加工传统工艺——用“梅泥”腌制，即将成熟的果子打成浆（俗称“梅泥”），用“梅泥”腌制的桂花可以陈放五六年不变质，其色、香、味如同新鲜一样。光福“梅泥桂花”是苏沪地区传统“苏式”菜肴糕点制作的重要佐料，苏州著名老字号“黄天源”桂花糖年糕、“采芝斋”的桂花白糖云片糕，至今仍旧是非光福桂花不用。

窑上桂花 《吴县志》载：“吴县桂花主要产于窑上、香雪、铜坑、西碛山一带的丘陵地带。”栽植之多，花质之佳，尤以窑上为冠。窑上家家种桂花，人人赏桂花，桂花满山坡，花开香十里。

光福镇窑上是著名的桂花产地，面积2000多亩，有桂花树6万多株，山上100年树龄的桂花树有1000多株，500年树龄的桂花树有五六十棵，山坞里还有好几株800年的老桂树，最高单株鲜花产量80千克。这里背山面水，风景秀丽，是旅游观光的绝佳之处。每年9月中旬至10月上旬，光福的金桂、银桂、丹桂次第开放，花开之时，桂花香飘数十里，整个光福桂香四溢，令人陶醉。50年代天安门城楼上的盆景桂花、昆明世博园300株老桂树以及上海桂林公园的桂花树皆出自这个堪称中国最大的古桂园。

丹桂花（2014年摄）

光福赏桂 光福赏桂与“邓尉探梅”一样是苏州的一大习俗，并形成“花市”。清《清嘉录》卷八云：桂花，俗称木樨，“金风催蕊，玉露零香，男女耆稚，极意纵游，兼旬始歇，号为木犀（樨）市”。元朝倪瓒对光福桂花情有独钟，曾多次到山中看桂赏花，有诗写道：

“来访城西十日山，桂花风气碧岩间”“桂树窗间卧看云，风吹花落紫纶巾。”清葛芝曾到青芝山赏桂，“是夜月益皎，四山入座，苍翠献奇，桂风缭绕，扑人不绝，疑身在众香国中”。沈颢有诗云：“山中花市在中秋，日夜提筐采未休。卖与维扬商客去，香油都上美人头。”（《青芝坞》）采花的花农，看花的游客，买花的商贾，山中一片繁忙。清道光诗人沈钦韩曾应好友许兆熊邀请到光福看桂，写有《山中木樨辞》5 首，其中有“银钗满插未空回，蝴蝶黄黄金粟堆。不似梅花若风雪，鲤山谁看木樨来”诗句。他们还结伴前去赏花，“连舩催载费家河，三日工夫万斛多。偏是好风传笑语，深林门唱采茶歌”。清末隐居在光福“香雪草堂”的潘遵祁对桂花钟情有加，写有《入山看桂》组诗，云：“虎山桥外晚波凉，四面螺鬟净洗妆。行到镜中疑月窟，桂花时节满湖香。”刚到虎山桥就好像走进了月宫，湖面上飘来阵阵馨香。“撮花天气喜坚晴，三百青铜一斗赢。游客也耽秋意爽，不吟冷露湿无声。”花农虽然辛苦，却能换得一斗桂花三百铜钱的赢利，而游客则尽情地享受那份秋高气爽的惬意。“滴露团霜百和馨，金阊估客载轻舲。寄将赵北燕南去，羡煞秋窗好梦醒。”金阊（苏州）城里的商贾纷纷乘船到山里采购，将桂花再卖到赵北燕南。

清光绪十五年（1889）八月，帝师翁同龢曾特地到光福访桂。可惜山里的桂花还没有开放，留下“桂花未放白鱼瘦，记我秋堂待月时”诗句。1916 年农历八月，康有为由

腌制桂花（2014 年摄）

上海到光福看桂，逗留三天，作有《丙辰八月邓尉山看桂》诗。隐居苏州的李根源曾云："余观光福种植花木，以天井、窑上为盛，珍珠坞次之。桂花多于梅花，故春游后当继以秋游也。"(《吴郡西山访古记》卷一)

桂花节　2004年9月22日至10月28日，光福镇举办首届苏州太湖桂花节，以赏桂为主线，同时开展山水旅游、窑上村农家乐、太湖船餐品蟹美食和摄影比赛等活动。《人民日报·海外版》等媒体作专题报道。

此后每年桂花盛开之时，光福都举办"桂花节"，吸引数以万计观光游客前往展区品花赏桂。2017年，光福"窑上桂花节"期间，举行采桂花、寻找老桂树等活动。

链接：光福桂花赏心悦目

中秋前后，桂花飘香，是赏桂的最佳时节。

我国有许多赏桂之地，濒临太湖的苏州光福镇，是我国著名的五大桂花产区之一，向有"桂花之乡"的称誉，现种植面积为2000余亩，有6万余株桂树，年产鲜花40万千克。从古镇经石嵝、石壁，直至太湖沿岸，以及玄墓、潭山、青芝、西碛、窑上等十多个山村，绵延数十公里，遍植桂花。这里的桂花品种，除了有名贵的金桂、银桂、丹桂外，还有小叶黄、大叶黄、寒露桂等十多种。来到光福，就让人感到仿佛置身于一片桂花的海洋，山坳平畴，宅前屋后，全是一株株的桂树。中秋桂花盛开时，满树金灿，空气中到处弥漫着芬香，此时的山是香的，水是香的，树是香的，草是香的，就连掩映在桂树丛中的农舍也是香的。行走其间，真有一种说不出的赏心悦目的惬意。

到光福赏桂，可见采花的情景。光福桂花在采摘时不用棒敲，全用手工采摘，使细小的花形都能保持完好无损。采花时间一般在中秋前后，因为采早了，花不香；采迟了，花易谢，所以待到花嘴刚刚裂开不久，花农就开始采摘了。采花是一门技术，一个花农一天能采六七千克左右，一千克鲜桂花约有2.4万个花朵，这意味着一天当中一个花农将有近17万的花朵在手里经过。采花时，只见农妇姑娘蹬上竹梯，人在绿树中，灵巧的双手如蝴蝶飞舞，手起花落，不一会儿，金灿灿的桂花就将竹篮子装得满满的。她们采摘时的飞快速度和娴熟程度，让人赞叹不止。

光福地理得天独厚，山环水抱，傍依太湖，风景优美，又是一个有着2000多年历史的古镇，古迹众多，自然景观与人文景观相得益彰，是太湖著名的名胜景区之一。中秋时分去光福，一边可欣赏一年一度的桂花盛开情景，一边可寻古探幽，领略文物胜迹，特别是沿着山村行走，站在桂树林旁，时不时能眺望太湖万顷碧波，水上渔帆点点，白鸥飞翔，令人心旷神怡，流连忘返。

光福桂花最宜赏。为此，在当地政府和旅游部门的策划和帮助下，光福镇在今年的中秋期间将举办首届“苏州太湖桂花节”，以赏桂为主线，同时开展山水旅游、窑上村农家乐、太湖船餐品蟹美食和摄影比赛等活动。

（《人民日报·海外版》2004年10月09日第五版）

杨梅

光福是杨梅的重要产地之一。唐宋时期，光福杨梅已闻名江南，北宋太平兴国年间（976—983）成书的《太平寰宇记》记载云：“杨梅，出光福山铜坑者为第一。”曾被列为朝廷贡品。明王鏊《姑苏志》、杨循吉《吴邑志》也记载：“杨梅为吴中名品，味不减闽之荔支（枝），出光福山铜坑第一，聚坞次之。”

光福果农根据本地自然环境、土壤条件，引进适合其生长的外地品种。明王象《群芳谱》记载：“吴中杨梅种类甚多，名大叶者最早熟，味甚佳；次则卞山，本出苕溪，移植光福山中尤胜；又次为青蒂、白蒂，及大小松子，此外味皆不及。”苕溪，古代吴兴的别称，今属浙江湖州市。这种源产于吴兴的“卞山”杨梅，移植到光福后，经过果农的精心栽培嫁接，逐步培育成了颗大核小、汁多味甜、鲜美可口的“甜山”杨梅。到清乾隆年间已经超过“大叶”杨梅，成为最佳的当家品种。乾隆《吴县志·物产》云：“杨

古杨梅树（2014年摄）

梅，诸山皆有，铜井（山）一带为胜。其种有弁山、大叶、青蒂，唯弁山为胜。”其中的“弁山”即“甜山”。

光福杨梅主要产地集中在窑上、潭东、铜坑、安山等村。2017年，全镇杨梅种植面积1065亩，产杨梅7.5万千克。每千克10元左右，产值75万元。

品种及产品 光福杨梅品种有甜山、季成、乌梅、石家、细蒂、水晶等20多个，其中铜井山、官山、乌山头所产的“甜山”杨梅，齿平颗大，肉甜核小，汁多味美，食后开胃生津，令人爱不释手。大叶细蒂品质最佳，成熟后色泽乌紫，果大核小，肉厚汁多，更兼甜中微酸，其味更加甘美可口。以果大味甜著称，清沈朝初《忆江南》云：“苏州好，光福紫杨梅。色比火珠还径寸，味同甘露降瑶台。小嚼沁桃腮。”紫杨梅色泽鲜艳，堪比火珠，而颗粒大达“径寸”，甚是珍稀。

杨梅没有果皮，光福果农曾经开发特殊的包装——漆盘，成为馈送亲朋的最佳“礼品”。明文震亨《长物志》卷十一“蔬果”记载：“杨梅，吴中佳果，与荔枝并擅高名，各不相下，出光福山中者最美。彼中人以漆盘盛之，色与漆等，一斤仅二十枚，真奇味也。生当暑中，不堪涉远。吴中好事家或以轻桡邮置，或买舟就食。出他山者味酸，色亦不紫。”光福杨梅个大，半两一个（“一斤仅二十枚”），味美（“真奇味”）。杨梅时节，苏州城里达官显贵、墨客骚人争相品尝（“或以轻桡邮置，或买舟就食”），盛放杨梅的包装盒是上等的漆盘，颜色与杨梅一样紫乌发亮，赏心悦目，可以“轻桡邮置”，由专人送递。

杨梅富含糖类、果酸、维生素C、维生素B，助消化，能治疗神经炎和预防坏血症。杨梅除生食外，还可加工成糖杨梅、熏杨梅，可酿酒或制成杨梅果汁、杨梅干等。“以白糖、烧酒拌浸入瓶，可燕（宴）客”（清乾隆《吴县志》）。“糖杨梅，以糖霜拌杨梅，封贮磁瓮，经年犹鲜。熏者亦佳”（清道光《苏州府志》）。明沈周《糖杨梅》诗云：“摘落高林带雨枝，碧烟蒸处紫累累。肉多不走丸微瘦，津略加干味转滋。鸟口夺生鲜恐烂，龙睛藏熟久还宜。珍餐品作杨家腊，报寄须当费我辞。”原光福蜜饯厂生产的白糖杨梅干，除畅销京、津、沪、宁等地国内市场外，还远销美国、日本及东南亚各国和中国港澳地区。

“吃杨梅”习俗 明清时期，每当初夏杨梅上市时节，文人骚客便纷纷前往光福品尝杨梅，曾被誉为江南“胜游佳境”之一。明朱国桢《涌幢小品》（卷之二十七）云：“江南花木胜游，梅时玄墓，菊时娄江，桃华时蟠螭，芙蓉时西湖，术时菁山葛仙井，杨梅时光福，樱桃时北固山。”玄墓山的梅花、蟠螭山的桃花、光福山里的杨梅，均为江南时令花木胜游项目。明成化十四年（1478）五月，苏州状元吴宽曾特地买舟赴光福尝鲜，赋诗云：“新春已负雪湖梅，却为杨家果特来。落日酒船山色里，水南人道画中回。”“铜坑山下遍杨梅，曲径人从树杪来。共爱石桥凉似水，湖梢未放酒船回。”有人把到邓尉吃杨梅看作是一种愿望，明诗人张元凯有《邓

采摘杨梅（2017 年摄）

尉山食杨梅似顾愿》云:“杨家果熟白日长，锦林回合云俱香。火齐圆珠满苍岛，翡翠异鸟衔夕阳。海外蒲萄远莫致，岭南荔枝谁能将。故园提筐但饱食，酒后耳热歌沧浪。”清初，汪琬有“稍待杨梅熟，移舟入崦西”(《光福》)诗句；余怀也有“闻道杨梅熟，牵船及此游”(《西崦访旧》)诗句。进山旅游，访古寻幽，探胜尝鲜，车来船往，络绎不绝。武进董文骥特别喜欢光福杨梅，清康熙二十年（1681）初夏，他到光福吃杨梅，写有《吃杨梅口号》，其中有“光福山家山是田，杨梅熟后不论钱”之句。康熙二十四年，董文骥又特地率领全家祖孙三代八口到光福品尝杨梅，写下《放船光福，挈家人吃杨梅口号》诗 14 首。

清末道光、咸丰年间，隐居光福山中的潘遵祁对光福杨梅特别喜欢，曾有《山中食杨梅》诗写道:“杨梅五月夸吾吴，铜坑之产天下无。昔人并称南海荔，却笑曾被红尘驱。九重之尊不可致，何况商贾空趑趄。山中老圃擅口福，长夏灌漱如醍醐……药炉茗碗悉屏弃，丹丸一咽烦疴除。安山之西结茅住，筠筐日馈疑输租。近来百为与世左，犹幸此计殊非疏。”在诗人眼里，铜坑杨梅是天下独一无二的佳果，因此昔人将它与南海荔枝媲美并称；铜坑杨梅珍稀名贵，“九重之尊”也很难吃到，更何况一般商贾呢；山里的果农口福真好，“长夏灌漱如醍醐”，让人心生羡慕。诗人更以自己的切身体验告诉世人，吃了这里的杨梅可以抛弃所有的药炉茗碗，还可以消除人生的烦恼和医治身上的沉疴。

枇杷　梅子

光福地处太湖之滨，气候适宜各种花果生长。光福果树栽种历史悠久，是苏州花果重要产地之一，是吴中著名的花果之乡。除了梅花、桂花、杨梅之外，还有枇杷、梅子颇有名气。

枇杷　光福栽培枇杷始于唐代晚期。产区主要集中在窑上村，与东山绿化、西山

窑上枇杷（2014 年摄）

（今金庭）秉常同为原吴县三个枇杷生产村。品种有白沙和红沙两大类，计30余个品种，其中尤以白沙枇杷闻名国内外。其主要特点为果肉洁白，肉质细腻易溶，汁多，风味清甜，品质佳，果皮薄韧易剥离，果肉细腻，味甜酸适度、爽口，不易裂果，较耐寒，产量高。枇杷不仅鲜美多汁，而且营养价值极高。食后能刺激消化腺分泌，增进食欲，帮助消化、吸收。

枇杷叶、花都是优质中药材，采用传统方法制成的中成药枇杷膏，具有清肺、止咳、润喉、解渴、和胃的功效。枇杷还是优良的蜜源植物，枇杷花开时节所产的枇杷蜜，更是蜂蜜中的佳品。

2017 年，光福枇杷种植面积 120 亩，年产枇杷 350 千克；价格 10 元 / 千克左右，产值 140 万元。

梅子 梅花结成的果子称为梅子。梅子品种有青梅、白梅、花梅和黄梅等，以青梅为佳。青梅是一种时令鲜果，因营养丰富深受爱梅人士的喜爱。光福青梅与东山的枇杷、金庭的杨梅、三山岛的马眼枣齐名，是吴中名特产果品。

梅子除生食外，可制成糖渍青梅、奶油话梅、陈皮梅、甘草梅、紫苏梅、脆梅、口香梅等 20 多种蜜饯产品。原光福蜜饯厂生产的“香雪海”牌糖渍大青梅，深受消费者的青睐，尤在江、浙一带享有盛誉，1983 年被江苏省土产公司评为同行业、同类产品第一名，1985 年又获江苏省优质食品称号。1987 年，再获商业部优质产品称号，产品主

梅林（2014 年摄）

销美国、日本及东南亚等国家和地区。

每年 5 月，光福景区香雪海青梅逐渐成熟，进入采制季节。2011 年 5 月，光福举办首届青梅采制节，至 2017 年已连续举办 7 届。采制节期间有采梅、制梅活动，供游客参与，同时根据梅子的成熟程度推出不同梅产品的加工，资深梅产品制作师手把手教游客如何制作脆梅、苏式话梅、梅浆及青梅养生酒等系列产品。

2017 年，梅树种植面积 2100 亩，年产梅子 1750 千克，产值 70 万元。

木荷　樱花

光福花卉资源丰富，门类品种众多，其中形成一定规模的有木荷、樱花。

木荷　木荷属茶科植物，又名荷树，生长在广东、广西、福建等中亚热带地区，落户光福官山岭是它北上扎根的极限地带。由于木荷无法人工繁殖，因此光福官山岭木荷被认为是自然界的一个奇观。1981 年，官山岭木荷林被列为首批江苏省自然保护区。

光福位于太湖之滨，因受局部生态环境影响，形成具有中亚热带特点的环境。官山岭坐落在太湖和西崦湖之间，这两个水体对当地气候起到调节作用，尤其是到了冬季，每当北方寒潮袭来，官山岭依靠太湖、西崦湖释放出来的热量缓和调节温度；北面以安山挡风御寒，四周又有群峰环抱，使它形成适宜木荷生长的小气候。

木荷有特殊的防火本领，其草质的树叶含水量42%左右。在它的树叶成分中，有将近一半是由水分构成的，这种含水超群的特性，使得一般的森林之火奈何不了它。木荷树冠高大，叶子浓密。一条由木荷树组成的林带，就像一堵高大的防火墙，能将熊熊大火阻断隔离。它有很强的适应性。既能单独种植形成防火带，又能混生于松、杉、樟等林木之中，起到局部防燃阻火的作用。它木质坚硬，再生能力强。坚硬的木质增强了它的拒火能力，即使头年过火，来年也能出芽长叶，恢复生机。

木荷既是良好的用材林，又是美丽的观赏林。每年6月份木荷开花，白瓣黄蕊，形似含笑，更似睡莲。开花时节，繁花满树，芳香沁人，散溢出沁人肺腑的幽香，洁白如玉的木荷花远观如夏夜的繁星，近看似亭亭玉立的荷花，吸引众多游客前来观赏。

木荷的种子轻薄，扩散能力强。木荷种子薄如纸，每千克达20多万粒。种子成熟后，能在自然条件下随风飘播60米至100米。2017年，光福木荷林面积从最初的298亩扩展到600多亩，已超出原有保护区范围，蔓延至附近山区。香雪海景区的木荷林也

官山岭木荷林（2014年摄）

在保护区范围内。

樱花 樱花原产于中国喜马拉雅山脉。人工栽培后，逐步传入中国长江流域、中国西南地区以及台湾岛。秦汉时期，宫廷皇族就种植樱花，汉唐时期已普遍栽种在私家花园中，至盛唐时期从宫苑廊庑到民舍田间。

樱花色鲜艳亮丽，枝叶繁茂旺盛，是早春重要的观花树种，广泛用于园林观赏。樱花可以群植成林，也可植于山坡、庭院、路边、建筑物前。盛开时节花繁艳丽，满树烂漫。可大片栽植造成“花海”景观，可三五成丛点缀于绿地形成锦团，也可孤植。樱花还可作小路行道树、绿篱或制作盆景。

1998 年 10 月，光福景区古镇宝塔下种植面积近百亩的中日友谊樱花林。每年阳春四月，和风吹拂，龟山数千枝红樱、白樱相互争艳。登上光福古塔，南眺邓尉山，西望西崦湖，湖光山色一览无遗，田园风光尽收眼底。地处太湖湖畔的坎上林场苗木基地，种植约 80 亩的樱花林，成为观赏樱花的极好去处。在光福道路边、院子内、农宅前，随处可见樱花。

龟山樱花林（2014 年摄）

梅花盆景（2016 年摄）

盆景

光福有丰富的盆景制作植材，尤其是树桩盆景常用的梅、松、柏、鹊梅、榔榆、黄杨、三角枫、石榴、枸骨等，在光福山里到处皆有，随手可得。自古以来，光福有栽种花木的传统。清《光福志》载："光福西北多山，宜植花果杂树，山中人业于此而贩四方者十有七八。其民勤，间有力之家亦不废树艺。""光福山中，栽梅为业者恒十之七。"清袁学澜《邓尉山探梅歌序》中写道："（光福）山间村以百数，居民皆以树艺为业，编枳界畦，石子叠墙，分行遍植树秧，小者如针，大者寻尺，浇灌依时，剪裁合法，接种有传，授售以取利，养生之许不亚于禾黍。"勤劳而聪慧的光福百姓，充分利用当地的植材制作成盆景，成为山里人家的传统生产习俗，并出现许多种植大户，清嘉庆、道光年间的潭西花农郑茂良"种花一万枝"（孙原湘探梅诗）。

五针松盆景培育基地（2007 年摄）

特点　光福盆景继承苏派传统，吸收扬派、川派、海派、浙派、岭南派特长，兼收并蓄，而自成一体。主要有梅、榆、苏铁、五针松、罗汉松、海棠、山茶、蔷薇、紫薇、桂花、古桩等数十个品种，造型精巧秀美，风格古朴典雅。以梅树为例，追求以曲为美，以欹为美，以疏为美，因此在整修造型时，采用“斫其正，养其旁条；删其密，夭其稚枝；锄其直，遏其生气”的方法，赢得文人墨客的广泛喜爱。清道光年间隐居昆山的龚自珍，曾托好友徐屏山到光福购买梅桩盆景 300 盆，特辟“病梅馆”贮养，由此触发灵感，写下传世名篇《病梅馆记》。

园艺　盆栽盆景制作讲究，技艺精巧，风格独特，以树桩居多。采用传统式盆栽方法，即独具一格的“六台三托一顶”（树干直立微曲，左右互生六个圆片称“六台”，向后伸出三片称“三托”，再有顶上一片称“一顶”）。这种盆景造型特点以树干为中轴，枝条、叶片左右对称，层次分明，对称平稳，端庄沉着，落落大方。只是制作一盆体形完整、叶片丰满的“六台三托一顶”的盆景所需时间较长，一般要花 10 年左右时间，比其他盆栽要缓慢得多。在盆景艺术日益发展的形势下，“六台三托一顶”盆栽造型的优势逐渐减退。

20 世纪 80 年代，盆栽方式开始转向自然式盆栽盆景，这种盆景采用自幼培养和采掘野根并重，盆中与地上培育交替，传统和自然结合的方法制作而成。其特点是造型优美、布置得体、比例协调、错落相间、疏密有致、高低相宜、灵活多变、丰富多彩。这种自然式的盆栽盆景制作是因树造型，制作方法灵活多样，主要有直干、卧干、盘曲、枯梢、枯峰、悬崖、劈干、靠贴、露根、连根附石、丛林等多种形式，改变过去“六台三托一顶”，“以扎为主，以剪为辅”的制作方法，采用“以剪为主，以扎为辅，粗扎细剪”的手法，即在冬春收集老树桩，注意保留根系完整和适当的枝条，栽入盆内，置放室内保持一定温度，待发芽后随剪随扎，一两年初步定型后，移植细盆内再栽培一年便成景，成景时间大大缩短。

盆景布局构思精细入微，取法自然，混同天生，绝少斧凿之痕，富有艺术情趣。在处理虚实、曲直、疏密、开合、明暗等关系上，脉理清晰，卓具匠心。盆景从传统技法中摆脱出来，形成独特的艺术风格，表现在树桩取材古雅拙朴，老而弥健，制作技法粗扎细剪，结顶自然，作品潇洒隽秀，凝若诗画。香雪窑上村的周斌芳现为苏州盆景造型艺术“非遗”项目代表性传承人。

2010 年，光福盆景销售 7500 盆，销售额 300.1 万元。2017 年，全镇盆景销售约 1.35 万盆，销售额 850 万元。

基地　市场

基地　随着城市绿化要求的不断提高，花卉苗木需求数逐年增多，光福形成一批苗木种植基地。2017 年，境内具备一定规模的苗木基地 8 个：

坎上苗圃，种植面积 50 亩，主要种植品种为桂花、香樟、紫薇、海棠。

新梅苗圃，种植面积 90 亩，主要种植品种为樱花、香樟、广玉兰。

坎上林场，种植面积 112 亩，主要种植品种为樱花、广玉兰、香樟、紫薇。

桑园林场，种植面积 65 亩，主要种植品种为樱花、桂花、海棠。

光福花木有限公司，建于 70 年代，苗木基地种植面积 1500 亩，盆景园 58 亩，主要种植品种为桂花、海棠、樱花、紫薇、广玉兰。

南京中山植物园潭东基地，种植面积 123 亩，主要种植品种为桂花、海棠、樱花、紫薇、广玉兰。

苏州青奇花木园艺有限公司，种植面积 52 亩，主要种植品种为桂花、海棠、樱花、紫薇、广玉兰。

苏州市香雪海花卉苗木市场，种植面积 200 亩，主要种植品种为桂花、海棠、樱花、紫薇、广玉兰。

2010 年以后，光福苗木经营者到江苏北部和浙江、安徽、河南、贵州等地租赁土地种植花卉苗木。至 2017 年，光福人在外地租赁植种花卉苗木面积超 4 万亩。

市场　光福苗木经济经过 30 多年的快速发展，形成一条成熟的产、供、销、运、种、管产业链。苗木交易主要地点有市场和非市场两种。境内花木市场有苏州市香雪海花卉苗木市场，成立于 1970 年 1 月 1 日，占地面积 200 亩，各种植大户在市场设立摊位 150 个，各摊位以种植部分花木样品为主，市场主要经营为市场设施租赁和市场管理服务。销售花卉、苗木、盆景等产品。2017 年成交额 2.8 亿多元。

非市场交易主要是指众多的花木经纪人奔走在全国各地，寻找商机。一旦拿到合适的绿化工程项目，便在签订合同之后，在光福各苗木基地和种植农户中采购苗木。这种非市场交易的经营方式，占光福苗木销售额的 40% 左右。

香雪海花卉苗木市场（2017 年摄）

名人与名镇

光福天地钟灵，湖山毓秀，是吴中开发较早的地区之一。汉代起，顾氏聚居光福山里，成为江南顾氏“大本营”，顾炎武曾有“江南无二顾”之说。北宋末年，黄挺定居潭东聚坞；宋室南渡，徐氏、朱氏、许氏定居光福；稍后又有李氏、钱氏定居，他们逐渐成为当地著姓大族。光福人具有淳朴务实、聪明勤劳、心灵手巧、处世淡泊、为人低调等优秀品德与特点。

光福山清水秀，风光优美，名胜古迹，遍布全境，历代达官贤士、骚人墨客钟情于此，流连忘返，留下众多轶闻与佳话。

历史名人

顾野王（519—581），南朝梁至陈之间文学家、文字训诂学家、史学家。原名体伦，因追慕西汉冯野王而改名“野王”，取字“希冯”。光福镇人。汉朝尚书顾融十四世孙，东吴丞相顾雍十二世孙。祖顾子乔，梁东中郎武陵王府参军事。父顾烜，信威临贺王记室，兼本郡五官掾，以儒术知名，任建安知府，多善政。著有《钱谱》。

顾野王自幼好学，7岁读“五经”，略知大旨。9岁能作文，曾撰《日赋》，领军朱异见了大为惊奇。12岁随父去建安（今福建建瓯），撰《建安地记》两篇。长大后，遍观经史，精记嘿识，天文地理、蓍龟占候、虫篆奇字，无所不通。梁大同四年（538），拜为太学博士，晋为中将军、临贺王府记室参军等职。宣城王为扬州刺史，顾野王及琅邪王褒并为宾客，王甚爱其才。“侯景之乱”发生后，顾野王招募乡党数百人，随义军支援京邑。他身体平素清羸，长仅六尺，又居丧过毁，及杖戈被甲，陈君臣之义，逆顺之理，抗辞作色，见者莫不称许。京城失陷，顾野王逃往会稽（今浙江绍兴）；不久往东阳，与刘归义合军据城拒贼。“侯景之乱”平息后，太尉王僧辩特别嘉许，派使监海盐县。陈武帝时，任金威将军、安东临川王府记室参军，转迁为王府谘议参军。南朝陈天嘉元年（560），敕补为撰史学士，复加招远将军衔。光大元年（567），任镇东鄱阳谘议参军。太建二年（570），迁为国子博士，兼东宫管记。太建六年，拜太子率更令，领大著作，掌国史，为知梁史事兼东宫通事舍人。后又以才学显著，迁黄门侍郎、光禄卿。

顾野王画像

顾野王工诗文，善丹青，擅长人物，尤工草虫。临贺王于东府起斋，令顾野王画古贤，命王褒书赞，时人称为“二绝”。顾野王少时即以笃学至性知名，在物无过辞失色，观其容貌，似不能言，及其励精力行，人皆莫能及。他著作丰富，任梁太学博士时，奉命编撰字书，“总会众篇，校雠群篇”，搜罗并考证汉魏齐梁以来古今文字形体、训诂异同，于梁大同九年（543）著成《玉篇》，成为中国现存最早的楷书字典。精通史学，曾撰《通史要略》《国史纪传》等。

黄彦 （？—1114），北宋官员。字修中，潭东聚坞（今属香雪村）人。祖籍福建浦城。父黄挺，字公操，由章得象推荐到平江（今苏州）担任吴县尉。后历任秀州司理、余杭尉、筠州判，官至太子洗马，累赠金紫光禄大夫。致仕后，因爱光福山水清丽，定居聚坞（今潭东），成为光福黄氏始祖。曾与章岵等人结“十老会”，诗词互唱，往来城乡。

黄彦自幼读书勤奋，北宋熙宁九年（1076）与弟黄颉同时考中进士。黄彦以学问赢得王安石赏识，荐为越州教授。后历任瀛洲防御推官、崇德知县、长兴县丞、浦江知县，为政清廉爱民，百姓建祠画像纪念。绍圣中，任虹县知县。正值干旱，人心恐慌，谣言四起。黄彦破除谣言，亲自组织抗灾，赢得百姓爱戴，时人称“有古循吏风”。后任楚州教授、正宗寺簿，改任富阳令，获得好评。官至朝奉大夫。弟黄颉，字升中，官至朝议大夫。从此，黄氏逐渐成为吴中大族。

黄彦之子黄策，字子虚，号随缘居士。聪明早慧，9岁能作文。宋元祐六年（1091）进士，年方弱冠。以诗见苏轼，轼惊叹道：“子异时必以文显。”宋钦宗闻名，亲书“随缘堂”以赐，因此取号“随缘居士”。历任雍丘主簿、齐州教授。元符末年（1100），诏中外言事。时慈圣献皇后复位，“号典册有未尽正者”。黄策引古义上书甚切，得罪权贵蔡京。崇宁初，因“党籍羁，管登州”。遇赦还乡。靖康初，任两浙漕使。曾奉旨籍没朱勔家产。建炎时，任直秘阁，通判严州，官至工部侍郎。光福石址庵、倪家巷旧时有黄公祠。子黄缨，字端冕，宣和末，屡上书言事。李纲为行营使时，曾居幕府，遇乱还乡。绍兴初年，以文名于时，陈长方誉为“千人之英”。家有园林别业，有白鹿岩诸胜。子黄季鲁，有文才，有诗文集10卷。其后裔黄简，字元易，博学强记，善谈吐，能诗文乐府，著有《东浦集》《云墅谈隽》。

徐綦 （生卒年不详），光福徐氏始祖。原籍浙江衢州江山。子徐揆，奉父游京师，为太学生。北宋宣和年间（1119—1125），应开封乡试获举首，未及会试而遭国难。宋徽宗、钦宗蒙尘，肃王赵枢出使，诏择从官，朝臣多畏怕不敢，徐揆毅然前往。至金朝，上书金人，斥责败盟约，请还车驾。金人诘难，徐揆厉声抗论，威武不屈，被害于青城。后获赠宣教郎，谥“靖节”。宋室南渡，徐綦扶柩南下，避乱平江（今苏州），爱光福山水清嘉，于是定居光福，世称“汴河公”。墓在邓尉山下仕墟村，子徐揆附。光福南街旧有徐靖节公祠。

徐綦四世孙徐博，字志溥，自幼聪慧，性格纯厚。读书过目成诵，“涉猎经史，手自评论”。南宋末，见河山残山剩水，常悲歌击节，“以未展其志为恨”。嘉泰年间（1201—1204），年已50余岁，而铨选京师，以国学上舍，授登仕郎，为官10余年，羸疾而归，抵家而卒，终年69岁。他天性孝友，自奉俭约，宗族邻里，相睦相恤，人称“有德者”。

徐纶（生卒年不详），宋末元初官员、文人。字鸣远，号西谷，徐綦八世孙。他姿貌丰厚，气节刚方，性端重，有识虑，常愤恨奸相贾似道“但知湖山之乐，不计国事之艰”。德祐元年（1275），诏辟岩穴之士，士大夫荐举于朝，擢为吏科给事中、太学博承事郎。上任不久，即上书陈奏：“国事日非，纪纲丛脞，须先下罪己之诏，以安中外之心。”批评皇帝无能，应该勇敢承担国事不振罪名。其奏议侃侃，以诗歌表达心头忠愤。宋亡，恸哭不已，欲以身殉难。因母亲年迈无依，于是缟素避世，不入城市。平江太守伯颜知其贤，屡次征招不出。隐居光福，植梅养鹤，终日苦吟，全是《黍离》《麦秀》之句。曾言“未从陆秀夫、文天祥同殉国难，为终身遗憾！”每当讲起此语，眼泪直下。卒年68岁。墓在仕墟村祖茔侧。

顾良（生卒年不详），元末明初高士。字仲能，光福人。顾野王后裔。元至元五年（1345）贡士，官都水监，有治水功绩。曾请筑高邮、滁州（或作徐州）河堤数百里，以御水患，皇帝从之。“不期而成，久而赖之”。元朝灭亡后，与学士徐夔隐居光福潭东聚坞，慕祖德，建瑞芝堂，以德闻名朝野。明初，太祖“三征不赴，皇帝嘉之”。明洪武八年（1375），顾良与知府王兴宗奏立金阊义学于南濠街，奉祀始祖顾野王，教育家族贫民子弟，奉敕赐地3亩余。卒年74岁，入祀名贤祠。

徐达左（1333—1395），明初学者、藏书家。又作达佐，字良夫，一作良甫、良辅，号耕渔子、松云道人等。光福人。徐揆八世孙，徐雷龙之孙，徐天凤之子。徐达左6岁丧母，10岁丧父。励志勤奋，迎寒敌暑，诵写不辍。每当读书遇到疑难，“辄担簦负笈，涉险远，就老师宿儒求发明，蕴奥洞澈而后返”（沙大用语）。16岁，始习科举业。

从鄱阳邵光祖学《易经》，从天台董远学《书》，“皆得其指归”。精于义理，不喜以文辞为务。元末时艰，隐居山中，清俭自持。在家开设私塾，延师教习族中、乡里子弟。当时“吴之四境皆鞠为荆棘豺狼之聚，而光福里隐然有邹鲁焉”（徐有贞语）。

张士诚据吴，吴中士大夫多为其所用，徐达左则影迹不出山，“不求知于人，不谋庸于世”。明初，士大夫奋争功名，徐达左则买舟游于浙之东西、江之南北，屡荐不起。洪武二十二年（1389），乡人施仁任福建建宁太守，延请他出任学训导，并派众诸生到山里恳请。徐达左以建宁为朱熹阙里所在，同意前往。他以自己的学识教育诸生，如同教育其族人。后省墓回吴。建宁人再次敦请，于是再次前往。洪武二十八年（1395）四月二日，因病卒于学舍。孙徐鉴“哭泣匍匐水陆三千八里往，奉其柩归”。归葬于仕墟祖茔旁，俞贞木撰《故建宁府儒学训导徐良夫墓志铭》。

徐达左气质尔雅，俨其服，貌加恭，言加温，喜宾客，好山水。其贯通群籍，学问优长，“裒然为吴中儒流称首”（徐有贞语）。常与徐大章、杨廉夫、倪元镇、高士敏、仇机诸人相唱和。他“家故温，值时多故，四方名士多归之”（钱谦益《列朝诗集小传》）。精研春秋诸子百家，曾因颜子、曾子、思子、孟子遗书真伪不齐，而辑其言行散见群书者，每子皆分内外篇，辑成《传道四子书》8卷。所交有高启、杨基、卢熊、陈道复等名士，题咏甚多，辑成《金兰集》。后人称“（杨）铁崖诸人立言，（姚）广孝之立功，不如（徐）良夫之立德”（董文骥《金兰集序》）。曾在西崦湖旁筑“耕渔轩”，一时名贤相聚于此。爱好收藏，曾藏有苏东坡《遗张平阳诗》真迹、《司马公文集》、朱德润《秀野轩图》等。

徐济（生卒年不详），明初文人、官员。字彦威，号乐馀，晚号樵苏子。光福人。徐达左兄子。徐济生而聪明，姿貌丰厚，身材魁梧，类似中原人。继承家传，善读书，工文章，且有识虑。元末，感叹“当今世道，上无尧舜，下无稷契”，放弃功名，隐居家里，在虎山旁构筑“浒溪草堂”，姚广孝有《赠徐邵武浒溪草堂》诗纪事。明洪武二十三年（1390），朝廷“诏辟岩穴”，徐济被举荐任福建邵武知府，姚广孝以诗贺送。到任后，徐济为政尚仁厚公平，深入农村，劝说农民种地植树，呈现“荔子连崖密，榕阴到处成”景象，百姓得以富裕。有人绘《徐邵武省耕图》，称赞其政绩，韩奕题诗：“郡守多兼职，郊行重劝农。养民须食足，供国要储充……贤闻归冀缺，俗喜化文翁。地僻家饶利，人和岁屡丰。讴歌不能尽，写入画图中。”百姓口碑传颂，以致朝里尽知其名。后因母亲去世，回家守孝。除服，改任兴化知府，亦以善政闻名。后因涉事触犯，被降为开封府同知。洪武三十一年（1398），以疾辞职回乡，姚广孝以《寄徐彦威太守》诗慰问。徐济僻处山谷，日游以乐，手不释卷，常以赋诗与友朋互相唱酬。他独不喜饮酒，而每当有客人来，必流连尽欢。爱好清洁，所居极雅洁；喜欢苗木花草，杂植异卉，四季芳香，其中有红白牡丹二种，香色异常。饲养老鹤2只，梅花鹿1头。每当宴席间，“则鹤舞其前，绶带徐步，则鹿从之，行人谓其若有仙分”。永乐元年（1403），朱棣为笼络人心，追念先朝遗老，徐济被召到金陵（今南京），赐宴于春官，并得赏赉。皇帝见其年纪不轻，命致仕还乡。

徐济得诗礼传家，早年随从叔父，相识邵光祖、董远等元末名儒大师。工文能诗，与沙大用、刘玘、李敬、徐允升、韩奕、姚广孝等交往。王廷圭称其“两为郡守追黄鲁，一代文名继马班”。工楷书，能绘画，尤长画墨兰。卒年88岁，墓在仕墟祖茔旁。

智璇 （1363—1440），明朝圣恩寺高僧。号虚碧，俗姓顾。光福人。六七岁能识字，11岁拜师学业，穷究儒书。后慕修梵行，礼圣恩寺万峰禅师，受度剃发，苦心修行，求真妙诀，终有大彻悟。曾至常州锡峰圆通寺说法，“多人感化，速证身位”。万峰和尚圆寂后，于明永乐七年（1409）被请回圣恩寺担任方丈，住持30余年，孜孜述作，阐扬万峰直指之道，弘倡梵刹，开拓境界，规范整治，重修大雄宝殿，新建藏经阁、天王殿、方丈、三门、寮库等，使“佛有殿、僧有堂、行有寮、客有舍、爨有厨、粟有仓、特积库，事事从心，经行坐卧，各得其所”（《邓尉圣恩寺志》）。四方禅流，闻风云集；远近士庶慕其德皈依者甚多。法筵之盛，卓冠姑苏。明正统五年（1440）八月九日圆寂，世寿78岁。

徐伦 （1413—1489），明代诗人。字宗彝，一作宗夕，号苇轩，人称苇轩先生。光福人。徐撲裔孙。生而颖悟，为人宽厚庄重，“卓然有先代风，而文采过之”。24岁始习科举，屡应不售，于是绝意进取，筑室东崦之滨，取名“苇轩”，有水竹花石之胜。藏有古鼎图籍，优游其中，以图书自怡，翛然世外。终日著书吟咏，至老不倦。他的文章风格高简峻拔，诗歌风格则冲淡，著有《苇轩集》。他热心公益，周穷赈乏，竭力为之。正统年间（1436—1449），吴地饥荒，他输谷以助官赈。人称“苇轩行义文雅，足以高视一乡；言论丰采，足以振耸群辈。抱才而不售，秉志而不回，洵称为古之隐君子也”（清乾隆《吴县志》）。父存善，患病常年卧床，徐伦吁天祈父延年，愿以身替代，侍奉汤药三载，从无间断。明弘治二年（1489）病逝，终年77岁。墓在邓尉山妙高峰下，大学士王鏊撰墓表。生有礼、义、廉、绩四子。

许察（1541—1634），明代文人。字子明，号鉴湖。光福人。先世郑州新郑人。祖先许翀，字子飞，以才领荐，北宋靖康元年（1126）官承直郎，随宋室南渡，卒于途中，赠某官。子许舜从，始居光福铜坑，逐渐成为当地大族。八世孙许廷黻，明太祖召为博士，常参平章胡大海军事。

许察少通经史，倜傥有异志，才干敏练。交游都城贤豪长者，与大司马申用懋、佥事王问、副使朱邦桢尤为莫逆。知县宋仪望创办义田，以苏县中徭役之困，其经划尽出于许察之手，人们都感恩他。天启年间（1621—1627），奉命参与海州县修城壕之役，经年不懈，深得巡抚周起元的赞许。又削荐牍，举方正。不久因时事不可为，韬晦归隐光福，不问世事，潜心修养。明崇祯七年（1634）病卒于家中，终年95岁。

许察曾孙许徐翀，字圣皆，清朝康乾年间诗人。诸生。志称"察与徐翀，俱以才显子序"。徐翀少孤力学，两应秋试不中，即弃举子业。肆力为诗，深得惠士奇、惠栋父子称许。许徐翀清癯鹤立，寡言笑，陇头课讲，常执卷吟讽，训练后进严而有法。曾说："四民宜专其业，毋仅鲜衣美食，游惰盛世。"深得乡里人尊敬，奉为祭酒。其诗古律兼善，出入唐宋诸家，不拘一格。卒年83岁。

刘羽仪（生卒年不详），明末诗人。字渐于，光福人。工诗文，性孝友，与人交往重友谊义气，少与周顺昌友善。明天启六年（1626），锦衣卫缇骑到苏州逮捕周顺昌，刘羽仪与文震亨、王贞明、杨廷枢等10余人到巡抚府谒见毛一鹭，请以民情上闻，要求昭雪吏部冤案，当面斥责其党罪状。因此遭禁锢，差点丧命。后赖知府寇慎周旋说情，除名禁锢。天启末年，刘羽仪开复。崇祯元年（1628），开辟举，当道者纷纷推荐，赴京应部试，因文章不合被摈除，于是拂袖而去，归隐邓尉山麓，讲经授徒。入清后，一身僧服，直至病终，门人私谥"孝惠先生"。卒后附祀周顺昌祠。墓在支硎山中峰西，徐枋撰墓志。

李佳（生卒年不详），明末隐士。字半溪，迂里村人。李氏为唐宗室后裔，原籍浙江吴兴。始祖李鼻，字元之，官至朝散郎。南宋宝庆年间（1226—1227），以巡尉镇守光福铜坑汛，于是安家于此。李鼻及妻周夫人墓葬在安山湖湾，郑清之作墓志。其玄孙李庆移居迂里，聚族甚繁，成为光福大族。

李佳为王敬臣弟子，太学生。服劳色养，乡里推重。笃孝敦伦，迎嬬妹，抚孤甥，设义塾，助役田，建祖祠，善施济。他家庭富裕，喜欢交方外为友，力行慈善。明万历十二年（1584），李佳出资修筑东崦菱塘岸、迂溪塘大石路，行人从此行旅方便。次年，又出资重修迂里村全真道院、西崦湖三官堂等。卒后，配享仁孝祠。墓在玄墓奉慈村。

曾孙李宗沆，字星海，太学生。为人慷慨，喜交方外朋友；热心公益，力行慈善，若出天性。清道光四年（1824），参与迂溪、菱塘两条石堤重修，有利农田，乡里传颂。道光十三年，林则徐重修铜观音寺，李宗沆为寺院捐田。道光十八年，出资重修西崦湖石渚墩三官堂。道光二十九年，光福大水，倡议以工代赈，开浚溪港；水退，又粜平价米，帮助百姓度过困难，乡里百姓称颂不已。晚年学佛，为玄墓山圣恩寺捐田。

黄中坚（1649—1719），清初古文家。字震生（或作震孙）、授孙，号蓄斋。光福人。世居潭东聚坞。父修，字人阚，号纯庵、孔昭。弱冠补诸生，好读书，书簏常置“四书”“毛诗”。作诗擅长纪事，读书有心得即笔记，著成《碎锦编》。为人豪爽，乡里有疑难及大徭役，都出面咨询度划。族戚故旧有贫困，则慷慨资助。清康熙十年（1671）出资千金，重建虎山东岳行宫。

黄中坚诸生时，即有诗名，有父遗风。康熙三十七年（1698），岁贡生。后应举屡不售，弃举子业，在光福凤鸣冈下筑“蓄斋”，归隐其中，肆力古文。因与昆山徐乾学结怨而破家，幸得汤斌、于成龙等解救，流落他乡。工古文，与魏禧游，沈德潜称他“以古文鸣，诗其余事，且有经世之略”。虽家道中落，而照顾资助亲朋故旧不减。与同里陈炳（字虎文）善，曾折节于陈炳。其子筑别业于阳山岳园西，奉父居其间，寿终于此。有《蓄斋集》传世。

李针（生卒年不详），清初进士、诗人。字含奇，改名咸。迂里村人，李佳裔孙。少孤而好学，曾拜师何焯，相随至京。清康熙六十年（1721）考中进士，改庶吉士，入翰林院，官至太史。性孝顺，事叔父甚谨；笃友谊，同乡吴苑客死都门，李针虽酷贫，而勉力殡葬，并借贷支付其医药费，留银 10 两为扶棺费。庶吉士散馆，赴湖南为官，卒于任上，年仅 35 岁。

李针能文善诗，为文风格峻洁，诗歌有韦应物、柳宗元之风。著有《邓尉山房稿》，收录诗歌近 400 首。黄中坚评论称：“其诗气体高淡，词旨静穆。思幽而致，冷顾不类（李）长吉之僻诡奇险，以逞其才。”在光福镇南街筑邓尉山房。墓在香雪海旁官山坞，黄之隽撰墓志。

徐坚（1712—1798），清代著名金石家、书画家。字孝先，号友竹、岘园、邓尉老樵等。光福人。徐綦后裔。自幼机警颖异，8 岁能应声属对，深得翰林编修徐葆光器重。贡生。好古学，立志穷经，钻研学术，不屑为帜括之学。少时即有诗名，诗宗盛唐，规模宏大，无纤巧卑弱之句。他襟情高旷，爱好游览，游历齐鲁燕赵闽赵秦楚，北出关，南逾岭，所到之处“贤豪长者乐与流连酬唱”，名流乐与订交。毕沅任陕西巡抚，招留铃阁，讨论书画金石为乐，颇相推重。后又至湖南，客依巡抚陆燿。陆氏善书画，两人意气相投，亲如手足。陆燿贫病，徐坚盘桓不忍离去。陆氏卒后，护丧而归。

徐坚工书画，“尤长山水，几入麓台之室”，宗黄公望、王原祁，笔墨苍厚；临董北苑《夏山涸霭》、江贯道《秋山雨霁》诸卷，几可乱真。海内名公巨卿作诗文题赠赞赏。善书法，尤精篆、隶书。日本学者北川博邦编辑出版《清代书家篆隶字集》，录其篆、隶书作。

徐坚为乾隆年间著名金石家。早年从舅父黄孝锡学篆刻，曾客淮安豪绅程从龙“师意斋”，窥所藏法书名画及古铜印章，肆力临摹秦汉官私之印数千纽，力追秦汉，艺乃大进。其刻印执刀姿势，如写篆书，中锋悬腕，腕不着桌，且将刻刀上下提顿、将刀锋转动。主张自然，讲究神韵，认为“刻印必须形神兼得，得神处须妙在自然。形可从章法中求得，神须以刀法上来达到”。重视执刀和运刀，云：“作印之秘，先章法，次刀法，刀法所以传章法也，而刀法更难于章法。章法形也，刀法神也。形可摹，神不可摹……若专求工致，或以剥落为老，断续为古，过肥过瘦为朴，颠倒欹仄为奇，非不可观，识

徐坚篆刻

徐坚山水册

者终恶其凿。”又云：“无论古朴、秀媚，一以神韵取胜，若徒拘于点划之桷细，即学得毫厘无差，终成笨笔……刻印要有‘静穆之气’，不可有一点‘火气’和‘俗气’。”他治印苍古浑厚，瘦劲峻削，兼而有之，且能自立面目，卓然成家。其篆刻风格，人称“觋园派”，影响印坛。曾挟艺游公卿之间，无不倒屣相迎。外甥状元张书勋迎至京城，求书画铁笔者，户限几断。有人荐入《四库全书》馆，任篆隶及绘图部分校对，称病推辞，飘然出都而去。与毕沅、翁方纲、袁枚、张宗苍等友善。家有怀新馆、噉饭斋、画山楼，收藏颇富。乾隆年间（1736—1795），与李肇修、徐洪山、汪芳贻、徐敏中等捐募建虎山桥。孙徐保（字小城）传其艺，有《西京名臣私印录》，有印数百方。

许兆熊（？—1833），清代金石篆刻家。字黼周，号凫舟、凫翁、凫道人、池上草堂主人等。光福人。许察七世孙。祖许宗源，字令宜，号林怡，幼而岐嶷，秉矩含章，恺悌好施，精白若厉，曾两次以文艺武科试有司，均报罢而归，于是隐于市。读书之余，偶作诗词，旨于厉风俗，正蒙养疾，训子弟尤严。以学问自辅，处事无悔，不徒取悦于庸琐。卒年58岁，葬于西渚村珠字圩。

许兆熊自幼好学，博学多识，有“通雅士”之称，淡泊名利，与倪昇同学读书于湖上耕渔轩，隐居不试。师事同里徐坚学艺，金石篆刻造诣颇高，有《东京名贤印录》传世。清嘉庆十八年（1813），与周孝埙、徐份、徐保等合刻印谱《池上草堂金石契集》。工诗文，好收藏金石，辟“六君子斋”，一意著述。与木渎沈钦韩等人友善。又精通医术，虽不以悬壶为业，治病救人则不少却。曾在西崦湖北岸池上村筑池沿上草堂，养鱼艺菊，时与诸名流觞咏其中，不知有尘俗事。著有《两京名贤印录》《凫舟诗稿》等。嘉庆年间（1796—1820），曾辑七世祖许察《南峰杂咏》及四世祖许徐翀所著《耕闲偶吟》，合为《许氏巾箱集》，沈钦韩序。

许鹤巢（1826—1893），清末文人。原名赓飏，改名玉瑑，字起上，号鹤巢，以号行。光福人，许兆熊之子。聪慧颖异，少饫庭训，后为冯桂芬入室子弟，与汪芑、缪希贤为诗友，诸生时就很有声誉。清同治三年（1864），十一月参加省试，考中举人。此后，累应会试不第。寄寓京城，入赀为内阁中书舍人，历任玉牒、实录、会典馆诸差。他志在得进士，凡届会试，人们都啧啧以大魁相推许，自己亦窃自负，而终不能尝愿。后改任郎中，签分刑部候补。他学问优长，京城贵绅子弟或旅京者无不执贽请业，且“多掇巍科以去”，由是名声益噪。与翁同龢、潘祖荫、洪钧等同乡名宦相交契厚。翁同龢、潘祖荫多次任会试总裁，先后欲如欧阳修之得苏轼，而卒如王士禛之失梅庚。去世前还要应甲午之试，为门人汪凤池辈劝阻，于是郁郁不自乐，未几捐馆舍，终年68岁。

许鹤巢好读《史记》《汉书》《文选》，工诗、古文词，为清末“吴中词派”后期重要词家。晚年，校录王念孙杂志。书法宗颜真卿、苏东坡，求书者踵相接，挥毫腕几脱，绝不见难色。他办事勤恳谨慎，性格和易，不妄投一刺。晚年与端木埰、王鹏运、况周颐常有文酒之会，相互酬唱。中年丧妻，不再续娶，亦不纳媵。笔耕所入，时时寄其弟。光绪三年（1877），与弟许公授在光福镇南街创办接婴局，接收弃婴。收藏甚富，著述丰富。

吴茝（1837—1874），清末女诗人。字佩缫，又字纫之，室名佩秋阁。光福人，家住邓尉山南。吴尧封之女。生而颖慧，早年失怙，终鲜兄弟，母亲陈氏珍若掌珠，特延同里许鹤巢至家课读，得其学业尤深。20岁，嫁给长洲汪桐于（字凤九），服侍舅姑如父母。婚后七月而夫逝，时已怀遗腹三月，百计求死，在家人劝慰下忍死以延夫嗣。清咸丰十年（1860）四月太平天国军攻占苏州，举家出城，侍奉全家逃回光福。寇窜四乡，朝夕告警，子方2岁，因迁徙无常，迭受惊恐，得疾而殇，饮泣含悲，形如槁木死灰。后又携家迁徙流离常熟虞山、梅里、海门、沪上等地。同治十二年（1873）三月公公去世，她哀毁成疾，至次年八月卒，年仅37岁。

吴茝至性过人，耽文史，嗜吟咏，习绘画，平日处闺中，手一持编，寒暑不辍。工诗词、古文，其诗“振藻于今，植干于古。词清琢玉，句响铿金……洗绮罗之习，得山水之音。即其所造，足登萧统之楼；由其克专，已入青丘（高启）之室”。其文笔生动有致，黛笔点来，春山欲活；文几描就，流水有声。其《佩秋阁诗稿》、词稿、骈体文，由夫弟汪鹤衢于光绪元年（1875）刊刻，继子钟霖光绪十四年补刻而传世。

朱贯一（1897—1963），近代著名乡绅。字成器，迂里村人。祖上中过秀才，为乡里书香门第。朱贯一早年读书未读，因父患精神病，无人照料，肄业归家。在家创办迂溪小学，首开光福乡村小学教育之先河。聘请陈竹平、陈颂文等任教。他常深入教室，听教师上课，与老师切磋教学方法，提高教学质量。学生逐年增多，由单班初小发展为复式多班完全小学。后参加国民党，任职吴县县党部，参与当时改革社会的政治活动。曾以笔名“迂公”，在《礼拜六》《新月》等杂志发表讽刺朝政、鼓吹革命的文章。与邹韬奋、沈钧儒、李公朴等进步人士有文字交往。

1937年苏州沦陷前夕，朱贯一带领一批学生赴四川避难。路过武汉时，部分学生要去延安，当即设法跟邹韬奋取得联系，秘密送往，为抗日救国输送人才。在重庆任川北蚕桑巡视员，结识前清海军大臣萨镇冰等人，筹建抗日组织（未成）。后在渝开办“苏州观振兴”饭店。1940年冬，借口母病妻殁，辗转绕道抵上海返回苏州。其时，昔日政坛故友大多在汪伪政府任职，劝他出山，严词拒绝，决不与汪伪汉奸同流合污，蛰居迁里。后与新四军有联系，率先响应共产党号召，实行减租减息。抗日战争胜利后，仍从事教育工作，兼任吴县救济院副院长，当选吴县参议员。因对国民党政治前途颇多愤慨，不久辞职回乡。暗中与镇上共产党地下工作者范济春、王哲纯等交往甚密。1945年10月，范济春等人遭被捕，其利用自己与国民党上层关系保释。后又多次掩护和营救过进步人士、共产党人脱险。苏州解放后，朱贯一以开明士绅应邀出席苏南人民代表会议，当选县人民代表，任吴县第一、第二届政协常委，第二届副秘书长。1963年9月16日病逝于苏州，终年66岁。

徐碧波（1898—1992），现代著名作家。原名广昭，字芝房，笔名碧波、红雨、归燕等。光福上街人。9岁进私塾启蒙，次年考进光福西崦小学，成绩优异，每试辄夺冠。13岁时以总分第一名毕业，获得最优等文凭。因无力升学，由叔父送至崇明商店当学徒。业余参加文艺导游社和中华编译社函授补习学校进修，自修诗文、小说诸科。18岁时，在《申报》《新闻报》副刊发表文章，20岁时回到光福。不久迁居苏州，加入文学社团“星社”，自编《波光》旬刊。1922年，徙居上海安远路金城里。1925年春，加入上海友联影业公司，撰写字幕和编辑宣传特刊。“五卅惨案”发生后，编辑《五卅沪潮》，记录帝国主义暴行。1927年，与程小青、叶天魂等在苏州五卅路大公园开办公园电影院。是年，加入上海六合影业公司，为《电影月报》理事编辑。后担任上海艺华影业公司营业部部长，为上海国华影业公司、国泰话剧团编剧。

徐碧波像

1941年上海沦为“孤岛”，徐碧波退出电影界，加入教育界，历任模范中学、东吴附中、民立中学、越东中学、锡珍女中、师大附中等文、史、地教师，以及三吴大学小说系讲师。曾与程小青合编《橄榄杂志》。1946年后，潜心文学创作，发表小说《青春之火》、话剧《心狱》、电影剧本《血泪鸳鸯》等多部。“其所为笔记小说，每多哀感顽艳，悱恻缠绵，读之辄不禁心弦为之颤动，而往复低徊不能自已”（程小青语）。1949年，曾与郑逸梅合著《简易学诗法》。1950年起从事教育工作，直至1962年秋，于上海陕北中学（今晋元中学）退休。退休后，笔耕不辍。1986 年 1 月，被聘为上海市文史馆馆员。

徐碧波勤奋好学，刻苦砥砺，博学多识，其“工于为文，其为小说余事而已”（沈禹钟语）；“工书法，类香光；画山水廉州、蓬心之间，而尤精庐匾术”（黄太玄语）；“其为文也，空灵清秀，词简而意长”（顾醉萸语）。为人温文尔雅，和蔼可亲。工书，能文章。所为小说家言，含英咀华，清丽绝俗。文采洒脱如其人。

1992 年 1 月 7 日病逝于上海，享年 93 岁。生前曾嘱家人将骨灰撒于光福菱塘桥畔碧波清流中，未果。

府廷镇（1912—2008），抗大教师、马列主义理论工作者。原名仁根，府巷村人。1912 年 8 月生于农民家庭。1933 年考入吴县黄埭师范学校，1936 年毕业。在校阅读进步刊物和共产党书籍，参加各种救亡活动。苏州沦陷后，与同学陈士发在太湖地区组织抗日游击队。不久经沈钧儒介绍，与陈士发辗转到武汉八路军汉口办事处、西安办事处。1938 年 2 月到达延安，进入陕北公学学习。同年 5 月，转入抗日军政大学第四期三大队二队学习。8 月加入中国共产党。抗大毕业后，分配至晋东南太行山一二九师随营学校（后为抗大六分校），任政治教员。1940 年 5 月，调到一二九师轮训队任政治教员。1942 年，轮训队并入抗日军政大学总校，任第三大队政治、历史、国文教员和第四队政治指导员。次年，调任陇东抗大分校三大队四队任政治指导员、国文教员。1946 年 1 月，受党组织委派到民主建国军，历任军教育科长、军官训练团政治总教官、民主建国学院上校教导主任。次年，调任邯郸冀南台臣中学（现大名一中）校长，并创办冀南隆光中学，兼任校长。1949 年 5 月随解放军南下，任湖南常德专署教育科长、常德专署政治学校校长。1950 年 5 月，调任湖南湘西行署教育处副处长兼省立沅陵中学校长。1952 年，任湖南省人民政府文教委员会干部教育处处长兼办公室主任。次年，调任中南矿冶学院（现中南大学），历任党组成员、党委委员、马列教研室主任、工会主席、党委统战部部长等职。1982 年离休。曾荣获随军渡江奖章和抗日战争胜利 60 周年纪念奖章。事迹收录于《开国将士风云录》。

府廷镇《什么是马克思列宁主义》

府廷镇长期从事马列主义研究和教学工作，曾任中南矿冶学院马列主义教研室主任，湖南省哲学学会秘书长、副理事长、顾问等职。理论功底深厚，知识广博，著有《什么是马克思列宁主义》以及《现代修正主义诡辩论若干问题》等手稿与大量学术论文。2008 年病逝于长沙，享年 97 岁。

名人与光福

顾鼎臣与光福第二故乡 顾鼎臣是明朝状元大学士。初名仝，字九和，号未斋，昆山人。明弘治十八年（1505）状元及第，官至礼部尚书兼文渊阁大学士。卒后追赠少保、太子太傅，谥号“文康”。

顾鼎臣由婢女所生，出生后遭遗弃，幸被人发现收养，养父把他带到光福。养父家隔壁有位才学渊博、通晓古今的老先生，见他长得聪慧不羁收为徒。顾鼎臣聪明颖异，读书过目不忘，老先生资助其入学，直至考上秀才。因此，他把光福称作“第二故乡”。考取状元后，顾鼎臣特地回光福谢师报恩，出资在先生住宅旧基建造宅第（20 世纪 60 年代拆除），并为正厅题写“绩断厅”额。他还在光福下崦滩石渚墩建造“燃松园”。明正德八年（1513），与方鹏等人游邓尉山，夜宿玄墓山圣恩寺，作诗赠方丈味闲禅师。

江南顾氏世居潭东聚坞，顾鼎臣称聚坞为自家之山，有《怀家山梅》诗写道：“聚坞梅花甲天下，忆曾游赏费赓酬。何时去作湖山主，廿里瑶光豁壮眸。”在潭山顶上建造“七十二峰阁”，楼阁耸峙，太湖七十二峰罗列眼前，成为邓尉探梅、眺望太湖风光的好去处。生前选择潭山作为百年归宿地，死后赐葬于此。墓占地百余亩，有墓标、翁仲、石兽、“诰敕”碑四块，以及皇帝御赐祭文碑、严嵩等名人撰书的神道碑。墓坐落梅花丛中，幽静森然。旁有祠堂。其后裔正式定居光福潭东。

沈周恨不携书居光福 沈周是明朝著名画家、诗人。字启南，号石田等，长洲相城（今相城区阳澄湖镇）人。绘画师法“元四家”，博采众长，融会贯通，自成一家，成为“吴派画派”领袖，与唐寅、文徵明、仇英合称“明四家”。

〔清〕周笠《临沈周光福图》

沈周非常喜欢光福，多次寻幽览胜，每次都有画作。明正统某年五月初，沈周偕同翰林院修撰张洪（字宗海，常熟人）到光福游览，游玩乡绅徐衢（字用庄）杨树头衔“耕学斋”。徐衢以新茗鲜果，园内竹笋蔬菜，自家酿造的米酒，以及东崦湖里的鱼虾热情款待；当天沈周、张洪住在耕学斋。张洪称“吴之胜地不一，予所钟爱者独兹为胜境”，不可无画，沈周于是欣然绘画《耕学斋图》，张洪“记其事”作《耕学斋图记》，“冀耕学后人与此图，永垂不朽焉”。

明成化十三年（1477），沈周到光福游览，特地拜访徐衢，并写有《寄光福徐山人》，诗云：“复岭重湖皆罨画，虎山桥畔记曾来。兰苕翡翠家家有，卢橘杨梅得复栽。迂径入林藤轿稳，洑流沿涧羽觞回。白头徐稚高情在，深竹衡门候客开。”次年五月二十二日至二十四日，苏州状元、翰林院修撰吴宽应徐衢的邀请，携好友亲家史鉴（字明古，吴江人）到光福游览，前后 4 天，舟行水路 60 里，舆行陆路 40 里，游遍虎山桥、东崦湖、西崦湖、玉遮山、铜坑山、七宝泉、玄墓山、凤鸣冈、西碛山等山水胜迹，写下诗歌 30 首。六月辛卯朔，吴宽补写《游西山记》。沈周因事没有相随，读了吴宽的《游西山记》，根据自己此前的游览经历，绘成长卷《游西山图》，款识有“特为补图卷首，意仿（黄）子久笔法为之。此亦著家景物，不在工拙论矣”之语。长卷设色纸本，纵 32.5 厘米，横 520.5 厘米。

明弘治十四年（1501）夏六月，沈周绘画《光福图》卷。图以古镇为中心，群山蜿蜒，峰峦连绵，居民屋舍，鳞次栉比，虎山桥畔，晚市繁忙，橘柚万苞，杨梅千树。题诗云：“群山西奔驻湖尾，通川夹山三十里。川穷水泺开镜光，居民次水屋比比。屋上有山屋下水，开门波光眼如洗。虎山桥畔晚市忙，打鼓渔郎卖鲜鳇。霜前橘柚万苞黄，雨后杨梅千树紫。山围水抱开农桑，乐土风光真画里。三年潢潦我无家，恨不携书亦居此。”赞美光福是“乐土风光真画里”，家居阳澄湖边的画家长期受水淹之患，因此恨不得携书移居光福。此画为沈周得意之作，传世名作，曾被光福徐家收藏，清代画家、金石家徐坚更是钟爱有加，随身携带。苏州画家周笠曾在徐坚身边见到此画，仔细鉴赏，并于清乾隆十年（1745）精心临摹此画，题识云：“石田翁《光福图卷》，向藏光福徐氏，为世名物，余从缌园行箧中得睹之，因摹一过，时同客淮阴程氏师意斋。乾隆乙丑春日也。周笠识。”图卷纵29.5厘米，横340厘米，设色纸本，现藏于故宫博物院。

此外，故宫博物院收藏的沈周《吴中山居图》《吴山胜概》《姑苏十景册》都画到光福的山水。清梁章钜见过沈周《姑苏十景册》，其中光福有2幅，第五幅《盘螭山》和第八幅《光福》。日本昆仑堂藏有沈周《观物之生蔬果册》，其中一幅为《光福杨梅》图。

唐伯虎丹青写光福 唐伯虎是明朝著名画家、书法家。名寅，字伯虎，后改字子畏，号六如居士等，吴县（今苏州市区）人。工诗善文，与祝允明、文徵明、徐祯卿并称“吴门四才子”。绘画名气尤著，擅山水、人物、花鸟，为“明四家”之一。

唐伯虎曾游遍光福山山水水，写有“高低如画好溪山，十年游赏经行遍”诗句。在他眼中光福与虎丘、灵岩都是江南最美好的地方：“江南人住神仙地，雪月风花分四季……吴山穿绕横塘过，虎丘灵岩复玄墓。”（《江南四季歌》）春天，邓尉梅花傲霜斗雪，氤氲芬芳，香气扑鼻，他来此赏梅，画《梅花图》，题诗云：“雪里梅开梅胜雪，千古谁能赏丰韵”“一年若得长寒冷，四季便并长不醒，买田筑室老西湖，定种梅花八千顷。”恨不得在此买地筑室，家前屋后遍载梅树，终老于此。

唐寅《黄茅渚熨斗柄》图

邓尉山麓的东、西崦湖是光福古镇最富有特色，也是古镇最妩媚的地方。东、西崦湖种植的成片荷花与菱角，但又各有侧重，东崦以菱塘为主，西崦以种荷花为主，尤以白荷花闻名，夏天盛开时节，一片白玉般的荷花，在青山、蓝天、碧水、绿叶的映衬下，显现出别样的一番胜景，令人叫绝。唐伯虎来此观赏胜景，作画赋诗，题诗云："东崦荷花西崦菱，大船渔网小船罾。我侬住处真堪画，借问旁人到未曾？"诗中流露出画家对生活在图画里人的无限羡慕之情。清光福画家徐坚对此画十分欣赏，曾作诗云："南京解元唐伯虎，诗画能兼王右丞。兴来写得风光好，西崦荷花东崦菱。"称赞他能诗善画，就像唐著名诗人兼画家、官至尚书右丞的王维。

而最让唐伯虎神往心仪的是太湖边的西碛山黄茅渚熨斗柄。据清乾隆《吴县志》记载，西碛山北麓有石埂斗入太湖百余丈，形如旧式熨斗柄，因此得名。据说，唐伯虎曾筑庐于此，绘有《黄茅小景》(又名《黄茅渚熨斗柄图》)。据近人崔护《唐伯虎年谱》考订，此画作于明弘治十五年（1502），当年唐伯虎33岁，正是他人生低谷时，此前因受考场舞弊案牵连被斥为民。画卷上黄茅渚头熨斗柄，突兀而出，石壁屹然耸立，枯木纵横，藤萝纠结。湾中细草茸茸，帆影翩翩，水鸟掠飞，渔矶旁泊小舟，矶头有高士临湖趺坐。山石皴法以焦墨作铁丝皴或乱柴皴，再以淡墨渲染，皴法稠密，石质坚凝。唐伯虎《黄茅小景，为邱舜咨题》诗云："震泽东南称巨浸，吴郡繁华天下胜。衣食玉帛百万户，樵山汲水投其剩。我生何幸厕其间，短笠扁舟水共山。黄茅石壁一百丈，熨斗湖渚三十湾。北风烈烈身欲堕，十里梅花雪如磨。地炉通红瓶酒热，日日蒲团对僧坐。四月清和雨乍晴，杨梅满树火珠明。岸巾高屐携小伎，低唱并州第四声。人生谁得长如此？此味唯君曾染指。若远说与未游人，双盲却把东西指。"此画是唐伯虎的山水代表作，张灵、文徵明、祝枝山、陆南、钱贵、蒋塘等好友纷纷题诗赞许。此画长22.1厘米，宽66.8厘米。署款"吴趋唐寅作"。现藏于上海博物馆。黄石牌石壁现有一处无题款"黄茅石壁"石刻，相传为唐寅所题。

董份买下西崦湖　董份是明朝官员、文人。字用均，号浔阳山人，又号泌园，浙江乌程（今湖州）南浔人，历任吏部左侍郎、工部尚书、礼部尚书，兼翰林学士。嘉靖时宫廷斋醮仪上"天神"表文多出其手。

董份早年曾游光福，作有《玄墓道中作》等诗。他喜欢光福山水，将父母葬在青芝山。为方便每年上坟祭祀，在司徒庙边河亭桥修筑码头——董家船舫。还特地买下西崦湖，"大堰皆属之，广袤数十里"(《丹午笔记》)，修成环湖大堤，在湖中筑浮庙墩。

时值吴中大饥，百姓无所得粟，董份以工代征，每“载土一舟者，得米数斗”（袁宏道《光福》，下同），百姓争先恐后，“旬日之内，土至如山”，大堤不久即筑成，蜿蜒数里，“费不下百万钱”。堤岸遍栽桃树杨柳，每年三月，“红绿灿烂，如万丈锦，落花染成湖水，作胭脂浪；画船箫鼓，往来湖上；堤中妖童丽人，歌板相属，不减虎林西湖”。为了让周边环境更加协调美丽，明万历初，董份出资修葺铜观音寺；万历二十年（1592），又出资重修光福塔。

董份去世后，葬在父母墓旁，墓前有照池、石桥、石兽、翁仲等，制作宏伟。其子董道醇（字子儒），先卒，即葬在此。女婿申用嘉及女儿墓，也葬在青芝山。董份孙子董嗣成（字伯念），万历八年庚辰科二甲一名进士（传胪），官礼部员外郎，取号“青芝”，有《青芝诗集》。董氏墓旁有“青芝山房”，栋宇轩敞；墓西建有董氏祠堂，重阁高崇，祠门题“梅林世美”额，中庭悬“白云堂”额。董份墓保存尚完好，现为市级文物保护单位。

申时行家族与光福 申时行是明朝状元大学士。字汝默，号瑶泉，晚号休休居士。吴县（今苏州市区）人。嘉靖四十一年（1562）状元及第，历任翰林院修撰、礼部右侍郎、吏部右侍郎兼东阁大学士、中极殿大学士。谥号“文定”。

申氏家族与光福关系悠久。元泰定年间，申时行五世祖曾出资重修光福虎山桥，并以纪年改名“泰定桥”。民间相传，申时行父亲（传说即《玉蜻蜓》中申贵升）之墓，葬在吾家山香雪海附近，旁边还有旧居。1926年，李根源到光福访古时在香雪发现申氏大墓，“制作精伟，不亚徐（学谟）墓，惟无碑字”。乡人告诉这是“申阁老父之墓”（《吴郡西山访古记》卷一）。60年代初，此墓被毁。

明万历二十年（1592）春，刚从朝廷急流勇退回家的“太平宰相”申时行，在大儿子申用懋等人的陪同下游览光福。他到玄墓山游览，为圣恩寺“梵天阁”题写匾额。来到镇上光福寺，应寺院方丈邀请，为钱东皋《光福寺图》题跋。从光福寺出来，越过龟山，来到虎山桥。看到古桥坍塌严重，行人攀绳前进，不禁“怨嗟踞跸，于其旁窃心怜之”（申用懋《重修光福虎山桥记》，下同），当即“割数金”，带头捐款，并“属同游袁君决策”，与前来陪同的里人徐应祥等商量重建方案。申时行深有感慨地对徐应祥等人说道：“当年建造泰定桥的，实际上是我祖先徐某某，到现在已经五世。如今古桥废隳，怎么对得起先人呢？”（申时行科举名“徐时行”，通籍后复姓申）。其倡议得到众人的响应，“遍告居士，咸乐为之”。工程于万历二十一年四月十六日动工，至当年十月二十日完工。此次重建将原来三孔桥改为五孔桥，并在桥中央建造亭子一座。

申时行多次到光福山中游览，十分留恋光福。80 岁那年中秋节，在病床上吟诗云："太湖东畔虎山桥，双崦中流漾彩桡。无奈梦魂飞不到，盈盈一水夜迢迢。"表达思念光福之情。次子申用嘉，曾任工部侍郎、广西参政。晚年定居光福，在古镇下街买地建宅。去世后，葬光福青芝山。曾孙申繸，清顺治十七年（1660）庚子科解元，次年进士，官至广东提学签事。早年在光福生活、读书，去世后葬在光福天井巷村。村里原有申家祠堂。

虎山桥万历碑（2015 年摄）

自申用嘉定居光福后，申氏逐渐成为镇上大族。民国时期，后裔申丕銈（字仲葵）、申璜（字子珮）是光福镇上的乡绅名士，往来于吴中名流之间。申丕銈曾参与道光《光福志》补辑工作。申璜曾与李根源等重印明代《邓尉圣恩寺志》，参与清初高士徐枋墓重修，还出力发刊《光福志》。1930 年影印《邓尉圣恩寺志》时，申璜在"弁言"中写道："自我家自文定公后，所营庐墓，或乔（侨）居山中者，先后绵绵不绝；而平日与荷松公结契最深，似与此山有三百年香火因缘。"文中"文定公"，即申时行。

顾天叙邓尉山麓筑晚香林　顾天叙是明末文人。字礼初，昆山人。万历举人，官元城知县。工文章，广声誉。弃官回乡，隐居在光福邓尉山下祖茔侧，并下崦滩左凤鸣冈构筑"晚香林"。

"晚香林"，取韩魏公"莫嫌老圃秋容淡，且看黄花晚节香"诗句而得名。园内奇石玲珑，花木扶疏，亭榭楼馆，回廊曲径，有石浪亭、得闲亭、半九轩、画不如轩、炳烛室、翔鸿墅、雁影廊、赐宦堂、蝉叶斋、清音阁、景范台、第一玄、秉烛室、雁影廊等建筑。园中最有块"石浪"的奇石，"高如矶，平如砥，奔腾如浪"，天真自然，纯以拙胜。而"最奇者，遍山皆坚石，一线独瑕，周围如带，就其宽衍处疏之俨然成涧，涧成而灵龟出焉。涧无罅隙，莫知其所从来。"他特地筑"石浪亭"贮藏其石，文窗绮疏，回廊曲槛，亭下有平广的石场。顾天叙写有《晚香林记略》，记述移居光福在瓦砾中发现奇石的经过。他屏居读书其中，“掩关谢客，足不入城市者垂三十年”。

晚香林是明末清初光福一座有名的园林，“其托迹丘园，娱情金屋，迎秋月于萝轩，坐春花于芳褥。于是，狎客欢笑，歌妓送娇，丝竹奏曲，度调浓纤，衔觥筹交……亦一时之盛哉！”许多名流都到过此园，留下许多诗文。清顺治六年（1649）冬，里人黄中坚曾作《石浪亭赋》，有“孤亭翼然，临于崖际，凭虚远眺，觉山色湖光扑我襟袂”之语。

顾天叙还在米堆山开挖五云洞，俗名“老虎洞”。清军入关，北京、南京两都相继沦亡，国事危殆，顾天叙绝粒而死，终年81岁。顾天叙暨配周夫人墓，葬在光福潭东聚坞。其子礼部尚书、建极殿大学士顾锡畴暨配申、徐二夫人附葬穆位。其后裔的墓大多附葬于此。

吴伟业归葬潭东梅林 吴伟业是清初著名诗人。字骏公，号梅村，别署鹿樵生等，太仓人。明崇祯四年（1631）一甲第二名“榜眼”，官翰林院编修、左庶子等职。清初被迫应诏北上，任秘书院侍讲、国子监祭酒。工诗，长于七言歌行，与钱谦益、龚鼎孳并称“江左三大家”。

吴伟业早年曾多次到邓尉探梅，因爱梅花取号“梅村”，并太仓家里辟“梅村”之胜。母亲朱太夫人笃信佛教，多次到玄墓山圣恩寺烧香求佛。清顺治十年（1653），吴梅村赴京之前陪母亲再次到圣恩寺烧香，求佛保佑，母亲发愿捐款修建藏经阁。阁“列楹三间，广筵九丈，深如其广之数”，建成后，“经律论藏，部分栉比，共有六百七十余函”。吴伟业以奉佛弟子身份，撰写《邓尉山圣恩寺藏经阁碑记》。他与圣恩寺方丈剖

潭东高家前吴梅村墓（2015年摄）

石和尚是好友，作有《玄墓谒剖石》诗，赞誉剖石“使三峰之道扬于天下”。剖石圆寂后，他写下《庚戌梅信日雨，过邓尉哭剖石和尚，遇大雪夜宿还元阁二首》。黄龙朗刻印《剖石禅师语录》，他为之作序。

吴伟业临死时，自叙道：“吾一生遭际，万事忧危，无一刻不历艰难，无一境不尝辛苦，实为天下大苦人。吾死后，敛以僧装。葬吾于邓尉、灵岩相近，墓前立一圆石，题曰诗人吴梅村之墓。勿作祠堂，勿乞铭于人。”家人遵照其遗嘱，将其灵柩葬在潭东村高家前梅树林中。墓现为市级文物保护单位。

徐枋两绘《邓尉十景》图 徐枋是清初文人、画家。字昭法，号俟斋、秦馀山人，长洲（今苏州市区）人。清初“江南三大高士”之一。他早年曾读书玄墓山圣恩寺，明崇祯十七年（1644）正月，随父来到圣恩寺，拜谒方丈剖石和尚，“叩首关前执弟子礼”。此后，徐枋与剖石经常保持联系。

清顺治二年（1645）六月，徐枋父徐汧在虎丘新塘桥投河殉国，徐枋强忍悲痛，遵照父亲遗嘱，遁迹邓尉山中。当时处境险恶，他不断躲避，先是避居吴江汾湖，不久迁至芦墟，接着又迁金墅，还藏隐天池山，再回到光福。期间，他参与姐夫吴祖锡等人反清复明活动。活动失败后，在光福惊鱼涧搭建土墙草屋，取名“涧上草堂”。有《卜居》诗云：“昔人百万曾买邻，余何得居清涧滨。邓尉祠前看村社，西崦水畔寻渔人。三闾大夫独哀郢，鲁连先生宁帝秦。乾坤澒洞不可住，空山聊复容吾身。”恨自己没有像楚国屈原那样沉江报国，没有像齐国鲁仲连那样说服赵、魏两国联合抗秦，拯救国家。

徐枋在涧上草堂居住了5年多，“五载漂摇笠泽阴，偏因歌笑每沾襟。遗民独溅天南泪，归雁犹传塞北音。目极江湖沦故国，意存松石赏鸣琴。艰难契阔人间世，未许闲情别讨寻”（《朱致一过山斋依韵答赠》）。后来，迁隐木渎灵岩山北沙村，自建土墙茅屋数间，仍命名“涧上草堂”。

顺治十四年（1657），剖石和尚60寿辰。徐枋选取虎山桥、司徒庙、铜坑、铜井、石壁、槎山、七十二峰阁、西湾、坎上、玄墓“邓尉十景”，绘成画册，作为寿礼。画册勾画巧妙，布置雄浑稳妥，用笔整饰，描绘工致，设色明净，每幅画上都有一段精美题跋，堪称是山水画中的精品佳作。徐枋自称“写景命意，颇极笔墨之致，自谓不让古人”（《邓尉画册复还记》，下同），而见者亦皆惊叹绝倒。生日当天，剖石当场展卷快赏，手授其侍，司命什袭藏之，并对徐枋说：“当以永镇山门。”

青芝山坞徐枋墓（2015 年摄）

徐枋是著名高士，又是著名画家，《邓尉十景》很快传播，“凡有好事嗜奇者，入山必请而观之”。更有未曾遍历山中名胜者，“反以画册为津梁”，把画册当作游览光福名胜的“导游手册”。自是画册更为好事者所重，有人于是开始觊觎。淮上有大户人家，富收藏，素精赏鉴。特地渡江到光福，入山问道，请求欣赏画册。当时剖石已经去世，继席方丈虽以前人所传，益珍重藏弆，但终无法回绝；更没想到此人拿了便不肯脱手，“携去作米颠乞帖，狡狯请以三十金为偿”，要想以银子换取此画册。画册流失，圣恩寺方丈及光福山中耆旧“时时渡江涉淮，以索此册，频岁无间”。然而，此人坚决不肯还，全然不顾社会舆论的指责。直至某岁，此人去世。听到消息，“旧监寺僧复渡江涉淮以索之，此册始得复还吴门”，画册终于回归圣恩寺。

画册回到寺院后不久，时值岁荒。当家师无奈之下典质庙产，又把画册抵质于苏州吴某。吴某人如数答应，并欣然告知徐枋。画册是一代高僧的寿礼，流失民间，徐枋觉得很不妥，于是在“辛酉春夏之交，复作一画册以偿吴子，而购此册，复归之邓尉常住焉”。农历辛酉年，即康熙二十年（1681），徐枋正好 60 岁，“余画册为丁酉岁时，剖翁年六十。今岁辛酉，余年亦六十，复归此册焉，亦奇矣”，他感慨万分写下《邓尉画册复还记》，叙述画册的由来、失而复得、得而复失，再绘新画册调回原画册的全过程。

令人欣喜的是，《邓尉十景》现在还存世，收藏于日本东京静嘉堂文库。另外，徐枋《吴山十二图》中有虎山桥、铜坑、邓尉、七十二峰阁等四图。

徐枋去世后，归葬光福青芝山真如坞，墓现为市级文物保护单位。

王士禛游光福取号渔洋山人　王士禛是清初著名诗人、官员。原名士禛，字贻上，号阮亭，山东新城人。官至刑部尚书，颇有政声。擅长诗歌，继钱谦益之后，主盟诗坛数十年，与朱彝尊并称“南朱北王”。

清顺治十八年（1661）正月，时任扬州推官王士禛有事去松江。船刚过无锡，听说邓尉山梅花正盛开，船到浒墅关时，折转到光福。进入光福的第一站虎山桥。天下着蒙蒙细雨，船停靠虎山南麓，登上擅胜阁，近山远水尽收眼底，当即题咏《虎山擅胜阁眺光福》诗。他乘船出铜坑桥，然后转入玄墓山圣恩寺，称“南来仙灵窟，玄墓号称首”（《自光福入太湖口住圣恩寺》）。当晚住宿圣恩寺还元阁，半夜天下小雨，山寺显得更加的幽静而神秘，他欣然写下《还元阁听雨怀太湖》。清晨起床，启窗眺望，对面太湖中的渔洋山，如几如案，秀丽幽深，就像传说中的仙山一般，迷离多姿；加上天气阴晴雨雪的变化，更显得美丽无比，不可名状。王士禛在山中徘徊数日，朝夕相望，仿佛感到与渔洋山有着一种夙缘，于是欣然取号“渔洋山人”。

王士禛在光福游览5天，足迹遍及邓尉山水名胜，写有《晚坐雨花桥看梅花》《邓尉竹枝词》等诗20余首。是年王士禛28岁，此后一直以“渔洋山人”自居，人们亦都称他“渔洋山人”。晚年，还写有“渔洋山下是吾家，山南山北半种茶。留得伞方山竹枝，待君风雪探梅花”的诗歌。

彭定求“铜井山中是我家” 彭定求是清代苏州状元。字勤止，一字南畇，长洲（今苏州市区）葑门人。清康熙十五年（1676）丙辰科一甲第一名，状元及第，历官翰林院侍讲。

彭定求曾祖彭汝谐去世后，葬在光福游湖紫微山（俗名坳里山），筑有坳里山房。清兵攻克苏州时，彭家逃难到坳里山房，当时彭定求出生才3天。在此度过了整整4个月，覆巢之下，尚有完卵，彭家对此念念不忘。彭汝谐墓风水特好，当地有“水漫金门槛，彭家出状元”谚语，清康熙十五年和雍正五年（1727）两次湖水漫过墓前“金门槛”，彭定求、彭启丰分别连中会元、状元。此后，彭定求祖父彭德先、父亲彭珑以及岳父李嘉谟都葬在光福玉遮山。

康熙四十年十月，彭定求到铜井山坞，选定自己寿穴，买地筑生圹。次年春，他偕从弟伊中到光福游春探梅，历吾家山、青芝山、茶山、潭山、石嵝、石壁诸胜，“朝往暮归，虽光景犹昔，盘旋独久”。在山中“计游凡十日，得诗二十八首”，并写下《铜井观梅记》。是年中秋节，他再到铜井山，写下《中秋至铜井作行住坐卧歌四首》。此后，他几乎每年春天都要入山探梅，“早春初逗，携杖探春，淹留邓尉峰者数日”，并写下《邓尉梅花赋》。他有《铜井梅花盛，舟中感怀旧游》，其中有“铜井山中是我家，霏霏香雪迷谽谺”诗句。其一生往返光福数十次，写下诗文 200 多首（篇）。康熙五十八年四月，彭定求病逝苏州，灵柩葬在铜井山坞。

曹雪芹“红楼”写玄墓 曹雪芹是中国古典名著《红楼梦》的作者。名霑，字梦阮，号雪芹，又号芹溪、芹圃等，祖籍辽宁铁岭。出身簪缨世族。

曹雪芹在《红楼梦》中两次写到光福玄墓山，“金陵十二钗”中的妙玉出家于玄墓山蟠香寺，另一位苏州姑娘邢岫烟当年也曾居住此地。《红楼梦》第四十一回“栊翠庵茶品梅花雪”（或作“贾宝玉品茶栊翠庵”），曹雪芹专门描写贾宝玉、林黛玉、薛宝钗到妙玉栊翠庵品尝用梅花上雪水沏茶的情节。

现实中的曹雪芹一家与玄墓山有许多鲜为人知的故事。清康熙二十九年（1690），曹雪芹祖父曹寅出任苏州织造。曹寅能诗善文，多才多艺，在苏州近 3 年，广交朋友，与当时苏城众多名流建立友谊，充当着“文化使者”的角色。他跑遍吴中的山山水水，写下许多诗篇。这为曹雪芹后来了解苏州历史文化、民情风俗，提供了得天独厚的条件。康熙五十八年正月初九，康熙帝特旨钦命江宁织造曹頫、苏州织造李煦等人，将赉赐的帑金、佛珠和衣帽鞋袜送到圣恩寺。

有专家称，曹雪芹出生于苏州织造府，后来随父迁往南京。少年时，曹雪芹常随家人到苏州游览风景名胜。玄墓（邓尉）山有闻名遐迩的“香雪海”，有吴中第一名刹圣恩寺，有每年农历正月初九名传四方的庙会。红学家周汝昌考证：曹雪芹为编写《石头记》（即《红楼梦》），在乾隆二十四（1759）、二十五年，曾仆仆南游，阅历江南名山大川，凭吊旧迹，听话往事。而此时是邓尉玄墓山声名煊赫的顶峰时期：乾隆十六年至四十九年，乾隆帝 6 次南巡到邓尉山探梅赏胜，每次都驻跸圣恩寺，赏赐优厚。玄墓圣恩寺于是成为有口皆碑、妇孺皆知、令人神往的天堂胜景。曹雪芹乘自己南游机会，到邓尉山、圣恩寺旧地重游。

乾隆皇帝上马石

玄墓山圣恩寺阁前楼房周边有许多老梅树，似虬如蟠，形姿奇特，铁干琼枝，香雪重重。“翠阁丹楼玉树蟠”（陈珊诗句）；“烛笼衔照玉龙蟠，万顷湖波浮暖靥”（张鹏翀《玄墓探梅诗》）；“阁前老梅树，根瘦多精神”（孙原湘诗句）等。圣恩寺四周似虬如蟠的老梅树，或许就是曹雪芹将玄墓山圣恩寺写作玄墓蟠香寺的缘由所在。

况钟、林则徐与铜观音像　光福寺里的铜观音像充满传奇，曾与况钟、林则徐有不解之缘，因此更显得弥足珍贵。

况钟是明朝著名清官，字伯律，号龙岗。江西靖安县人。与包拯、海瑞并称中国民间“三大青天”。明宣德五年（1430），况钟从京城来到江南“鱼米之乡”苏州担任知府。当时的“天堂”，其实是个百业凋敝、百姓生活极其困苦的地方。在巡抚周忱的支持下，况钟改革弊政，削减重赋，蠲免苛徭，设仓济农，兴修水利。尤致力于整饬吏治，严肃纲纪，秉公执法，平反冤狱，除暴安良，深得民心，被百姓尊称为“况青天”。明正统七年（1443）十二月，况钟积劳成疾，病逝于任上。昆曲《十五贯》演绎的就是他秉公执法、平反冤狱、除暴安良的故事。

况钟来苏州任知府的当年夏天，苏州遇上大旱，连月不雨，秧苗无法移栽。为了老百姓能安居乐业，他率领衙府大小官员毅然前往光福，将铜观音像请到苏州城北禅寺殿里，亲自烧香祈祷。他的真心诚意果真感动上苍，越二日便下起大雨，灾情得到缓解。百姓得救，况钟自然十分高兴，“感其灵应，率众施财修寺”。次年春三月，况钟与同知杨栗、王佐等再次到光福铜观音寺祭祀，亲自建立“祷雨碑”。“祷雨碑”由明永乐二年（1404）状元、翰林侍读学士曾棨撰文，儒学教授临江陈孟浩书丹并篆额。此碑至今保存有铜观音寺的碑廊里。

况钟祈雨碑（2015年摄）

林则徐是清朝后期政治家、思想家和诗人。字元抚，又字少穆，晚号俟村老人、七十二峰退叟等。福建侯官人。清道光十二年（1832）二月，被任命为江苏巡抚，六月到达苏州后，他一方面上疏请求减轻赋税，另一方面整顿钱漕，清理仓库，打击豪富，兴修水利，整治吸食鸦片，百姓称为“林青天”。是年自夏至秋，苏州持续干旱，大田龟坼，居民饮水都发生困难，林则徐忧心如焚。在籍休假于家的苏州状元石韫玉告诉他，光福铜观音像自宋元明以来，祷雨祈晴，无不灵验。为了百姓生活，他入乡随俗，派布政使陈銮、按察使额滕伊等于七月二十五日到光福，将铜观音像迎入苏州城，供奉于天宫寺，亲自率众官焚香致敬，“三日而雨。初一又雨，至初五日，大雨滂沱一昼夜”（清石韫玉《观世音菩萨铜像灵应记》，下同），旱灾得以解除。“岁事转歉为丰，百姓踊跃，欢声遍于四野”。第二年春夏，苏州淫雨不止，至秋天农田大批庄稼被淹死，稻谷都烂在田里。林则徐率领官员再次到光福，请铜观音像入城祈晴，迎供于盘门开元寺，焚香祭祀，不日天气便转晴。

祈雨祷晴，两次都得到应验，令林则徐十分感动，于是倡议主持大修铜观音寺，并率属捐俸，委托绅士顾沅主持全部工程。此次重修规模甚大，其中供奉铜观音殿特别讲究，梁柱全部采用楠木。林则徐题额“惠庇民天”，并撰联曰：“大慈悲能布福田，曰雨而雨，曰旸而旸，祝率土丰穰，长使众生蒙乐利；诸善姓愿登觉岸，说法非法，说相非相，学普门功德，只凭片念起修行。”布政使陈銮、按察使额腾伊亦分别题额、撰联。

道光十六年，林则徐再度出任江苏巡抚。离京时，特地向道光皇帝讲述几年前在苏州请光福铜观音像祈雨祷晴应验的故事，请皇帝为铜观音赐额。道光皇帝听了也感到很神奇，于六月初三御书“慈云护佑”，并书一道上谕。御书和上谕制成巨匾，悬挂在铜观音殿正中。

于右任三次到邓尉看桂　于右任是国民党元老、著名书法家、诗人。原名伯循，字诱人，陕西三原人。1927 年秋，携苏州夫人黄纫艾泛舟到邓尉看桂赏胜。轻舟刚入光福之境，阵阵馨香扑鼻而来。弃舟上岸，沿着崎嶇岭拾级而上，但见山上山下，家前屋后，到处是桂花树，清香飘逸，沁人心脾。树上路旁，到处是采摘花儿的人群，不时会遇到肩挑手提的花农。于右任情不自禁地赋诗道：“家家摘蕊尽盈筐，晚桂丰收万井香。曳杖行吟香雪海，人间何事不能忘！”

次年初秋，爱妻黄纫艾病逝上海。于右任十分悲伤，即请辞南京国民政府常务委员兼审计院院长，抵苏为夫人治丧。亲自前往十全街会晤老友李根源，托请精于堪舆之人前往乡间看择坟地。10 月 5 日，在李根源等人陪同下前往光福堪择坟地，最终选择邓尉山香雪海附近一处“牛眠之地”（后因其他原因，黄氏改葬葑门外安乐园公墓）。当时正是邓尉桂花盛开时节，阵阵桂香触动诗人情愫，再次写下《邓尉看桂》诗：“不是鸱夷去

圣恩寺藏“三原于界”碑（2015 年摄）

不回，朝吟暮醉看花来；无端梦落关西道，败苇枯荷满眼哀。”那天，于右任与林少和、王启黄、张文生、祁筱峰等友人沿着太湖边而行，边观赏桂花边择坟地，不觉竟忘了归期。归舟木渎古镇时，已是饥肠辘辘，便到镇上石家饭店。他连要了几份鲃肺汤，食毕，诗兴大作，在饭店墙上所挂的旧年画上挥毫题诗：“老桂花开天下香，看花走遍太湖旁。归舟木渎犹堪记，多谢石家鲃肺汤。”

1930 年秋，担任南京国民政府监察院院长的于右任再一次到苏州，与李根源“约赴光福看桂”，再次赋诗云：“桂花香里鲃鱼肥，载酒行吟归不归？秋老太湖人醉也，江山满目雁南飞。”当年游邓尉时，他曾为圣恩寺还元阁撰写“钟催明月上，风送太湖来”楹联。还委托李根源在圣恩寺钟楼旁购买两亩墓地，四周树以“三原于界”石碑。此碑至今藏在玄墓山圣恩寺院内。

李根源光福寻胜访古 李根源是国民党元老、近代名士。字雪生，又字养溪、印泉，祖籍山东益都，生于云南腾越（今腾冲）。曾任北洋政府代总理。1923 年，退隐苏州十全街。1926 年春，李根源到苏州西部山区寻胜访古。3 月 2 日到达光福，至 6 日离开，他访遍邓尉、吾家、青芝、弹山、铜井、蟠螭、玄墓、安山、西碛、龟峰、虎山、凤凰、玉遮等大小山丘，走访圣恩寺、地藏禅院、云石庵、光福寺、法华寺、城隍庙、狮林寺、香雪庵、司徒庙、东岳庙、大王庙、吴家祠、关帝庙、顾氏祠、止静庵、石嵝庵、石壁永慧禅寺等祠庙道庵；寻访了郁泰玄、徐揆、董份、顾鼎臣、毛凤仪、申用嘉、董其昌、徐枋、吴梅村、徐乾学、惠栋、潘霨、彭仁简、彭定求、缪彤、石韫玉、郑文焯等几十座名人墓葬；每到一处，李根源对所见金石碑刻都亲手抄录，计抄录唐宋以来的金石碑刻达上百条。发现并记录了许多鲜为人知的文物，例如圣恩寺珍藏的明万历四十六年（1618）莲花经钟，刻有全部《妙法莲花经》；明血经《华严经》，明末孤本《邓尉圣恩寺志》等。铜观音寺方丈灿澜和尚向他出示镇寺之宝《山翰墨》。长卷极其珍贵，有《光福寺图》《铜观音像》等图 4 幅，有明清两朝名人题记、疏跋 55 则。他叮嘱灿澜和尚："应当慎重收藏，不要轻易多示人，恐为妄人著墨也！"

李根源十分钟爱石壁永慧禅寺环境，打算百年后长眠于此，"余买白浮岛，欲种植于此，议定价千三百元；继畏湖盗遂止。别购寺左地五亩，拟他日筑生圹焉"（《吴郡西山访记》）。

吴湖帆光福妻子顾抱真 吴湖帆是近代著名画家、书画鉴赏家。初名翼燕，字遹骏，吴县（今苏州市）人。1920 年，他与父亲吴讷士、叔父吴渔臣、表兄陈子清游览光福，在山里盘桓 3 天，曾到玄墓山圣恩寺听方丈松樵论禅，观看寺内珍藏的书籍、古器物。1942 年，他与光福乡绅申子珮、潘子义等人联名迎请融宗和尚来圣恩寺担任住持。他曾以玄墓山圣恩寺、司徒庙古柏、黄茅渚熨斗柄为题材作画，还娶了一位光福妻子顾抱真。

顾抱真，原姓何，名宝珍，小名阿宝。迂里村人。后嫁到邻近北庄村顾家，从夫姓。她心灵手巧，能绣得一手好"生活"（刺绣），脾气温雅恬静，肌肤白皙细嫩。因夫妻关系不和，后到上海做保姆，经人介绍来到吴湖帆家，深得夫人潘静淑的喜欢，成为贴身侍女。1939 年，潘夫人不幸病逝。1942 年，吴湖帆将阿宝收房为续弦。婚后，吴湖帆为她改名"抱真"。翌年，生下一子，小名羊倌。可惜未满周岁而夭折。抗日战争胜利后，吴湖帆与顾抱真在上海南京路上金门饭店补办结婚仪式。梅兰芳、周信芳、郭沫若等名人出席，文人雅士，群趋相贺，盛极一时。

吴湖帆与顾抱真

吴湖帆亲自教顾抱真读书写字，后来她竟能书写一手端正小楷。吴湖帆常书联于绢上，由顾抱真上棚架刺绣，并刺红色丝线引首章“顾绣”和题款。顾抱真谈吐不俗，举止大方，待人接物，彬彬有礼，处理家务、侍候丈夫勤劳而细心周到。1947 年元旦，吴湖帆特绘《国光春霁》，作为新年礼物送给爱妻。1966 年“文化大革命”开始后，吴湖帆被打成“反革命”，顾抱真被扫地出门。在强迫扫街劳动中，顾抱真突发脑溢血，当场昏厥倒地。急送医院，因属“牛鬼蛇神”，又交不起医药费，医院不给住院抢救，只得回家卧床。此后昏迷不醒，滴水不进，不多日即随吴湖帆而去，终年 54 岁。死后骨灰未留，后由外甥女顾白萍出资，在苏州横泾公墓一区建衣冠冢，墓前立有许兰台题写的“画家吴湖帆夫人顾抱真之墓”碑。

田汉司徒庙里诗言志　田汉是近代著名剧作家、戏曲作家、电影剧本作家、小说家，中国现代戏剧奠基人。名寿昌，湖南长沙人。1964 年 1 月下旬，华东话剧观摩演出会在上海举行，身为中国戏剧家协会主席的田汉，在会上竟受到张春桥等人的围攻、诬陷，令他非常气愤和痛苦。未等会演结束，便于 1 月 23 日推辞出走，乘火车来到苏州。

1 月 25 日，田汉到王长河头周家花园，拜访著名小说家、盆景家周瘦鹃。老朋友相见，格外高兴。饭后，他欣赏了周瘦鹃亲手栽培的各种梅花盆景，看到含苞绽放的梅花，想起 30 年代曾看过的香雪海，说道：“好久没有到邓尉了，我们一道儿探梅去可好？”周瘦鹃欣然同意。27 日，田汉在周瘦鹃、何畏等 5 人的陪同下，驱车前往光福。首先到司徒庙，欣赏“清奇古怪”古柏。面对古柏院中历劫不磨、新枝绿翠的千年古柏，田汉触景生情，感慨万千，情不自禁，赋诗云：“裂断腰身剩薄皮，新枝依旧翠云垂。司徒庙里精忠柏，暴雨飙风总不移。”

田汉《咏古柏诗》碑（谭以文书）

从司徒庙出来，田汉一行到吾家山“香雪海”，从闻梅轩，转至梅花。初春刚临，四周梅花疏疏落落开得不多，大多含苞待放。正当有人为没能领略“香雪海”胜景而惋惜时，田汉却欢叫着：“咦！好一株红梅！”原来他在梅林丛中发现了一株色彩鲜丽、正烂漫怒放的红梅。田汉与陪同人员在这株红梅树旁照相留念。田汉即景赋诗云：“太湖波静邓山高，奋步梅亭展望遥。白萼正苞红萼绽，一天香雪看明朝。”从山上下来后，田汉一行驱车前往潭东石嵝观赏竹林、梅海，攀登万峰台，观太湖美景；又乘兴参观石嵝山下天井巷村里的苗圃，园内一盆盆红梅、绿梅，横斜扶疏，枝上朵朵梅花正含笑怒放。田汉诗兴顿来，随口吟诵绝句："山农个个是专家，培出疏枝影半斜。岂是六朝烟水气，人民今日要梅花。"下午三点多钟，田汉依依不舍地离开苗圃。临走时，他满心欣喜地买了两盆梅花盆景带往北京。当天晚上，田汉在下榻的宾馆奋笔写下三首诗作。翌日离苏回京时，特地再到周家道别，并将赏柏诗和另外两首探梅诗草书成横幅，赠送给周瘦鹃。

刘海粟三画司徒古汉柏 刘海粟是近代著名画家、美术教育家。名槃，字季芳，号海翁，祖籍安徽凤阳，生于江苏常州。1955 年 6 月 11 日，刘海粟偕妻子夏伊乔专程从上海赶到光福，来到司徒庙。融宗和尚听说大师到来，主动跑出深院迎接，将他引进古柏院。历尽千年风霜雨雪、电劈雷击的司徒庙古柏，洵为天下奇观。刘海粟见了，不禁连连称赞道："奇景！奇景！真是罕见的奇树！"刘海粟与妻子坐在古柏树下，边沏茶品茗，边静静地观赏古柏的矫健形姿，看得如痴如醉，流连终日；突然兴趣勃发，展开宣纸，提笔挥毫，一会儿一张六尺的宣纸上展现出四株古柏的逼真形象，并乘兴在画上题写道："清奇古怪如此树，风火雷霆劫不磨。光福司徒庙汉柏，夭矫盘崛，不可名状。一九五五年六月十一日偕伊乔煮茗坐卧其下，流连终日，对景写此，以发其奇。"

刘海粟司徒庙作画（1980 年摄）

1980 年，刘海粟出任南京艺术学院院长，并筹备去香港举办画展。7 月 2 日，由南京艺术学院党委副书记凌凡一、该院美术系主任张文俊等陪同，再次来到司徒庙。此次，他是特地为画古柏而来，在院内摆开四张八仙桌，铺上六尺宣纸，采用横接方法，接连画了四张，构成一巨幅长卷《清奇古怪古柏》图。画罢题写道："重游光福，驰毫骤墨为古柏写真，风落雷转，一挥而成。"不久，香港有家电视台为他拍摄电视纪录片，要补拍上绘画古柏的场景。10 月 14 日，刘海粟带上摄制组人员又一次来到司徒庙。融宗和尚得知大师来意，命人搬出四张八仙桌布排在古柏前，拼成临时画案。他采取按树逐张依次而画的方法，一气呵成，将这罕见的四株古柏展现在八米长卷之上。画毕，乘兴在画卷上题写道："清奇古怪舞夭矫，风火雷霆劫不磨。一九八〇年十月十四日重游光福，乘兴泼墨，风落雷转，一挥而成。坡公云：当其下笔，风雨快笔，未到气已吞，个中许道只字。刘海粟信笔记，年方八五。”两幅古柏画，现收藏于苏州博物馆。

融宗和尚与圣恩寺 融宗是圣恩寺现代高僧。俗名李成奎，江苏海安人。12 岁削发为僧，20 岁到镇江焦山定慧寺受戒于吉堂和尚，后进焦山佛学院研究班。二年后，参禅镇江金山寺，任寺院库房书记、副寺。1942 年年初，光福乡绅申子珮等见圣恩寺荒芜败落，联络潘子义、吴湖帆等 10 余人组成护法会，联名向苏州戒律幢寺（西园）方丈六净法师求援，请求派高僧重振圣恩寺，后与省佛教协会会长、镇江金山寺方丈霜亭联系，遂选派融宗出任圣恩寺第十五世六十三代住持。

到任后，融宗克服重重困难，重修寺院。面对日本侵略者威逼、扣押、利诱，不顾生死，他全力保护寺院周代郗公牼钟等珍贵文物。1953 年因驻军需要，融宗迁至司徒庙。“文代大革命”期间，甘冒风险，保护明代《大藏经》、血经《华严经》等经书，以及唐代铜观音像、“清奇古怪”古柏等。1973 年，征集到原狮林寺明代《楞严经》碑刻和原天池山寂鉴寺《金刚经》石刻。1976 年后，参与司徒庙修建及古柏院扩建。1981 年起为重新恢复圣恩寺，不顾年迈体弱，上下奔波，并开始浩繁的复兴工程。先后修复大雄宝殿、天王殿、伽蓝殿、四宜阁，重建牌楼、藏经楼、钟楼、还元阁，重铸法华巨钟。还出资并指导铜观音寺、光福塔、永慧禅寺、石嵝庵、昙花庵修复或重建。2000 年 2 月 20 日圆寂。塔在圣恩寺祖师殿。

融宗和尚（1985 年摄）

艺文著述

光福山泽淑灵，文风蔚然。南朝梁陈年间，顾野王在此读书著述，至今龟峰山上留有墨池。元末明初，徐达左励志笃学，贯通群籍，成为吴中儒流之首；并在家开办私塾，延师教习族中、乡里子弟，岁祭宴享，会族众于家，讲论诗书礼乐、升降揖让之礼。他侠义好客，“海内士大夫闻风景附，一时高人胜流，佚民遗老，迁客寓公，缁衣黄冠与斯文者，靡不望三家（昆山顾仲瑛、无锡倪元镇、吴县徐良夫）以为归”（《明诗纪事》甲签卷二十五），“而光福里隐然有邹鲁焉”（徐有贞语）。光福读书、歌咏之风，由此绵延至今。

光福山湖映带，风物清嘉，历代文人墨客流连忘返，写下数量极为可观的诗文，为光福湖山增光添色，成为光福历史文化名镇的重要组成部分。

2017 年，光福有中国美术家协会会员 2 名、中国书法家协会会员 1 名、中国作家协会会员 1 名、江苏省作家协会会员 1 名。

诗词选录

题光福上方

〔唐〕顾在镕

苍岛孤生白浪中，倚天高塔势翻空。烟凝远岫列寒翠，霜染疏林堕碎红。溪渚或栖彭泽雁，楼台深贮洞庭风。六时金碧落何处，偏傍苇丛惊钓翁。

——范成大《吴郡志》

光福塘上

〔宋〕范成大

指点炊烟隔莽苍，午餐应可寄前庄。鸡声人语小家乐，木叶草花深巷香。春去已空衣上絮，雨来何晚稻初芒。只今农事村村急，第一先陂贮水塘。

——范成大《石湖集》

舟中望邓尉山

〔元〕郑元祐

卧枕船舷诗思清，望中浑恐是蓬瀛。桥横水木已秋色，寺倚云峰更晚晴。翠羽湿飞如见避，红蕖香嫋似相迎。依稀渐近诛茅屋，鸡犬林萝隐隐声。

——徐傅《光福志》

雪湖赏梅赠用庄宗契（十二选六）

〔明〕徐有贞

佳山自有玉遮名，雪后相看始称情。万树梅花千个竹，不输君复与元卿。

为爱溪梅斗雪开，独行溪上久徘徊。遥看一棹横溪渡，知是山翁载酒来。

溪如银汉舫如槎，玉作林峦粉作沙。不有暗香风外度，教人何处觅梅花？

梅花好向雪中看，把酒看时兴转宽。醉卧梅边三日雪，人应道我胜袁安。

湖天雪霁水虚空，万象都悬一镜中。道是世间还不信，只应身在广寒宫。

梅开催雪雪催梅，梅雪相催举酒杯。折取琼枝插船上，满城知是探花回。

——徐有贞《武功集》

泊虎山桥

〔明〕吴宽

南人相诧说杭州，自料西湖让一筹。天为渔家开下崦，晚宜画舫驻中流。新诗已判纵横写，佳景从教次第游。孺子歌声何处起，落霞孤鹜水悠悠。

——吴宽《匏庵家藏集》

虎山桥

〔明〕王鏊

湖上仙山翠巘重，画栏面面对芙蓉。人家斜日东西崦，野寺浮岚远近钟。我欲濯缨来此处，谁能筑室傍前峰？放舟又过溪桥去，恐有桃源此际逢。

——王鏊《王鏊集》

虎山桥

〔明〕伍馀福

才转新桥又入堤，夕阳楼上野云齐。两溪欲斗千峰动，一塔何凭万井低。临水渔郎闲晚钓，旁人鸠子欲春啼。风情不让西湖老，赋得梅花手自题。

——徐傅《光福志》

虎山桥（20 世纪 30 年代初摄）

游玄墓次第得诗六首（选一）

〔明〕文徵明

天开图画阁

春风未负梅花约，邓尉山头冒雨来。不断风烟随鸟没，依然图画自天开。气蒸岩壑层层霭，树拥轩窗面面台。尘虑都消身欲举，更从何处问蓬莱？

——文徵明《甫田集》

玄墓观梅行次答富春山

〔明〕孙承恩

玄墓山中梅花窟，千树万树难仿佛。玉缀琼铺迷近远，英郁芬芳盛蓬蓉。四方上下缟素同，虚明镜里无人踪。人行树间如踏空，十里廿里飘香风。

——孙承恩《瀼溪草堂稿》

湖上梅花歌

〔明〕王稺登

家家山色对春湖，日日春风听鹧鸪。门前杨柳藏鱼市，屋上梅花当地租。

山烟山雨白氤氲，梅蕊梅花湿不分。浑似高楼吹笛罢，半随流水半为云。

虎山桥外水如烟，雨暗湖昏不系船。此地人家无玉历，梅花开日是新年。

闻道湖中尽是梅，两山千种一时开。估客片帆春雨里，载将香气过湖来。

——王稺登《王百穀全集》

石壁

〔清〕缪继让

山形陡削欲登难，风磴萦纡古木攒。一径幽林心目冷，忘机老衲笑言欢。松涛响助湖山壮，屋壁高连石壁寒。赖得昼长余晚照，前峰苍翠可盘桓。

——徐傅《光福志》

青芝坞村家

〔清〕曾灿

山家生业半樵苏，临溪人家隐碧梧。鲜菌拾来供早膳，桂花卖去当山租。

——徐傅《光福志》

由虎山桥入朱墓村

〔清〕汪琬

新柳垂条著水齐，画船行傍虎山堤。卷帘渐觉香风入，一路梅花到崦西。

——汪琬《钝翁类稿》

太湖罛船竹枝词（选一首）

〔清〕朱彝尊

黄梅白雨太湖绫，锦鬣银刀牵满罾。盼取湖东贩船至，量鱼论斗不论秤。

——朱彝尊《曝书亭集》

邓尉竹枝词

〔清〕王士禛

二月梅花烂漫开，游人多自虎山来。新安坞畔重重树，画舫青油日几回？
邓尉山头片雨晴，司徒庙下晚潮生。却登七十二峰阁，玉柱银房相向明。
西施洞望米堆山，夕翠朝烟拥髻鬟。不道鸱夷曾载去，至今人在五湖间。
西来铜井又铜坑，山势高低有二名。试上龟峰光福塔，白波翠巘两边生。
枫桥估客入山来，艓子多从木渎开。玛瑙冰盘堆万颗，西林五月熟杨梅。
绿黛遥浮玉镜间，峰峦千叠水湾环。居人却厌真山好，玄墓南头看假山。

——王士禛《渔洋山人精华录》

墨泉

〔清〕顾汧

巍然高塔漾西陂，荒径空传洗砚池。惟有虎山桥下水，年年浸月照花枝。

——顾汧《凤池园诗集》

墨泉（2017 年摄）

从惊鱼涧步到斗柄嘴

〔清〕彭定求

寻梅几度曾留题，纷纷眼缬游尘迷。不识山深更深处，铜井弥漫西碛西。我筑小丘环碧涧，行滕结束循前堤。重重篱落铺如练，帽檐争压横枝低。一望湖漘沙屿迥，回波潋滟浮花畦。是时风日方轻飏，阳春淑气呈端倪。藉草盘桓弗忍去，鸣榔前度渔帆齐。谩诧星临槎客路，虚疑津隔秦人溪。五湖之长吾当署，快哉毕竟耽岩栖。

——彭定求《南畇诗稿》

忆万峰探梅，用东坡松风亭下梅花韵

〔清〕金国栋

十年不到梅花村，湖山入梦迷芳魂。仿佛蓬莱在人世，仙人笑我留晨昏。环山面湖不知远，芳菲处处皆名园。手攀花枝踏花径，冷香冰蕊忘春温。有时水月荡一色，并与峰光明朝暾。岩壑清幽尚历历，胡为寂寞关蓬门。坐令春风自开落，卧游高咏徒空言。我来未老髩推雪，几得花下常开尊。

——乾隆《吴县志》

漫山

〔清〕吴庄

起伏冈峦自有情，两峰相抱水盈盈。太平荒尽藏军洞，总有丁夫不籍兵。

——金友理《太湖备考》

忆江南

〔清〕沈朝初

苏州好，落照虎山桥。饮水残霞天半近，隔林疏磬万峰遥。一塔起层霄。

苏州好，鼓棹去探梅。公子清歌山顶度，佳人油壁树间来。玄墓正花开。

苏州好，光福紫杨梅。色比火珠还径寸，味同甘露降瑶台。小嚼沁桃腮。

——徐傅《光福志》

柏因社观柏

〔清〕尤维熊

古庙舞古柏，青青倚廊庑。大千已千年，其一劫雷斧；至今神物留，数协星聚五。或升如虬蟠，或偃如虎卧；或亭如散盖，或屈如控弩；黛色染霜皮，一二之而怒。微雨乍经过，日光漏卓午。神灵倘来栖，肃清屏戏侮。石凳坐盘桓，逼视敢轻抚。神异表寰中，谁当并千古？忽忆武侯祠，高吟动梁甫。

——尤维熊《二娱草庐诗钞》

雨中自邓尉至潭东（二选一）

〔清〕孙原湘

入山无处不花枝，远近高低路不知。贪受下风香气息，离花三尺立多时。

——孙原湘《天真阁诗文集》

光福竹枝词（三十三选五）

〔清〕许兆熊

探梅船泊费家河，春暖游人日渐多。买得篮舆进山去，菖蒲潭里几回过。

吾家山下香雪海，宋大中丞始表扬。摩崖大书三个字，果然一望白茫茫。

河亭桥过司徒庙，古柏参天四大株。每见看梅人到此，绿天深处写新图。

铜坑桥架太湖东，西去汪洋万顷通。几带渔舟齐泊此，赛神歌唱六帆篷。

果品山中尽可尝，杨梅特地表吾乡。色香品味传来久，铜井安山是最良。

——许兆熊《凫舟诗稿》

入山看桂

〔清〕潘遵祁

虎山桥外晚波凉，四面螺鬟净洗妆。行到镜中疑月窟，桂花时节满湖香。

种花容易撷花难，金粟攒柯细别残。一半分来酬姊妹，竞携筐筥上岩峦。

尽日浓参鼻观香，人如蜂蝶宿花房。不知绣阂矜兰麝，可信山中万斛量。

滴露团霜百和馨，金阊估客载轻舲。寄将赵北燕南去，羡煞秋窗好梦醒。

——潘遵祁《西圃集》

金桂花（2016 年摄）

司徒庙古柏用杜工部古柏行韵

〔清〕陆润庠

我生爱梅兼爱柏，嗜癖不数米颠石。梅花点雪几万株，柏树干霄数千尺。春来会作邓尉游，梅未全开殊可惜。憩足司徒古柏前，四柏参天压云白。虬枝兀立西复东，森然雷雨腾蛟宫。一如饿虎奋爪踞隙地，一如苍龙斗险凌长空；其间两株鳞鬣互纠葛，但见纵横剑戟摇天风。培根抉土想当日，栽植疑有神鬼功。我思此本明堂栋，遗泽长流倍珍重。如何埋没空山坳，不同杞梓相输送。即今风雪伴梅花，高冈常得栖鸾凤。和羹他日会调盐，此材柱石宜为用。

——钱仲联《苏州诗词选》

忆邓尉梅花

〔近代〕吴昌硕

十年不到香雪海，梅花忆我我忆梅。何时买棹花前去，便向花前倾一杯。

挐舟邓尉看香雪，老树如龙玉作鳞。今忆旧游追写出，笔端浴荡太湖春。

——叶陶君《吴中诗旅》

梅花（2016年摄）

散文选录

光福讲寺舍利塔记（节选）

〔唐〕崔鹏

式观元始眇觌玄风，夏巢冬穴之时，茹毛饮血之世，一寒一暑，一阴一阳，其道虽分万汇犹塞逮乎。伏羲氏之王天下也，始画八卦，造书契，由是文籍生焉。然后，历尧舜周孔，由是释象兴焉。及乎东被大汉，尤加崇饰。按牟子云：佛生天竺，假形王家，即其生也。又云：佛衣双树，脱屣金沙，即其灭也。然虽示生灭之相，讵知恍惚之道，何异经巨海者终年不见其涯测，虞渊者毕世不知其底？以此观之，佛理盖不可尽也。

若夫舍利者，即金人之遗骨，坚刚不坏，变化自然，西天敬之，立为塔庙。昔育王见而不信，吴王修以致虔，迤逦南移，年代颇久。大哉，寂灭之理，岂一鲁男子以探其好焉。余素不留心，略为叙事，故经云："若能起塔，供养皆获福田。"此乃圣教所谈事，岂虚谬？固知为善者，天报以福；为非者，天报以殃。虽则玄妙难求，而实精专可验。

光福寺者，即梁九真太守顾氏之家山也。士有恶嫌尘网，种植善根，遂舍林泉，建兹佛刹。立寺之始，其由此焉。斯地之银阙移来，洪波驾出，碧岫孤耸，青天下浮，景临洞庭，势控吴苑；上正斗牛之宿，旁连太伯之墟，何必鳖负蓬莱，蛇蟠昆阆；欹樵翁于片石，卧禅子于幽林。草树丽而攒花，杉萝深而蔽日；长松古柏，缘情无尘世之机；远岫平湖，举目入画屏之色。其僧侣相谓曰："此之灵境。"爰有上方可以建亭台，而壮严庙塔，既而不日不月，其功就焉。

斯塔也，梁大同之中建矣，唐会昌之末毁焉。兴废之由，是其一也。然则，此基址虽在，而乃烟萝以荒于时。咸通年，天子明睿，四方清平，野人入朝，贤士出世，而我吴郡公其一也。鸾凤异态，龙虎殊姿，啸傲谁同，孤高自得，霜雪徒侵碧松之色，尘埃难染白璧之光。严陵卧日，国乏贤良；郑均闲时，位齐卿相；鱼肠之剑，利断鲸鲵；龙

〔清〕黄鞠《光福寺图》

颔之珠，光浮日月；烧金屑玉，闲邀蓬岛之仙；钓月歌风，隐笑武陵之客。公不惟优游儒籍，然亦探奥释门，故儒则素王，间生于释，乃金人谪下，则知人情难及，智用全殊。每登山而踌躇，因惊塔之荒毁。

是斯塔之将兴也，一则合天中后，圣德遐被，慈心溥施。行是日之尧风，征当时之汉梦。于是三宝起迹，十方皈心，布金祇园，图像花界。今者又尘清域外，镜朗天衢，金柯开鳌背之花，宝位奠银河之浪；玉潢丹甑，坐分瑞应之符；樵子渔翁，眠唱太平之曲。迩乃遇公，道穷生灭，心达苦空，信尘劫之迷途，悟法门之了性，追我家之旧迹；再葺莲华，护我佛之真身，重修宝塔，然后增基表刹，薙草开林，剪荆棘而云平，列松杉而洞出。时维三月，节属九春，莺吟风而千般，草垂岩而万种，建金棺而心动，罗宝盖而云阴。缁徒具瞻，士俗咸悦，芙蓉座上飘三界之异香，薝蔔园中沛一天之法雨。是时也，祥云结彩，氤氲于行道之坛；慧日澄华，照耀于然灯之位。

公乃睹相生善，至诚感神，遂发善心，爰命匠者。于是依凭气象，结构规模。初标覆篑之踪渐著，凌云之势亦有飞阁周绕，回廊接连。石工呈奇巧之才，梓匠设雕镂之妙。壮观而龙蹲虎踞，巍峨而仙掌莲峰；绣柱矻而星攒，雕梁艳而虹指；掩映而初蜃吐，崚嶒而欲鹏飞。不逾一年，拘就工毕。斯状也，险体千仞，高标七层，疑干青霄，又若神助。上穿星汉，下压云根，岂剑阁之能齐，比炉峰而尚峻。鹤归天兮一驻，云收雾兮半开；发郢客之诗情，壮吴宫之地势。金轮缥缈，亚日月以高明；雁象参差，拂虹霓而若动。伟哉！塔之美也！

其功杳，莫继焉。至若游人访景，淑女寻春，入幽径而攀萝，步晴崖而拾翠；巢鸟映叶，岚烟惹衣；苔铺石而霜斑，花缀峰而绮合；高瞻圜圚，千家之台榭龟文；回瞰林峦，四面之波涛练色。其乃金飚届节，玉露催寒，何用悲秋？正堪凭槛，天朗而云霞弄锦，风高而松条张琴；蒹葭之浦上渔歌，蒲蓼之汀边雁影。叠浪裁古人之素，群山斗少妇之眉。开谢客之愁襟，抒休公之佳咏。松间疏磬，伴高鸟而飞来；湖上轻烟，映孤帆而掠去。斯塔也，非公不能建矣。斯景也，非公不能创焉。（下略）

——王鏊《姑苏志》、徐傅《光福志》

送小鸡山樵人序

〔唐〕陆龟蒙

小鸡山在震泽西，出吴胥门，背朝日行四十里，得野步市曰“光福”。光福西五里，得土山。山土多石寡，无大林木，率生小栎朴樕，直吴之爨，此为助焉。连延广袤不一，其主为言，画界疆以相授。自冢至麓，凡二百弓。东北倍高而加半焉，余所置多少如此。予家大小之口二十，月费米十斛。饭成理鱼数辈，十斛薪然后已。四时宾祭、沐浴、澣濯、疾病、汤药、糜粥在外，岁入五千束足矣。其掌而供事者曰顾及，小鸡山樵甿也。

陆龟蒙画像

乾符六年，春弗雨，夏支流将绝。八月，暴雨，而巨艑可实行之矣。九月朔，方置薪二百五十于门。召而责之曰：“吾一夏米，撤败屋、拔庭草以炊，雨之明日，望尔来矣。何数廉而至晚，得非赭吾山而为汝利耶？老而欺，如名恶何？”及笑曰：“吾年余八十矣，元和中，尝从吏部游京师。人言国家用兵，帑金窖粟不足用。当时江南之赋已重矣，迨今盈六十年，赋数倍于前，不足之声闻于天下，得非专地者之欺甚乎？吾有丈夫子五人，诸孙子亦有丁壮者。自盗兴以来，百役皆在，亡无所容。又水旱更害吾稼，未即死，不忍见儿孙寒馁之色，虽尽售小鸡之木，不足以濡吾家，矧一二买名为偷乎？今子一炀灶不给而责吾之深，吾将欲移其责于天下之守。则吾死不恨矣！”

余叹之曰：“汝之言，信也。然不当发于余，汝姑归。”与之酒，继以歌云：长其船兮利其斧，输予薪兮勿予侮。田予登兮谷予庾，突晨烟兮蓬缕缕。窗有明兮编有古，饱而安兮惟编是伍，时不用兮吾无汝抚。

——陆龟蒙《甫里集》

光福讲寺铜观音像记

〔宋〕黄公颉

光福寺距城六十里，有铜像观音，其始作者与其岁月，予不得知也。康定改元六月，志（梓）里张氏于庙旁泥中睹焉。时适久旱弗雨，相与言曰：“观音示现，殆有为谓乎？”乃具梵仪而祷焉，即时雨降。以是凡有稽者而弗获者，州人必请命于郡刺史，而敬祷无不得其感报。

夫道之在天下，其废兴有数，而出处有命，亦惟其时而已。盖习俗沉迷之日久矣，必将有以薰沐其邪意，启迪其善心，教令既不足以殴之，于是时圣人出而辅世。其在吴越，则若四明之奉化，东阳之双林，钱塘之天竺是也。或因吴俗之所趋，或寓于物之所感，显相示化，变出不穷。以是因缘不假言说，凡见闻者，随其愿求，各有所得。则虽顽嚣抵冒之人，亦将有以善其心，况根性之厚者乎？则其所以辅世者，岂小补哉？此其佛教行乎中国，人之所赖以悔罪祈福者，宜乎旷世历年而弗绝也。

予母葬于寺之西南，常过其上。僧蕴恭屡求为记，予不得辞也，因序其事云。

——范成大《吴郡志》

顾氏宗谱序

〔元〕顾颐

顾之先，姓姒氏。自夏后少康封庶子无馀于越，二十余世至允常。允常生勾践，又七世至无疆，又六世至闽君摇，扶汉平秦，高帝封为越王。惠帝登极，封摇为东海王，都东瓯地。摇续封其子期视为顾余侯，子孙遂姓顾氏，此顾之始也。

延及孝子翱、御史综、丞相雍、中侍荣，至侍郎野王，遂笃生五嗣，封五侯。其盛南携子彪迁余杭，夏南携子修期徙海盐，不能缀辑。惟吾远祖允南从兄鸿南、周南归光福山家焉。衍于世祖十七承事公讳凤，舍宅为寺，建峻阁，装金像。阁之东构一殿，奉中兴祖野王公居其中，傍以五侯之位列焉。遂迁铜坑山，以乐山水。盖铜坑风景与诸山迥别，形蘸太湖，恍若图画。其山之泉甘而美，山之土沃而丰，可以蚕，可以畴，可以茗，可以采。由是，吾祖迁而居之，称铜坑顾宅者此也。与吾世祖同行者，若葴公后裔徙太仓，若宪公卜居崇明，若铭公后裔徙南京，若时敷公后裔避居上海，若临公后裔仍居故里。迄今宗支日茂，源衍日繁，永传而不绝者，森森然挺秀有孙枝矣。又吾祖万十四秀公，得石函全谱，叙次昭穆，与彦咸公所辑合符者，概辑之以贻后裔省阅之下，孝弟良心顿然发也。

追祖考府君重修谱时，实至元壬午，遡以追上宋熙宁九年，至是岁历二百有余，祀传数叶而相荫者十余人。由凤追颐，今复修铜坑一支矣。若有重先哲爱后昆之子孙，出将此帙，循故支浚前派于四海之中，或能汇成大宗典籍，以为万世不磨者，庶不负吾之所志云。

元大德壬寅夏，五十三世孙颐正卿氏拜撰。

——徐傅《光福志》

光福重建塔记

〔元〕释了清

塔者，西域圣人之灵庙，众生灭罪致福之具也。自阿育王建初，后代震旦之来，表刹兴盛者，莫盛于萧梁之世焉。光福塔，实者梁大同权舆，唐会昌暴殄，复兴咸通，至赵宋。宋至今朝大德中，住山磻师时毕方鸟栖其巅，以致铁石瓦甓隳哉，有不可葺者。住持相师谟画鼎创，真人周静翁仙宗而尚佛，来自双凤，作檀越主，率寺邻富而信者幼成徐公、沙门愿而干者成、彻、德三公，暨寺职班员涓吉，命匠篾栖鸾竹索以为绚村，化羊杉缚以为架，撤顶至踵草，旧古从新，即旧基，越旧制，别垒层级。级至五半，徐公脱屦索诃相师，迁乔梵行；施心愿力，唯静翁不移。走书成曰："山中住持闻有更易，倘林屋清师补处，则塔缘幸甚，香火幸甚。"既而，疏来洞庭，孤云乃起，一苇未杭，

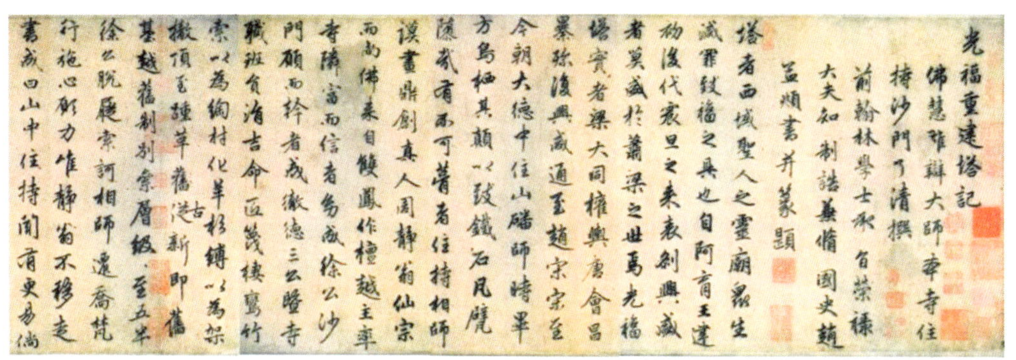

赵孟頫《光福重建塔记》

翁已羽化。

乌乎，元度乎？重来乎？三叹终至，至未席漫，或谓塔缘幸欤？不幸欤？余曰：“佛三祇百刻，修六度万行，以戒定慧，力成舍利。益众生者，塔之谓也。由塔即庙，庙即貌，貌佛圣德，令众归命，行檀波罗而德福田。今啬一缘，将普万化，是符佛本愿，益众生欤？果元度之类欤？子知其然而不知其所以然欤？”于是越明年，具梵礼，迎铜像，出化东。行首翁之儿媳魏氏母子承祯同调，无改大父之道，乐助而之任。洋沙头、太仓、苏台莫见四新，稛载而返，寻遇不请之檀朱公阙工施财施艺，特银其相轮之顶，复有剌血为墨、书妙经者，二渡长江，入长淮，募远者三，大概廿余同袍，听命辅势，忘倦宣劳，聚诸村鸠，诸工一举而完。七级自尖而还，饰盖至四。岁暮收工，明年像复出西募，春行夏归秋作，余层列屋皆落成。其辉辉乎，摩尼圆明；杳杳乎，露盟赑屃；碧瓦鳞集，画檐翚飞；币阑楯而宝铃和鸣，镇山川而人天瞻仰。其功德一十五种，消罪业八千万四千，不夜常光免责备于香火，实一不幸而众幸且甚也。遂书。其延祐改元二月十日之建始，来年五月望日之毕功。系以辞曰：阿阇世藏设刹罗，阿育得之出恒河，八万四千起塔婆。后世则之广兴建，四方玲珑成八面，萧梁以前世未见。我此灵庙实大同，起伏二次三鸠工，延祐以来又六冬。清宁仙人德相佛，福缘慈缘普泽物，白花岩头橛屼屼。清也薄有铜像缘，两募一举功其圆。尽未来际民福田，常光历刻射牛斗。羌椅椅予洁吾后，胥矣富人寿长久。

至治元年二月望日建，皇帝陛下千万寿。佛慧雄辩大师、本寺住持沙门了清撰，前翰林学士承旨荣禄大夫、知制诰兼修国史赵孟頫书并篆题。

——赵孟頫《光福重建塔记》碑帖

耕渔轩诗后序

〔明〕姚广孝

予居穹窿间年将期，然客之来无虚日。识之者寡，求志相得、语相合者尤寡甚，常郁郁不自乐。日有隐君徐良辅氏，峨其冠，俨其服，翘翘然而来；与之揖，貌加恭；坐于室西隅，与之谈，言加温，与向之来者异。予私喜之曰："不意今日有是子也。"起避席，偻而问焉，曰："子来何居也？"良辅曰："某家太湖之滨，读祖父之书，亲耕渔之业，不求知于人，不谋庸于世。乐乎其心，恒犹有余；忖乎其己，每若不及。既饫其食，又燠其裳，故吾适其适而不外之也。吾以偃休之所，名之曰耕渔。幸而贤士大夫多为诗文，以道吾事，遂成一卷。子虽浮图而识予初，将求子之文以序其后，子弗我拒也。"予然，而受其卷，披而览之。凡作者皆吾友也，如勾吴周砥、嘉陵杨基、会稽唐肃、吴郡王隅、介休王行、渤海高启、河南高巽志、东海徐贲，或规以文，或歌以诗，若骈贝联锦，烂然错陈，而炫人耳目也。

予甚嘉之意，良辅不求知于人，而自适其适，何贤士大夫交相赞咏之盛，岂非德所感邪？况吾友数君子，学广而识明，行高而德厚，树基业如古先哲，凡毁誉人一弗妄，人得言者亦弗易也。今良辅交其人而得其言，于以见良辅之贤，信不失矣。虽然，良辅之交于数君子亦不薄矣。然而，数君子或出于仕途，或羁于异方，或处于城郭，虽欲适良辅之居，叙耕渔之乐，不可得也。然予浮屠也，多闲暇，又非若数君子之出处，愿从荷锄于町畽之间，听鸣榔于烟波之上，倦则休于轩，醒而歌，醉而卧，或倚于床，或枕以股，冥然出于万物之表者，良辅非我其谁与俱乎？遂序其末。

至正二十五年二月十八日，古汴沙门道衍序。

——姚广孝《逃虚类稿》

圣恩禅庵开山记（节选）

〔明〕陈亢宗

中吴号称名藩，非特以物产富雄天下，而佛宇之盛咸殚极壮丽，虽小乡僻壤无处无之。郡西连山数十，郁然森耸；香台宝坊，争据殊胜。若灵岩之轩豁，白云之深秀，天池之幽邃，固已为古今名人所称赏。其巍然兴于我朝者，则圣恩禅庵亦其一焉。庵盖禅师万峰蔚公所创，在郡西七十里玄墓村之邓尉山。

厥地濒太湖，草木青润，群峦环抱，庵当其腹，轩豁而不病于敞，深秀而不患于僻，幽邃而弗失之隘。重楼复阁，位置适宜，并山势为起伏，层现叠出如画。法华山自东逶迤而南，转折西指，堕半湖中，宛若飞舞。下有小阜隆然离立，类覆钵正当其前，而洞庭诸峰点缀间处其次，而湖南莒雪群山复次其后云。远黛浮岚，风帆沙鸟，日夕容与，三万六千顷之波澜，七十二峰之奇秀，一盱衡若指诸掌，诚足以兼众美而有之也。

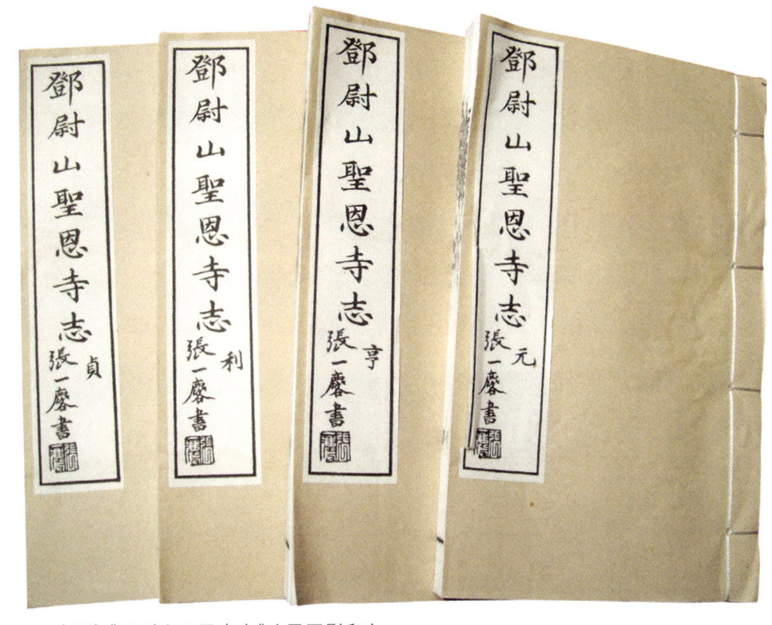

〔明〕《邓尉山圣恩寺志》（民国影印）

初，公以元末壬申提其师千岩之学，自浙东游历至是，睹厥殊胜，丐迪功之玄孙华一，得弃隙数尺，缚茅居之。久之，人渐信。向皇明开天表章真乘，而公道价益隆，缁素奔凑。洪武九年，始辟地为观音宝阁诸室，号曰圣恩焉。寻与其徒普寿等构演法之堂，落成而公示寂。寿与其弟普隐，用甲乙之传继主庵事，乃乘其愿，力发其留赀，于经画指授处建大佛殿，以及伽蓝、祖师二祠，及三塔院，斋厨有堂，舂硙有室。凡像设之庄严妙丽，则僧普现、善明与今住持智璿任之。已而首座普持以为梵宇之制必备鼓钟，警昏旦以集众，而阙焉非所以称严肃。乃为重屋，范铜为巨钟；而法鼓云版则委之僧净心。自是雷轰鲸号，六时震撼；香花灯供，净洁明鲜，而规制渐备矣。永乐七年，智璿既正席，尤孜孜于述作。首撤大殿瓴甓之毁败者而一新之，议以为前所造法堂，去殿一隅非处，乃改卜于殿后，龛置槜李蔡景和所施《大藏经》于中。易旧为丈室，中奉大士小像。前设无尽灯，后营僧堂，右立碧照轩，为娱宾之署。而山门、廊庑、众寮、库庾、船舫之类，以十四年之冬咸用告成。于是丹甍绀宇，文栱华榱，山涌翚飞，人天瞻骇，而山川改观，四方游览之迹莫不以寓目为胜事。云水之徒从而栖止者，常以百数计，有万里而至者，咸谓之："胜概宏模，虽宿号名刹者，未易过之。"

其为役至殷，为费至巨，虽出于四方善信之所乐施，而人未始非之。大殿则郡人金荣甫及其子、妇三人罄家以济，而功居其半；僧堂则智璿佐以衣盂之羡为钞六千缗，前后置山园二百余亩，敛其产贸迁以佚岁用。不足者则赖远近好事之家，舟肩之助，庸取给焉。始公凿四大井，人莫测其意，及是人无远汲之困，益可见慧力之至矣。智璿念自创始已来三百甲子，登载顾未有作，爰砻石以记来请，余辞弗获。窃以为天时、人事之会合一皆有数，今而四方名胜为方外据，而有搜决殆尽，矧吴佛祠之盛欤。

是地也，距郡不一牛鸣，初无崇岗峻岭、长林大泽为之限隔，方袍羽人之踪日相寻，乎是而有目弗见焉。岂非天造地设，鬼神诃卫，有俟于今日者乎？方公之得石刻也，欣然若有夙契，则其兆固非偶然矣。抑尝观夫所谓名山胜刹者，皆兴自往昔，多者千余年，次以五六百，祀而后创建始备。公以赤手入吴，得容膝之弃于灌莽蒙幂中，非若名山胜刹，素为人所钦仰之为易举，其难岂直什百，乃能跨而轶之，隐然成一大丛林，虽由时事之会合，而公愿力之感召于人者，良不可诬。其为开山第一代祖师又何负哉？普寿等又能笃于继志述事，益可见其源流之懿非能深达事理之不二，示现有为以成始成终者，畴能然乎？方今圣人执金轮以驭世，佛日再中，行见敕额之颁，有不期然而然者矣。（下略）

〔明〕《邓尉圣恩寺志》

——周永年《邓尉山圣恩寺志》

玄墓山探梅倡和诗序

〔明〕文徵明

吴玄墓山在郡西南，临太湖之上，西崦、铜坑映带左右。玉梅万枝，与竹松杂植，冬春之交，花香树色，郁然秀茂；而断崖残雪，下上辉焕，波光渺弥，一目万顷，洞庭诸山宛在几格，真人间绝境也。但其地僻远，居民鲜少，车马所不通。虽有古刹名蓝，岁久颓落，高僧韵士，日远日无。苟其人非有幽情真识，不能得其趣；非具高怀独往之兴，不能即其境而游。矧能发为歌诗，品目咏赞，以深领其胜邪？此予于方（太古）、伍（馀福）两君探梅之作而有取焉。古之名山，往往以人胜，所贵于人，岂独盘游历览而已？有名德以重之，高情雅致有以颂之，然非文章雄杰，发其奇秘，亦终泯泯尔。是故，山无浅深近远，苟遭名人，皆足称胜天下。

吾吴号山水都，然知名当世，则虎丘、灵岩耳。盖顾野王之文，清远道士、李太白、韦、白诸人之诗歌，有足重也。若玄墓之胜，诚有不在二山之下者，而一时之人能道其名者鲜矣。岂非未遇其人，文章之不立欤？或谓永、柳诸山，以柳子诸文传，而柳子之文之奇，非永、柳诸山不足以发。二君他诗，固多清丽，而评者谓玄墓诸篇尤胜，岂非山水之奇，有以发之邪？而其幽情真识，与夫高怀独往之兴，实足领之。且其人皆清修有立，仕以政显，隐以操称，不肯碌碌人后。充其所至，必将名世。他时，当有读其诗，而想见其人，以歆兹山之胜者。余故叙而传之。

——文徵明《甫田集》

司徒庙记

〔明〕王梦熊

吴城西五十里为邓尉山，山之阳有庙焉，庙之神为邓尉。土地血食此境久矣，雨旸则祷之，疾疹则祷之，经商、狱讼则祷之，咸若有答焉者。惟栋宇日就倾圮，将何以昭神庥答灵贶哉？

乡之士顾子才首捐己囊，寻募众缘，鸠工庀材，以重建为己任。先作前堂，次作右室，以奉大士；次作左室，以为庖厨；次作后殿，以奉神像。其规制之崇广，视昔加三之二矣。溯其工则始于宣德十年，逮正统三年而后成。万历，顾君孟洪，暨亲朋姚仲礼、张以敬、杨遵德、张叔仪等，以子才用心勤，不可无述，以示于遂，请言记之。

夫人以诚敬祀神，神以福佑庇人，此理之必然。而栋宇摧圮，欲神之福我，岂理也耶？境中人几千家，庙宇固非一家之私，而子才独勖力勿懈，不底于成不已，苟非勇于为义，能如是乎？故予乐记其事于右，俾后人知其重建之难，思葺以继之，常获神之福矣。子才，名进；弟昌，字子方，咸以孝友著时。正统三年后，天顺辛巳重建西墙，徐用之、周文贵等九人。

——徐傅《光福志》

龟峰胜概记

〔明〕朱存理

吴有光福山者，一名龟山，距县西七十余里，相传梁九真太守顾氏之家山，又传为（顾）野王宅。山有寺，后据冈阜，前临林壁，古殿修廊，环抱林木，荟蔚为古丛林也。中有铜观音像，水旱祈祷，屡有灵应，载诸名人石刻，并见朱乐圃《图经续记》，可考。

殿有方丈，壁间置唐进士顾在镕诗刻。后有墨沼，亦云（顾）野王物，沼水墨色，如出污渠中，盖其遗迹欤。方丈西，从石磴而上，有浮屠七级，耸出一峰之上，所谓龟峰也。今年夏，予来避暑山中，登其绝顶，回望天平、灵岩诸山，如在几席。虽我目短，而不能远眺。是日也，风清雨霁，微日生凉，而能豁然一瞬于轩楹之外，波光镜净，云帆风鸢，渺在天际；洞庭东、西两峰涌出太湖之心，若青螺然，殆不可摸拟其形似也。

寺建萧梁时，日就倾圮，寺僧普照首发私愿，辛勤修复，崇台层宇，焕然如新。予方修郡志成，凡山川、寺院悉经纪载，崖镌野刻又尝备录，盖吾好游之心老而犹在。普照请言："然龟峰虽多奇胜，而未有记之者。长者光临，必有以发吾山中灵秀之秘。"呜呼！灵秀之秘，必得磊落瑰奇之士标品纂述，然后能发露于世，予岂其人哉？窃幸一览其胜，自不能已于有言，矧普照之请甚殷，姑书是为记。

正德戊辰六月既望。

——朱存理《野航文稿》

光福

〔明〕袁宏道

光福一名邓尉，与玄墓、铜坑诸山相连属。山中梅最盛，花时香雪三十里。其下为虎山桥，两峡一溪，画峦四匝。有湖在其中，名西崦湖，阔十余里。乱流而渡，至青芝山足，林壑尤美。山前长堤一带，几与湖埒，堤上桃柳相间。每三月时，红绿灿烂，如万丈锦，落花染成湖水，作胭脂浪。画船箫鼓，往来湖上，堤中妖童丽人，歌板相属，不减虎林西湖。寺僧为余言，董氏创此堤，费不下百万钱。时年饥甚，民无所得粟，董氏令载土一舟者得米数斗，旬日之内，土至如山，遂成大堤。山间苍松万余，楼阁台榭，宛然图画；柏屏萝幄，在在有之；碧栏红亭，与白波翠巘相映发，山水园池之胜，可谓兼之矣。

嗟夫，此山若得林和靖、倪云林一二辈妆点其中，岂不人与山俱胜哉！奈何层峦叠嶂，不以宅人而以宅鬼，悲夫。

——袁宏道《袁中郎全集》

邓尉十景记

〔清〕徐枋

虎山桥

凡游邓尉者，必由虎山桥，虎山固邓尉诸山之始也。其地四面皆山，中汇二崦，以受诸山之水，回环上下，约二十余里。有石梁，在乱山中，雄跨二崦间，层峦叠嶂，映带无已；而左右巨浸，波光极目，正如长虹夭矫，横亘碧落。每一登眺，不复知此身之在尘世矣。余每谓邓尉二崦，实不减西子湖，以其山水相得也。然西湖诸山奇丽处，正如子瞻所云“淡妆浓抹”，独能拟似；若邓尉二崦，则如仙真胜境，不可方物。余避世土室，足不窥户，惟春秋一出，展先文靖公之墓，而独以酷爱邓尉山水之胜，不得不破土室之戒。一岁中尝三四过之，每至虎山桥，辄徘徊不能去也。

司徒庙

司徒庙柏，千年物也，雄奇偃蹇，各极其致，有非图画之所能尽者，殆不减杜少陵所咏孔明祠前柏也。零落空山，榛芜满地，昔人祠宇湮没无闻多矣，而此独以柏树得传，不亦异乎。或曰此汉高密侯祠也。

铜坑

过虎山桥为龟山，龟山之麓直接平堤，夹岸榆柳，皆在下崦中。遥望水面，有物如螺，杂树蒙之，浮庙墩也。崦之尽，长虹缥缈如线，铜坑桥也。外则太湖具区矣，烟水沦涟，山林窅然。风平浪息，湖光如镜，则孤帆出没于天末，远山浮沉于波面，而渔舠如叶，与凫相泛。若风雨晦冥，波涛澎湃，咫尺之际，正如鱼龙变怪，倏忽一览，于此不啻移我情矣，亦一山之绝。

铜井

邓尉支（诸）山，铜井最胜，以其有石有泉也。其顶高出诸山，独有二大树冠之，远见三十里。石磴盘纡，拾级而上，既陟其巅，有巨峰横偃，大如十间屋，其高几丈，嵌空崚嶒，作势奇妙。峰下有泉二，俱在石罅中。石皆青碧色，其质细润如古铜器，而泉深如井，故名铜井。一云泉，底有铜，故水味尝涩，要不可考也。峰侧有古庙，居二大树下，庙旁精舍三四楹，坐卧食息，与奇峰相对，而烟云出没皆在足底，真殊境也。

徐枋《邓尉山图》

石壁

邓尉诸山，苦少奇石，故石壁虽在僻远，而游屐之所必到也。先自平畴蹑山麓而上，数折至山之半，辟径如砥，夹路皆松杉也。上倚巉岩，下俯太湖，湖水澎湃，吞啮山足，风起则谷啸，水涌声闻甚远。盘山而行二里许，将至石壁下，又有一峰隔之，再转而入，其径最狭，过数武，忽有平地，周数亩，上即石壁也。石固逊铜井之灵妙，而独以雄峭作奇，崭巀如削，壁色正黄，形势回抱，当不减赤城矣。中有精舍，游者至此，必止息焉。

槎山

邓尉看梅名胜处，玄墓称绝，余者马家山、董坟、朝元阁、槎山、坎上，皆其选也。然马家山、朝元阁皆有梅花，而无太湖，山不得水，其势不奇；坎上固临湖，然一面所致，旷而不深。惟槎山则三面皆崇山峻岭，复自平田中突起一小山，山之麓直入湖中。登山瞰湖，则远水兼天，一望无际。而回顾三面，凡岩壑壁坞，篱落丛薄，幽深窈窕，曲折层叠，无非梅也。春日既丽，花光照眼，正如玉波雪浪，汹涌青峦碧岫间，自与澄湖万顷争奇矣。

七十二峰阁

顾文康公墓在潭山之麓，七十二峰阁即丙舍也。阁傍多长松巨石，后有峭壁雄踞，凌寒苍翠，弥望岩谷，一路丛松，诘曲而上，杰阁耸峙，与文康公墓相望。阁背山面湖，一望而七十二峰之胜，皆在目矣。至若烟雨空濛，黛眉螺髻，缥缈烟波，而风涛之动息，云峦之明灭，咫尺千里，正如鱼龙变怪，倏忽出没，不可方物。每游必尽其奇，无有同焉者，吾不能为形容也。

西湾

西湾在玄墓之西，太湖至此一曲，故名西湾。其地为邓尉山中最僻处，人迹罕到。而多隐者，依山为村，山家野店，无不朴古。山多丛竹，弥衍数里，亦诸山所无也。余喜其地之僻，尝游息焉。地在湖漘，每中夜涛声直薄于枕，意即唐张潮所咏之西湾也，隔湖即凤凰山云。

坎上

坎上，亦名东湾，以与西湾相对也。多高崖，拔起湖中，亦有平沙浮衍波面。崖上下皆山家，屋宇篱落，井井行列，屋后皆高山，循山皆梅花，数里中无杂树。轩窗乍启，波光如射，而蒹葭离披，天水俱永，直移我情矣。

玄墓

《名胜志》云，吴之山惟玄墓最僻亦最奇，面湖险隩，丹崖翠壁，望之若屏，又名邓尉。法华障其前，铜坑、青芝迤逦其左，游龙界其右，冈连岭属，诡状殊态，不可殚述。余以为此固仙山之所有也，未足尽其胜也。若以梅花为香国，回环百里皆梅，与山水相间，此天下之山之所无也。而尤奇者，以渔洋为屏，太湖为沼，左右开障，整如列眉，此种气象苟非开法王座，则何物足以当之。胜国末，万峰和尚驻锡于此，故玄墓亦名万峰。历年三百，昔之祇林宽路，芜没于荒榛衰草中，不可复问矣。烈皇初，三峰和尚重居祖席，稍稍兴复，然十不得一也。今剖（石）和尚继之，而法席愈盛庄严，缔构二十余年，于是参差殿阁，危楼杰观，遍满山崖，掩映于深林茂树之间，照耀金碧，尤为胜概。考之书记，问之故老，不特尽复其旧，实什伯当时云。

——徐枋《居易堂集》

弹山吾家山游记

〔清〕邵长蘅

弹山在玄墓西南六里，山故有七十二峰阁。宋（荦）公闻其名久，锐欲往。十二日晨，行二里，过董浔阳墓，至此径益狭，花益密，低枝触帽衣，游者时时侧瓬过之。阁踞弹山巅，圮不可登，有李西涯篆书题额，亦破碎。阁为顾文康公丙舍，公名鼎臣，明嘉靖间人。阁后稍东百余步，正面太湖，湖中山近而最大者曰西洞庭，稍南益东而大者曰东洞庭，马迹山则翠屏隐隐在百里外，其他如龟，如鼋，如龙舌，如梭，如蛇，如猫，如鼠，如凤凰，如钱堆，如大玑、小玑、大雷、小雷，如石公，如谢姑，如南鸟、北鸟、东鸭、西鸭，如琴，如杵，如笔格，如箬帽；远者，近者，浮者，沈者，峙者，盖七十二峰若可数云。按《志》，弹山亦名潭山，故土人呼潭东、潭西也。潭西小山曰茶山，曰石壁，梅烂熳，望之如残雪满山，与湖光相映。

下山，饭村庄，行三四里，登吾家山。山高仅廿仞，其上少花，多巨石藓驳，下视则千顷一白，目滉漾银海中，幽丽殆不可名状。月夜登此，不知奇更何似。公欲题以“香雪海”，予曰：“极佳，可作汉隶镌崖石上也。”循旧径下，至虎山桥，入舟解维归。为记游诗若干首，命某同赋。

今夫探幽胜，嗜吟咏，此山林之士之所擅而乐也。公以中丞提节钺，抚七郡五十三州县吏民，顾不挠于剧，澹然有以自足，而又汲汲与山林士争一日之乐，非贤者能与？为之记，叹公之贤不可及也。

——邵长蘅《青门旅稿》

逸园纪略

〔清〕蒋恭棐

逸园，在吴县潭西太湖滨，孝子程介庵先生庐墓处也。康熙四十五年丙戌，孝子卜葬赠儒林郎懿孝先生于西碛之南麓，筑室墓傍庐墓。四十八年己丑，何义门先生榜曰“九峰草庐”。五十三年甲午，邵北崖先生题“逸园”二字于壁。

园广五十亩，临湖，四面皆树梅，不下数万本；前植修竹数百竿，檀栾夹池水，过饮鹤涧，古梅数本，皆槎枒入画。历广庭，拾级而登，为九峰草庐，义门先生题额，云：“其前远近高下，为峰有九”，故名。庭前丘壑隽异，花木秀野。庭后牡丹一二十本，旁构小阁，良常王虚舟先生颜曰“花上”。后为“寒香堂”，秀水朱竹垞先生题额。堂西偏之室，曰“养真居”，孝子庐墓时栖止之所。草庐之东，为“心远亭”，山阴戴南枝高士所书。亭之北崖壁峭拔，有室三楹，曰“钓雪槎”，栏槛其旁，以为坐立之倚，佳花美木，列于西檐之外；下则凿石为涧，水声潺潺，左山右林，交映可爱。槎之东，银杏一本，大可三四围，相传为宋元间物。稍东有廊，曰“清阴接步”。又东为“清晖阁”，虞山王艮斋先生题额。蟠螭、石壁界其前，铜井、弹山迤逦其左，凭栏东望，高耸一峰，端正特立，尤为峭崒。其下梅林周广数十里，琴川钱东涧先生《游西碛》诗云“不知何处香，但见四山白”，最善名状。草庐之西，曰“梅花深处”；引泉为池，曰“涤山潭”；潭上有亭，曰“藻渌”；石梁跨其上，曰“盘碕”。盘碕之北，过芍药圃，竹篱短垣，石径幽邃，则白沙翠竹山房也。旁边有斗室，曰“宜奥”，每春秋佳日，主人鸣琴其中，清风自生，翠烟自留，曲有奥趣。后为山之幽，古桂丛生，幽荫蓊蔚，是园之北境。由竹篱石径折而西，飞桥梯架岩壑，下通人行，为迪山，今名涤山。

由西碛透迤成陇，高二十余丈，周百余亩，其中平坦处，石台方广丈余，登其巅，则莫厘、缥缈诸峰，隐隐在目；白浮、长浮，近列几案间。东则丹崖翠巘，云窗雾阁，层见叠出；西则黏天浴日，不见其际，风帆沙鸟，烟云出没，如在白银世界中，为逸园最胜处。

——蒋恭棐《西原草堂文集》

游光福访梅花记（节选）

〔清〕怀应聘

己丑春，余寓虎阜，知邓尉山梅花盛开，欲买棹一访，遂约顾子峨在、王子九纯，

梅园小景（2017 年摄）

订期偕游。先一夕雨，次早不止，日中忽见日，即解维。天气乍雨乍晴，众山忽隐忽见，阴云开阖，月如仰盂。是晚泊费家埠，举杯邀月，相与尽酣就寝。鸡未鸣，雷大震，雨如倾注，殊可畏也。迨晓，雨势弥漫。二子曰："如雨奈何，既至而不能入山，花将残矣，奈何？倘入山而雨不歇，又何以遍历其境耶？"余曰："古有踏雪寻梅者矣，我今冒雨看花，亦佳话也。"

少顷，山动云行，有霁色。遂乘竹舆，担奚囊，由董坟次有西堂，取道花深处，乃从棘林樊圃转折而出，竟上马家山。倚石一望，如银海生涛，白云布地，独两松矫矫犹龙，若张鳞振鬣，竞作飞腾状，为之心动神移。因考其处即宋黄金紫公墓旁，在昔有松，大松二，亡之久矣，人弗及见，此即俗名松三、松四也。及登舆，直至铁山，因其石色如铁，故名。次茶山，又名绣裘山，其石磊落，皆生苔衣，色如铜绿，石缝矮松根盘节错，高不过四五尺许。仰观而南，则湖光波溢，可挹可濯，山川映带，真若有三万六千顷之广也。俯瞩而北，则雪色凝空，旋飘旋积，村落深藏，又不知其几千万树之密也。花气酝酿，令人自醉，非人世所有，但无亭榭可以栖迟，亦缺事耳。次绕铜井，上蟠螭，过弹山麓，登七十二峰阁，匾为李西涯书。快哉，群松昂立，一水交吞，呼吸之间，波翻山涌，若夫芦根沙嘴，网集渔炊，宛然图画。凭吊久之，不觉其阁之危也。及从山腰东绕湖堤，不数武，雨来矣，不及寻览石壁、惊鱼涧、五云洞、米堆山、柴庄岭诸胜，心甚怏怏。道旁幸有一山家，门径清雅，先命舆从进与老妪言，买薪煮茶，兼得避雨。二子渴甚，各饮二三碗。顷旋雨止，即过长圻岭，岭亦多松，大小不一。岭阴梅花无数，纵观之，不减马家山、茶山之一望也。舆人叩余曰："此去玄墓不远，将往耶？抑从新庵去耶？"私忖之，万峰道场久不随，喜今阴晴无定，仓卒往还，未敢瞻礼。径从新庵一路而归，野梅离落，官城（梅）正佳，踪迹虽离香窟，神情宛在玉林矣。

——怀应聘《冰斋文集》

重修虎山桥记

〔清〕徐坚

虎山桥创造之始，莫知所自，盖无碑记可考也。乾隆某岁之冬，东孔一石中断落水，桥有欹侧之势。侄洪山命工购木，支撑其下，并作浮桥于旁，以济往来。时当严冬风厉，行者惴惴焉。群相告语曰：桥工之役，不可缓也。

新正贺岁，余入司署，时熊君廷英延入茶话，因言：恭逢皇太后八旬万寿，奉有懿旨，凡所在祠庙、道路、桥梁颓废者，许动帑兴修。今虎山桥势已岌岌，我当循例详请。余漫应之，曰："此桥工费甚巨，循例详请固善，但恐事在当官必多周折，大宪批详允行之后，自有勘复，勘估计核减，催工查工收工之事，况所请之数未必足敷，而应酬之费又将何出？而乡民既知官办，碍难劝捐，不若直据情形，居民自愿劝输修理，求请存案给示为妥。"熊君深然余言。

余即辞出。不料，熊君未谋于众，遽行间报。董事五人，予居其首，其余则李肇修、徐洪山、汪芳贻、徐敏中也。细思既经详举，势难推诿，因语洪山曰："此事甚重大，端有五盘石，中断桩朽可知，必当重立排桩，彻底重建也。旧料青石，易于剥落，必易磨石，以图永久。而旧可供填实之用，工费甚大，必得于三月分募于各乡之往来此桥者，今吾远馆在外，势难兼顾，力薄不能多助，只好量力而行，或有机会可图，再当设法。至于购买木石，督理工匠，登记出入，惟汝一人是赖。且泰定以来，历经兴废，皆得我族先人之力，小碣可考；今汝独任其事，更当详加慎重，以底于成。"洪山慨然许诺，任为己事。余遂飘然就道，远入秦关矣。

越几年东归，入浒溪遥见玉虹蜿蜒于白波青巘间，与塔光映射，湖山气象，顿尔改观。深喜洪山之克尽心力，早成大功也。嘉庆丁巳冬日，追溯始末，详记于此，以授其子天佑；汇其捐数，并刻一石，以记其父未了之绪。是惟天佑之责也，低徊感叹，有厚望焉。

——徐傅《光福志》

游香雪海记

〔清〕程恩泽

吴郡以西之山，蜿蜒磅礴，若鼎峙而林列。惟具区实吞之而不能尽，若杂置大小石于庭而引水灌之，其状或出或没，或仰或俯，或环或玦，人咸知湖之荡乎山，而不知山之窾于湖也。窾于湖，故愈近水愈灵秀殊异。当湖山之奥曰香雪海，山固多梅。梅根饮于湖，而花醞酿于云上。大江南北以梅著者无与香雪海比；寻梅者以不得至香雪海为憾甚。则一涉其涯而不见多梅，于是香雪海且负谤。

道光十年二月下澣，陈玉生观察招梁芷林方伯、汪寅禾编修及余，为香雪海游。余谢不往，观察诧曰："君素豪于游，无君不乐也，奚其辞？"余曰："前数日曾一至，不

香雪海梅花（2017 年摄）

见梅；登高眺之，则数十株厕桑林间。乃询梅之农云若梅何时可尽放，则应曰尽放矣。”然观察强聒不已，方伯亦使伻促登舟，余踉跄去。是夜，北风号怒，雪媛媛下，客皆噤啐不成寐。昧爽泊光福（巡检）司，起觑篷窗隙，则霁光皎然。观察曰：“天且假人，倘花亦若是耶？”遂乘笋舆将径抵香雪海。诣司徒庙，观四奇树。于是舁者哗曰：“欲观梅乎，须至菖蒲潭及潭西。”乃至菖蒲潭，弥望十数里，若明云屯积，时骄阳乍升，芳馥沤郁中人如醇酒。至潭西，铁干桀立，丹碧者、缥者、素者，色相糅者如锦绮裹，虬龙愈拏攫愈妩媚，香益酷烈，顺风闻数里外。观察乃揶揄余曰：“若非香雪海乎？海固不可一地限也。君目中之海何其隘，吾意中之海抑可宽耶？”遂登六浮阁，复赴蟠螭山。山斗入湖，湖在几席。下（山）乃食于邓尉山之还元阁。登钟楼归，途经潘氏园；入舟，乘夕照归，橹声穿丛绿间，山光水态益明。盖来时暝无所见也。

是役也，揽湖上之山，佛螺帝青若烟点著明镜上，则蟠螭最；自万梅影中掬湖光于掌上，则六浮阁、还元阁最；花天然而夥，则菖蒲潭最；畦瑰珍宝、各竞姝丽，则潭西最；凭高下视，使疏花面面规带，则香雪海最。惜哉，易梅以桑，使数百年旧柯寥落不及十一也。于是，余十日间两至香雪海矣，今香雪海几负谤者。予知香雪海之胜，而遍及者亦予。然非方伯持之坚，观察行之力，则不夺于人言亦格于天时矣。游小道也，不亲履则不易知，亲履之而尚得其一遗其十，矧大于游者哉！因益叹余之愦愦，而服方伯、观察之去人远也。三君子皆有诗，予因序之。

——程恩泽《程侍郎遗集》

邓尉梅花锦作堆

〔现代〕周瘦鹃

“邓尉梅花锦作堆，千枝万朵满山隈；几时修得山中住，朝夕吹香嚼蕊来。”这是我往年在梅花时节，为了怀念邓尉山梅花而作。

邓尉在吴县西五十里的光福乡，因汉代有邓尉隐居于此，故以为名。宋代淳祐年间，高士查莘在山坞大种梅树，后来山中人就都以种梅为业。梅花时节，满山香雪重重，皑皑一白，绿萼红英，也错杂其间，数十里幽香不断。清代诗人金恭曾有小记云：“小雪初晴，余寒送腊，具鹤氅浩然巾，入邓尉山，看红梅绿萼，十步一坐，坐浮一大白，花香枝影，迎送数十里。”往年邓尉梅花之盛而美，可以想见。附近如玄墓、弹山、青芝、西碛、铜井、马驾诸山，也都有千树万树的梅花，而以邓尉为代表，因此古今来文人墨客所作的文章诗词，都在歌颂邓尉的梅花了。

玄墓在邓尉东南六里，两地实在是一山相连的。看梅人一路从邓尉到玄墓，所谓“花外见晴雪，花里闻香风”，真的使眼鼻受用不尽。清代李福有《玄墓探梅歌》云：“雪花如掌重云障，一丝春向寒中酿。春信微茫何处寻？昨宵吹到梅梢上。太湖之滨小邓林，千株空作横斜状，铜坑寥寂悄无踪，石壁嵯峨冷相向。踏残明月锁香痕，翠羽啾啾共惆怅，报道前村消息真，冲寒那顾攀层嶂。玉貌惊看试半妆，霜华喜见裁新样，酹酒临风各有情，小别经年道无恙。此花与我宿缘多，冰雪满衿抱微尚，相逢差慰一春心，空山不负骑驴访。”我在抗战胜利后一年春初，也曾探梅玄墓，见梅树已大遭摧残，圣恩寺前几已荡然无存，后面真假山那里倒还有好多株老梅，尚可一看。还元阁中旧藏的《一蒲团外万梅花》长卷，前半早已失去，只剩胡三桥一画和现代人所题跋的诗词了。

马驾山在铜井山东，山并不高，清初遍山都种有梅树。花时丛丛香雪，有如一片香海，康熙年间巡抚宋荦在崖壁上题了“香雪海”三字。康熙、乾隆二帝也曾到此一游。我在二十余年前来此探梅时，不但见本山上全是梅花，就是望到远处也一片雪白，真不愧为香雪海了。汪琬游记中也说：“列坐其地，府窥旁瞩，蒙然暍然，曳若长练，凝若积雪，绵谷跨岭，无一非梅者。”可是，去秋我与苏州市园林管理处同人为了要整修山顶上的梅花亭，前去察看，见山上连一株梅树都没有了。梅花亭也残破，香雪海一碑尚在山麓。我家藏有清代吴大澂所画《香雪海》横幅，挂在寒香阁中，梅花时节，朝夕观赏，也就聊当卧游了。

今秋，“香雪海”上的梅花亭和亭下斜坡上的轩都已修好了，自觉楚楚可观。可是山上、山下和山的四周，还要种上了千百株梅树，那么开花时香雪丛丛，才不负“香雪海”这一美好的名称。

——周瘦鹃《苏州游踪》

梅花盛放（2017 年摄）

一树独先天下春

〔当代〕艾雯

赏梅，最好的去处还是邓尉。只要去过一次，就让人魂萦神牵，梦寐难忘。邓尉山环山遍植花木果树，最著名的便是梅花，约二十里方圆尽是梅树，当隆冬将近未逝，春讯待临未临，千万株梅树一齐怒放，蔚成一片梅香雪海奇观……每年邓尉探梅的人络绎不绝于山荫道上，有人徒步，有人曳杖，有人乘兴，凛冽的溯风也丝毫不会减低寻梅的雅兴。

到了镇上，离山麓还有一截路哩，远远地就看到白茫茫一带，横贯天边，仿佛天际驻云不动，山顶积雪未化。一步步走近去，云更稠密，雪更璀璨，慢慢地迤逦而上，蜿蜒攀升，人就走进了垂云，踏进了积雪，左右前后围绕着皑皑的白，盈盈的白，莹洁的白。头顶上更是一卷卷、一叠叠舒展延拓……待仔细辨认才分得出原是亿万朵花朵堆叠相印，蔚成云雪。空隙摇落点点若隐若现的春阳，浮光闪烁，耀眼生花。有什么很轻很柔地飘落在脸颊，想是花瓣。手指一摸，却化作一滴雪水。那这滴痒叟叟的又是未化的积雪吧，再一试，噢！是凝脂般柔润晶莹的花瓣。一阵阵香风拂面，香雾弥漫，来不及左顾右盼，只是仰着头，就这么腾云驾雾任意向前漫步，前面的白雪随着脚步阔展拓宽，但依然白茫茫无尽无垠，身后的白雪紧叩着脚跟掩拢凑合，并显得深邃渺邈，一路展漾合拢，就像白浪悄悄掩卷，波涛寂寂翻滚，好一片花气氤氲纤尘不染的香雪海！寻梅人，探梅人，赏梅人，一个个浸润其间，泅泳其间，尽情享受那种“飞来香雾都成雪，寻入梅花不见人”的美妙境界，浑然忘记了山脚下还有一个庸庸碌碌的繁华世界！

——《苏州杂志》2003 年第 1 期

城隍山庙会忆旧（节选）

〔当代〕李文杰

在光福与东渚的交界处有座凤凰山，因形状似展翅凤凰而得名。山的西南麓有座城隍庙，故俗称城隍山。一年一度的城隍山庙会，素负盛名，曾是光福地区最隆重的庙会之一。

城隍山庙会在每年的清明节举行，会期三天。庙会期间，要抬着城隍爷和台阁按固定的路线穿村走巷，称之为“走会”（又称“出会”）。第一天西线，走南塘泾、宋家庄、旗墩上、崦东村，经菱塘桥到光福小巨角，直抵虎山东岳庙。这一天的主要任务是“解钱粮”，即城隍爷向虎山东岳大帝进贡钱粮。所谓“钱粮”，其实是纸锭纸帛。由六七

城隍山·宝祥禅寺（2017 年摄）

只遍插黄旗的农船经南塘泾、宋家庄河道运至虎山桥上岸，把“钱粮”抬进东岳庙粮库焚化。这些农船大多是从宋家庄抽调。会前，城隍庙里派差役手持庙里“传单”送到船家。不管船只忙闲，届时必到，不得有误；船主则为佛事当差，不敢违拗怠慢，且分文不取。解过“钱粮”后，庙里发给收执，并发“喜单”一张，印有“玉印”者为最光彩。城隍爷在虎山停轿后，换上皂色袍服，停在庙前吃摆茶。茶罢，经迂里、南庄、叶家桥、大井头、林树头、西府巷，回到城隍山。第二天北线，经上朱巷、上山、柴巷、花巷、哑子桥等村。在河界桥摆渡，然后经龙塘桥折南，过东渚镇及叶巷、白门堂等村庄，再经南塘泾村河北回山。第三天南线，走山脚头、北沟上、杨巷上、吴家桥，转折田舍、渠上、顾匠巷，回到小桥头村。城隍爷在此停轿吃摆茶，由小桥头“土地公公”邀坐供奉。然后穿入下渡村，回到鸡墩里、孙巷上、刘家河头，向东直到唐巷、吴宅、南北绞里，再经上脚头村，回到山上庙里。

所属各村都有自己的台阁，因此每次走会都遇上一个前后次序的排列问题。但不管如何，吴宅村（今属高新区东渚）的台阁总是走在最前面，民间有“吴宅台阁第一肩”之谚。其老大地位，从来没人能撼动过。1946年庙会时，府巷村不买账，扬言“不摸卷子，谁也不能做第一”，跳出来与吴宅村较劲；双方剑拔弩张，互不相让。最后在会首者的调解下，府巷村还是让了步，吴宅台阁仍是第一肩。其第一肩的地位，据说最早是他们凭实力打出来的，其次他们的台阁也的确与众不同，是一出单枪匹马的“武功戏”，扮演刘海者不时地在铁圈里翻跟斗，惊险万分，称之为“迁跟斗台阁”，独树一帜。连续翻滚时，看会者给予热烈的掌声，有民谣赞叹道：“吴宅台阁第一肩，短衫裤子勿连牵（不好）；迁跟斗来豁虎跳，喝彩声音响连天！”

庙会最精彩的是台阁表演，“旗盖鲜艳，以童子扮作杂剧，各村无不争胜夸耀，穷极工巧”（清《光福志·风俗》）。表演花旦或小生折子戏，戏文主要有《白蛇传》《梁山伯与祝英台》《凤仪亭》《珍珠塔》《小放牛》《西厢记》《捉放曹》《天女散花》等。扮演者都是六至十岁的孩子，着一身紧袖裤管衣衫，英气勃勃。装台阁师傅用长幅条布将其拦腰“缠”在一根高三米多的悬空金属转轴上。台阁徐徐而行，小演员即兴表演，一会儿连使跟斗，一会儿金鸡独立……“台阁小娘”非常标致，在那几丈高的“空中舞台”上神采飞扬，水袖飘动，舞姿优美。外加锣鼓喧天，爆竹声声，火铳震耳，欢呼雀跃，两边观众夹道欢迎，气氛十分热烈。

五彩缤纷的台阁“走会”时，队伍绵延数里，浩浩荡荡。前面有一队小伙子鸣锣开道，穿着时髦。最后面压阵的是供城隍爷的暖轿，两边是卒士以及十八刀枪剑戟仪仗队伍。最炫耀耐看的是男女青年的荡臂锣、荡石狮、荡石锁表演。表演者都是身强力壮、青春勃发的青年，他们在右臂下方用银针穿破皮肉表层，挂上十八至廿四只钩子，将数十斤重（最轻者不下二十斤）的石狮、石锁悬挂在扣子上，精神抖擞地走在队伍中。女青年大多是荡臂锣，重量最多二三斤，悬挂方法相同，边走边敲打，此时全然忘记了皮肉的疼痛。表演盘钢叉的小伙子们不甘示弱，他们由十多个人组成一队，身穿玄色密门扣短衫裤，腰束白色绸带，黑白分明，随着动作的飞舞飘扬，在人群密集处大耍其能。钢叉从手腕盘到背上，再从背上盘到大腿，滚到脚尖时，把钢叉踢上半空，从上落下，单手稳稳接住，发出“嚓唧唧”的响声，清脆悦耳，其中“飞叉”更是惊险……各地男女老少都涌到必经之路观看（称之“看会”），不时发出阵阵喝彩声，而表演者更是使出全身解数炫耀魅力，以博好评。

——《苏州日报》2007年11月13日

著作目录

南朝梁 顾烜，《钱谱》一卷。

南朝陈 顾野王，《玉篇》三十卷、《陈书》三卷、《通史要略》一百卷、《国史记传》二百卷（未成）、《古今地谱》二卷、《分野枢要》一卷、《舆地志》三十卷、《十国都城记》十卷、《建安地记》二篇、《符瑞图》十卷、目一卷，《玄象表》一卷、《续洞冥记》一卷、《顾氏谱传》十卷、《顾黄门诗文集》二十卷。

唐朝 顾允，《汉书古今集义》二十卷、《丽正文苑》三十卷、《太宗实录》二十卷（敬播等同撰）、《武德贞观两朝史》八十卷（长孙无忌等同撰）、《芳林要览》三百卷、《搖山玉彩》五百卷（许敬宗等同撰）、《括地志》五百五十卷、《序略》五卷（萧德言等同撰）。

宋朝 顾棠，《周易义类》三卷。

黄策，《随缘居士集》四十卷。

黄缨，《感事诗》。

顾禧，《志道集》一卷、《注东坡诗》四十二卷、《年谱》一卷。

黄季鲁，《道夫集》十卷。

明朝 徐达左，《易义奥》《孝经衍义》《颜子鼎编》《传道四子书》十卷（《四库总目》作八卷）、《传芳集》《金兰集》四集、《耕渔文集》六卷、《耕渔轩诗》一卷、《颜子鼎编》、《结游集》、《於讴集》、《年谱》三卷。

徐济，《乐余集》。

徐伦，《苇轩集》十卷。

许察，《巾箱集》《南峰杂咏》。

顾闻，《九菱山人集》。

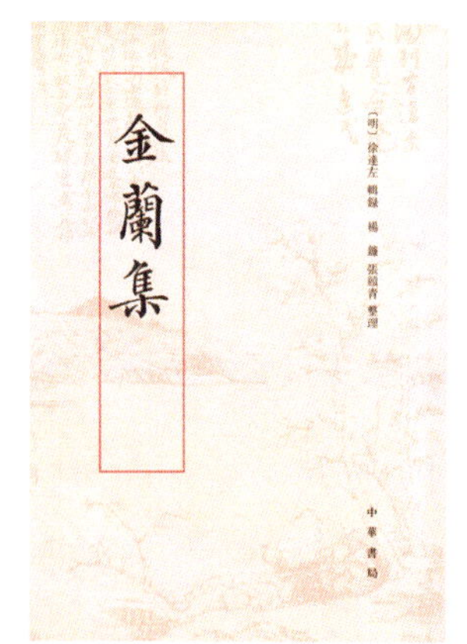

徐达左《金兰集》（书影）

顾孟林，《兀然先生诗稿》。

清朝 黄修，《碎锦编》。

黄中坚，《拟更季汉书昭烈皇帝本纪》《蓄斋集》十六卷（文十二卷、诗四卷）。

李针，《邓尉山房稿》三卷。

顾廷煊，《观旗偶记》《邓尉山樵稿》。

邓尉山人，《唐诗读本》二十一卷。

许徐翀，《介亭公集》《日耕闲偶吟》三卷。

徐坚，《西京职官印录》二卷、《东京职官印录》二卷、《啾饭斋印集》《石语》《友竹印稿》《印笺说（七则）》《余冬琐录》一卷、《烟墨著录》三卷、《友竹诗钞》《缌园诗钞》八卷、《续编补遗诗馀》（不分卷）。

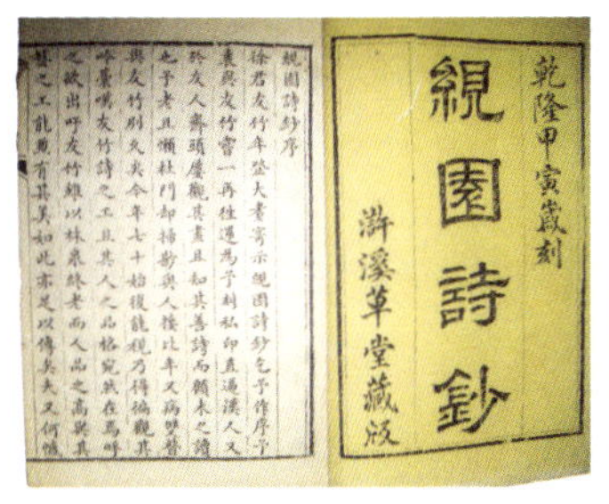

徐坚《缌园诗钞》书影

许兆熊，《东京名贤私印录》二卷、《池上草堂金石契集》三卷、《药笼镜》四十卷、《东篱中正》一卷、《凫舟诗稿》三卷、《六君子斋诗稿》二卷、《且喫茶轩日记》二册（稿本）、《光福竹枝词》。

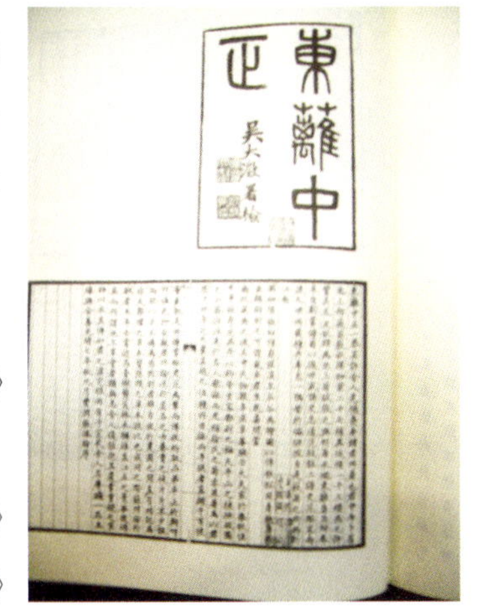

许兆熊《东篱中正》书影

金朗，《结游集》《於讴集》。

徐份，《印课汲绠集》《印课聪训集》《印课就证草》《两京名臣私印录》。

许玉瑑，《诗契斋文集》（稿本未刊）、《诗契斋诗集》五卷、《诗契斋词集》六卷、《独弦词》一卷、《骈体文稿》（未刊）。

吴茝，《佩秋阁诗稿》二卷、《佩秋阁词稿》一卷、《佩秋阁骈体文》一卷。

刘荣辰，《郑风质疑》《印星外集》《凤樵诗文钞》。

徐傅，《东崦草堂诗钞》四卷。

府晋蕃，《丙戌类稿》。

现当代 徐芝田，市镇上街人，《新伤寒论》《医疗须知》。

徐碧波《流水》（小说集）

徐碧波，市镇上街人，创作剧本《五卅沪潮》《儿女英雄》《虞美人》《第九天》《心狱》《灯明后》《残梦》《血泪鸳鸯》，小说《青春之火》、《空气》、《苏州屋檐下》、《粉红莲》、《四代女性》、《英灵记》、《邂难记》、《流水》（1934年5月上海益新书店）；《学诗一得》、《高初级论说文范》、《简易学诗法》（郑逸梅合著，1948年国光书店）、《旧诗作法浅说》（1968年台湾华联出版社）。

王松林，福利北沟村人，《被面小样》《靠垫小样》《传统刺绣图案》《苏绣日用品图案设计》。

府廷镇，府巷村人，《什么是马克思列宁主义》（湖南人民出版社，1957年5月版）、《回忆文化大革命有关历史情况》（手稿）、《现代修正主义诡辩论若干问题》（手稿）、《我的厂史》（手稿）。

钱正，迂里山前村人，《历史的印记》（广陵书社出版，2003年9月版）《时代的风云》《人生的旅途》《太湖风云》《夜听风雨》《吴地风情》《吴塔风铃》《坚定的革命者范济春》《吴越王后裔——苏州钱氏》（以上均为准印出版）。

曹仁容，香雪窑上村人，《吴中风光——曹仁容画集》（古吴轩出版社，1999年8月版）《曹仁容风景写生集》（古吴轩出版社，2003年1月版）《苏州水城全景图》长卷（古吴轩出版社，2008年7月版）《苏州太湖全景图》长卷（古吴轩出版社，2008年7月版）《苏州园林名胜图》（古吴轩出版社，2010年4月版）《曹仁容国画作品集》（古吴轩出版社，2013年7月版）。

许明，市镇下街人，《新拂那新理性的风》（河南人民出版社，1993年2月版）《美的认知结构》（花山文艺出版社，1993年11月版）《人文理性的展望》（河南人民出版社，1995年9月版）《马克思主义美学思想史》（中央编译出版社，1999年11月版）《新意识形态批评》（首都师范大学出版社，2001年10月版）《文化发展论》（北京大学出版社，2005年9月版）《马克思主义与中国20世纪文化活动史（8卷本）》（主编，作者，河南人民出版社，2007年10月版）《中国元瓷》（上海社会科学院出版社，2007年11月版）《当代中国的文化发展》（中国大百科全书出版社，2008年4月版）《马克思主义与当代中国的文化发展》（上海社会科学院出版社，2008年9月版）《土耳其、伊朗馆藏元青花考察亲历记》（上海人民出版社，2008年4月版）等。

李嘉球，府巷南塘泾村人，《苏州状元》（上海社会科学院出版社，1993年10月版）《苏州梨园》（福建人民出版社，1998年4月版）《西山》（古吴轩出版社，1998年7月版）《香山匠人》（福建人民出版社，1999年4月版）《苏州文化丛书—苏州状元》（苏州大学出版社，1999 年 8 月版）《殿甲遗事——苏州状元故事》（古吴轩出版社，2000 年 9 月版）《角直名人》（古吴轩出版社，2000 年 12 月版）《苏州名伶》（古吴轩出版社，2001 年 12 月版）《记取吴淞第几桥》（与李亦婷合作，中国林业出版社，2007 年 1 月版）《洞天福地光福》（山东画报出版社，2010 年 8 月版）《苏州科举那些趣事》（古吴轩出版社，2011 年 10 月版）《姑苏宰相》（苏州大学出版社，2013 年 9 月版）《名人情缘光福》（中国文史出版社，2014 年 8 月版）《光福诗选》（中国文史出版社，2014 年 8 月版）《光福文选》（中国文史出版社，2014 年 8 月版）《光福香雪海—邓尉探梅诗文选》（广陵书社出版社，2015 年 1 月版）《穹窿山名胜与名人》（上海书店出版社，2015 年 12 月版）《姑苏城西是“天堂”—苏州木渎名人冢墓录》（古吴轩出版社，2016 年 2 月）《特色小镇：光福》（上海书店出版社，2017 年 9 月版）。

朱钧贤，香雪潭东人，《一个女人三个帮》（长篇小说）（黄河出版社，2014 年 8 月出版）。

许风康，市镇下街人，《当代艺术名家作品精选—许风康》（中国美术学院出版社，2015 年 12 月版）。

《特色小镇：光福》（2017 年摄）

地方文献

明代 沈律，《邓尉山志》，2008 年，广陵书社出版社影印。

周永年，《邓尉圣恩寺志》十八卷，2008 年，广陵书社出版社影印。

清代 佚名，《顾氏家谱》。

李翥霄、李搏霄，《迂里李氏家谱》。

马良玉，《光福全真道院小志》一卷。

钱元怡,《钱氏宗谱——续修安山本支谱》，光绪刻本。

徐傅,《光福志》十二卷，苏州毛上珍 1929 年石印。

佚名,《光福申氏家谱》。

张士俊,《查山探梅倡和诗》一卷。

谢家福,《邓尉探梅诗》。

现当代　李洲芳,《邓尉风景》，苏州人民出版社，1958 年 8 月版。

杨晓东,《光福》，古吴轩出版社，1998 年 12 月版。

朱雪华等,《光福镇志》，苏州大学出版社，2005 年 6 月版。

张志新,《邓尉圣恩寺志》，广陵书社出版，2008 年 4 月版。

须泉元、陈俊才,《太湖镇志》，广陵书社出版，2014 年 8 月版。

《光福镇志》(2017 年摄)

《太湖镇志》(2017 年摄)

杂记

光福历史悠久，文化积淀深厚，不仅有多个别名，而且是江南顾氏的“大本营”，其丰富文化由此可见一斑。光福名胜古迹遍及全境，山水草木无不蕴含着丰富的人文信息。

光福民间好街谈巷议，民间故事与传说极为丰富，且流传悠久而广泛，表达了百姓认识自然、改造自的决心与信心，也反映了百姓对美好生活的向往与追求。各种民间故事与传说，口口相传。

掌故

光福及其别名由来

南朝梁陈间，黄门侍郎顾野王舍宅为寺，取佛教中“佛光普照，广种福田”之语，命名称光福讲寺，全称光福贤首教寺。镇因寺而得名。后人另有解释，光福环境优美，风水绝佳，湖光山色，洞天福地，故称“光福”。

光福作为古镇地名，最早见于晚唐陆龟蒙《送小鸡山樵人序》，云：“出吴胥门，背朝日行四十里，得野步市，曰光福。”此文写于唐乾符六年（879），至今已有1130多年历史。

光福另有梓里、虎溪（浒溪）、邓尉、玄墓、徐村等别名。

梓里 很久以前，光福到处是茂密的森林，而长得最多的是梓树，这是一种落叶乔木，叶子对生，稍有掌状浅裂，圆锥的花序，开着黄白色的花朵。当地百姓靠山吃山，从山上砍伐梓树，做成各种各样的器具，或从事建筑。因此，人称“梓里”。明《吴邑志》云：“光福镇，民爨千余，街陌交通。自昔相传镇在梓里，然文献无征。今廛市四面环山，洵称山市，民则依山而居，平旦而市。”至今，在光福古镇南端还有个自然村叫“梓里”。

虎溪 在古镇北端有座虎山，相传春秋时是吴王御苑，吴王阖闾曾在此豢养老虎，旁边有一条小河，人称“虎溪”。清《光福志》云：“光福镇，古之虎溪。”明吴宽《记徐南客》有“虎溪溪上草堂闲，千树红梅杏霭间”诗句。蔡羽《宿圣恩寺碧昭轩》中也有“同来虎溪游，留题在丘壑”之句。后人因避讳或写作“浒溪”，姚广孝有《大雪中过浒溪访徐良夫留别》《赠徐邵武浒溪草堂》诗。

邓尉 得名于邓尉山。邓尉山最早名叫“大尖山”，相传汉代有个叫邓尉的人隐居在此，后人为纪念他改名邓尉。现在流行的说法是，因东汉大司徒邓禹（官太尉）而得名。

玄墓 得名于玄墓山，山又因东晋青州刺史郁泰玄墓而得名。清道光以前，苏州人将“邓尉探梅”大多称为“玄墓探梅”，清《清嘉录》《吴郡岁华纪丽》分别有“玄墓看梅花”“玄墓探梅”。

徐村 宋靖康之难，徐綦随宋室南渡，携家迁吴，定居光福，其后子孙繁衍，逐渐成为镇上第一大族。清许兆熊《竹枝词》云:“光福山前光福里，徐家一姓自成村。东西南久分三族，尽是斋郎靖节孙。”自注云:“光福旧名徐村，县志作徐家。宋太学生揆，赠宣教郎，谥靖节,（靖节）之父始携孙南渡，七百余年子孙日繁，今分三族，各奉蒸尝。”

江南顾氏源光福 江南顾氏是春秋时期越王勾践的后裔，姓“姒”。由汉朝顾贵一支，经过翱、纶、龙、大成、邦、安、综、林、奉等一脉发展而来，成为江南顾姓的正宗嫡系。

自西汉顾翱起居住光福。《西京杂记》载:“顾翱少失父，事母孝，母食雕胡（菰米）饭，常率子女躬自采撷，还家导水凿川供养，每有盈储。家近太湖，湖中乃生雕胡，无复杂草，虫鸟不敢至，遂得以为养，郡县表闾舍。”东汉，顾奉之子通，字道达，官至光禄勋。东汉末年，社会黑暗，辞职退居老家光福，归隐于太湖边聚坞（今属香雪潭东村），耕读度日。顾通之子融，字仲容，官至尚书，颇具其父之风，无心功名富贵。曾征召为荆州刺史，不应，举家归隐光福龟山。顾融生向、淑二子，长子向，字尊道，精通卜筮，声名遍布江南。孙权时，任前将军、尚书、屯田郎。向有雍、徽二子。向弟淑，字以平，曾任孙吴西曹掾，其子悌，字子通。顾雍，字元叹，官至东吴丞相。雍子邵、裕、

顾黄门祠（2017 年摄）

济。裕子荣，字彦先，仕吴，官至黄门侍郎。徽四世孙和，悌之孙众（祕之子），官至尚书仆射（副宰相）。

顾融十二世孙子乔，任梁东中郎武陵王府参军事。融十三世孙烜，任临贺王记室，兼本郡五官掾，以儒术知名于世。曾任建安知府，多善政。烜子野王（顾氏第三十世孙，融第十四世孙）以才华闻名于世，官至黄门侍郎，被誉为顾氏家族“中兴之祖”。顾野王有五子，长子盛南，字以成，天嘉（560—565）年间，官南安刺史，参与讨平陈宝之乱，以功任左卫将军；次子鸿南，字扶九，太建九年（577）周灭齐，以侍御史出镇临淮，建有功勋；三子周南，字雅操，官辅义都尉，镇守吴兴。南朝陈祯明二年（588）隋侵陈，浙闽郡邑都依附，独与弟夏南坚守吴兴。城陷不屈，兄弟俩自刎而死。后追封侯，立庙祀之。四子夏南，字欲清，与兄坚守吴兴而死。五子允南，不详。盛南携子彪迁居浙江余杭，夏南携子修期迁居浙江海盐，允南、鸿南、周南则居光福山。兄弟五人卒后，都归葬光福潭西黄公坞，人称“五侯坟”。子孙多附葬于此。

隋唐以后，朝廷采用科举选官制度，顾氏子孙四处为官，举家跟随；加上顾氏人口繁衍，吴地土地狭小，自顾野王之后，顾姓逐渐分布到其他地方，因此有“十二分宗”之说。宋朝时，顾野王十四世孙凤将顾氏“大本营”从光福镇迁到太湖边铜坑山。元大德六年（1302）夏，五十三世孙顾正卿在《勾吴（顾氏）谱序》中写道：“（顾凤）遂迁铜坑山，以乐山水。盖铜坑风景与诸山迥别，形蘸太湖，恍若图画。其山之泉甘而美，山之土沃而丰，可以蚕，可以畴，可以茗，可以采，由是吾祖迁而居之，人称‘铜坑顾宅’。”顾凤在铜坑桥侧建顾相公庙，祀三国名相顾雍；在光福寺旁建祠堂，祀先祖顾野王，配以顾盛南等五兄弟。

从顾氏四十五世顾铭宗起，子孙分散至江南各地。如今江南之崇明、太仓、嘉定、昆山、南京、常熟、无锡、吴江、松江以及浙江余杭、海盐等地顾氏都源于光福。清顾炎武《顾氏得姓考》云：“顾氏世谱自吴丞相雍上追受氏之先，以东海王摇之父安朱为一世，后鳞次相承，传代不爽……其登仕籍者，大半皆三吴、两浙之人，故相传以为‘江南无二顾’云。”江南顾氏同一祖宗，其老祖宗都出自光福。

玄墓山得名含义 玄墓山背倚连绵起伏的邓尉山，左边是高隆陡峭的米堆山，右边是蜿蜒曲折的长圻山，前面是碧波浩瀚的西太湖，形成“U”形畚箕湾，地势佳绝，环境优美，素有“玄墓势形，三龙三凤，胜绝天下”之誉。

据旧志记载：东晋青州刺史郁泰玄晚年曾隐居山中，死后葬在这里，因此得名玄墓山。郁泰玄（生卒年不详），字义真，籍贯不详。好黄老，官至青州（今属山东）刺史。生性仁恕，为官有惠政。晚年隐居在光福山里，平易近人，关心百姓，深受民众爱戴。去世后，百姓如丧考妣。落葬那天，天上飞来数千燕子，衔土而来，堆葬其墓，累土成冢。燕子，古称“玄鸟”。《诗经·玄鸟》有“天命玄鸟，降而生商”诗句。在民间，燕子是一种吉祥之鸟。因此，玄墓包含着两层意思：既是指郁泰玄之墓，也是指燕子（玄鸟）衔土而葬的墓。清初诗人陈瑚《吊玄墓诗》云：“细草春风占墓田，衔泥曾记燕千千。行人不为看花至，更有何人说泰玄。”

这桩奇闻逸事古籍多有记载，北宋《太平御览》卷九百二十二引唐代《苏州冢墓记》云：“故老相传，泰玄性仁恕，德感禽兽。初葬之日，有群燕数千衔土于冢上。今冢犹高大，与他有异。村村岁时，迄今祭祠（祀）。”清顾震涛《吴门表隐》（卷九）亦云：“晋青州刺史郁太元墓在邓尉山（圣恩寺）大殿后。太元有仁德，群燕垒土成冢，故山名元墓。”太元即泰玄，避康熙帝玄烨之讳。

明清两朝，郁泰玄墓均有修葺。民国时，墓尚存，墓前有“晋青州刺史郁泰玄墓”碑碣，刻有“乾隆元年三月，新安后学吴口口立石并记”字样。墓左旁有丰碑高九尺，上段刻有“景泰元年十月初一日谕旨”，下段刻有“天顺三年五月二十八日，礼部札付”等字样（见李根源《吴郡西山访古记》）。现圣恩寺天王殿门前两棵古柏树，相传即郁泰玄墓上旧物。

江南名园“耕渔轩” 元末明初，光福有座遐迩闻名的园林——耕渔轩，与无锡倪云林的清閟阁、昆山顾德辉的玉山佳处相鼎峙，并称“江南三大园林”。

耕渔轩位于光福古镇西市稍头西崦湖旁，三面临湖，背倚凤鸣冈，面对虎山桥，左有吾家山，右为龟峰山，邓尉之峰峙其上，具区之流汇于下，湖光山色，皆在襟袖之间。倩葱花木，映带前后；河港村落，棋布田野；龟山宝塔耸立，古镇民居鳞次。初春之时，万树梅花，芬芳烂漫；初秋之际，桂花绽放，馨香四溢，环境优美。

耕渔轩建于元至正年间，有“遂幽轩”等建筑。建成后，一时知名之士都往来其中，畅怀觞杯，风流文采，腾耀江左。著名画家朱德润、倪云林绘《耕渔图》并题诗，周砥、杨基、唐肃、王行、释道衍（姚广孝）、高启、卢熊、高巽志、徐贲、仇机、包大同、王隅、刘天锡、坚白叟、陈宗义、余铨、陶琛等文人名士都曾到耕渔轩作客游览，并有诗文题记歌咏。徐良夫将名士的题咏诗文汇编成《金兰集》四卷。明代，后裔孙徐邦鼎又将有关耕渔轩的诗歌、书画，辑成《耕渔轩倡酬名迹》，文徵明为之作序。

明清时，耕渔轩旧址上曾几度修园林。明代景泰年间（1450—1456），徐良夫曾孙徐季清在此筑“先春堂”。园林“扶疏之林，葱倩之圃，棋布鳞次，映带于前后。时方冬春之交，松筠橘柚之植，青青郁郁，列圩珣挺，琅玕梅花，万树芬敷，烂漫扑鼻，而娱目使人心旷神怡。若轶埃盍而凌云霄，出阴泜而熙青阳。视他所，殆别有一天地也。”（徐有贞《先春堂记》）清嘉庆间，海宁查世倓（澹馀）在此筑邓尉山庄，有御书楼、思贻堂、静学斋、小绉云、宝褉龛、耕渔轩、杨柳湾、塔影岚光阁、澹虑簃、读画庐、钓雪潭、银藤舫、金兰馆、鹤步倚、石帆亭、梅花屋、秋水夕阳吟榭、索笑坡、听钟台、无棣传经室、春浮精舍、月廊、蔬圃、竹居等24处景点，张问陶有《邓尉山庄记》。同治间，冯桂芬得其址重建耕渔轩，自撰《耕渔轩记》。

万峰和尚重振圣恩寺 玄墓山江南佛教圣地之一。唐天宝年间（742—755），僧人在山腹建天寿禅寺；南宋宝祐年间（1253—1258），又有僧人在旁边建圣恩禅庵。元代，天寿禅寺遭遇火灾，圣恩庵亦随之衰败，整个玄墓山被苏州名绅叶承三所占有。元至正九年（1349），万峰和尚卓锡玄墓，重新振兴古寺。

万峰（1301—1381），俗姓金，名时蔚，浙江乐清人。从小有佛缘，11岁出家当地永庆寺，诵《华严经》，忽然有悟，到杭州虎跑寺参拜止岩禅师，后又遍寻名师。最终在伏龙山拜谒江南名僧千岩（名元长，临济宗大师），千岩见他纯粹不俗，有古人气象，收为弟子，全心教授，佛学大长。后移居河南嵩山九年，千岩对他“爱重期待者甚”，先后三次亲自写信召他回来。万峰回到杭州，“请与分座”，并准备马上返回嵩山。千岩告诉他：“你的佛缘在浙西，可前往化导，大振吾宗。”浙西区域广大，到底缘在哪里？万峰请问所往地点，千岩指点道：遇到与你名字相同的地方，便是你可以振兴佛法之地。告别师傅，他朝西行走，于元至正九年（1349）到光福，见邓尉山的“尉”字，与自己名字时蔚的“蔚”字相近，觉得有缘，便卓锡于此。万峰博学多知，精于堪舆，见这里山水相拱，龙虎盘旋，朱雀导前，玄武殿后，阴阳合而子午正，风水绝佳，是不可多得的理想之境，作偈云：“玄高向午面朝湖，三凤三龙天下无。左右环盘前后阔，此山真好立禅徒。”

万峰向叶承三乞求“隙地数尺，缚茅居之”。叶氏起初不同意，后来“见其智慧，能知未来”，一心一意重振古寺，同意捐赠。从此，万峰开宗立教，建寺设坛，构筑伽蓝，至明洪武九年（1376），万峰先后建起法堂、观音阁、方丈室，并创建万峰道场，开山说法，其徒大集，“十方禅纳争驰参礼于座者，星拱云合”，名声大振，自是“缁素奔凑，远迩云集”，山里人头攒动，盛况空前，名闻朝廷，明太祖曾唤诏。后人尊他为圣恩禅寺开山祖师。

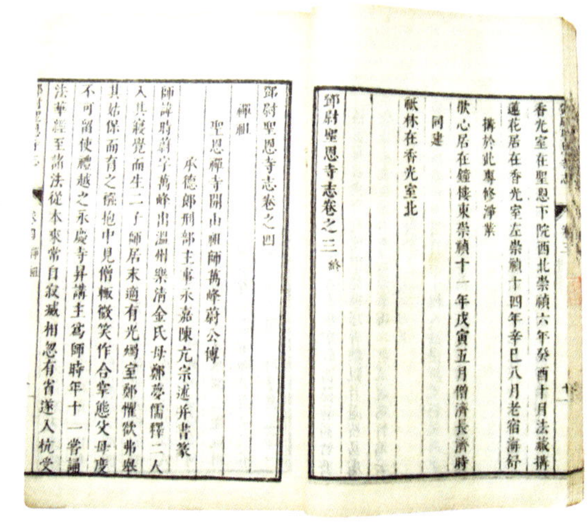
香光室在聖恩下院西北崇禎六年癸酉十月法藏搆
蓮花居在香光室左崇禎十四年辛巳八月老宿海舒
搆於此專修淨業
伏心居在鐘樓東崇禎十一年戊寅五月僧濟長濟時
同建
祇林在香光室北
鄧尉聖恩寺志卷之三 終

鄧尉聖恩寺志卷之四
禪祖
聖恩禪寺開山祖師萬峰蔚公傳
承德郎刑部主事永嘉陳允宗述并書篆
師諱時蔚字萬峰出溫州樂清金氏母鄭夢儒釋二人
入其寢覺而生二子師居末適有光燭室鄭懼欲弗舉
其姑保而有之襁抱中見僧輒微笑作合掌態父母度
不可留使禮越之永慶寺昇講主為師時年十一嘗誦
法華經至諸法從本來常自寂滅相忽有省遂入杭受

万峰和尚传

万峰为佛教临济宗派第二十代宗师，享有很高威望，嘉兴、湖州等地许多寺庙都绘其像供奉；每当万峰的生辰、忌日，远近百姓都云集圣恩寺，顶礼膜拜。后人为纪念他振兴之功，称寺为“万峰寺”，称玄墓山为“万峰山”。

嗣后，经其徒普寿、普隐、普持等努力，殿宇次第修建圣恩寺，“岿然为一大丛林，虽宿号名山盛刹者，或未之能先焉”，成为江南名刹。

西碛山麓名园——逸园　逸园位于西碛山南麓，初名程园。清康熙四十五年（1706），苏州程甫远去世后，儿子程文焕在此筑室庐墓，并构筑园林。面临太湖，周边九座山峰环抱，清丽而壮观。康熙四十八年，古文家何焯到此游览，并题名“九峰草庐”。康熙五十三年，文学家邵泰来此，认为程园是处隐居好地方，题写“逸园”，从此改名为逸园。

逸园占地面积 50 亩，周围梅树不下数万本，前植修竹数百竿，檀栾夹池，园内有良常阁、饮鹤涧、腾啸台、清晖阁、白沙翠竹山房、花上阁、寒香堂、养真居、心远亭、钓雪槎、梅花深处、清荫廊、涤山潭、藻绿亭、盘碕桥等建筑，文人墨客题词歌咏甚多；另有牡丹园、宋元银杏树等佳卉名木。程文焕孙子程在山与其妻顾蕴玉（比作明赵宧光、陆卿子夫妇）隐此，新增生香阁、在山小隐、鸥外春沙馆诸胜。

清乾隆四十年（1775），扬州盐商江橙里出资买下此园，易名西碛山庄。文学家袁枚写有《西碛山庄记》。实力雄厚的江橙里联络地方官，将西碛山庄改成接待的皇帝“行宫”。乾隆四十五年春，乾隆皇帝南巡到苏州，江苏巡抚和苏州地方官极力推荐，乾隆皇帝于是特地来到西碛山。那天乾隆皇帝情绪不佳，匆匆忙忙，心不在焉，“到亦未逾时，坐亦未移晷”。时间虽短，却看出许多破绽。转了一圈，便打道回灵岩山行宫。当得知程氏园林已被扬州盐商买去，乾隆皇帝更是大不高兴，告诫陪同的官吏，园林应该归还原来主人，我不会再来第二次。

皇帝的话是金口。盐商江橙里自然不敢再占为己有，地方官也不敢惹是生非。而此时程家已经败落，无能为力，不复修葺，一代名园从此荒废。

传说

大禹太湖平台山治崩 很久以前，太湖里有一种水怪崩，像龙又不是龙，像蛟也不像蛟。平时盘踞在山头上，窥视着太湖水面，见有船只过往，就一下钻入水中，兴风作浪，拱翻船只，吞噬生命。百姓对这种水怪很害怕，每年都要用全猪全羊祭祀，祈求平安。

话说大禹治理洪水到太湖，听说这种伤害百姓的水怪，决心要为民除害。

有一天，大禹在太湖边看见有一处的湖水直往上冒，他去周围三里以外的湖面巡视，发现还有六个地方也在冒水。大禹深感奇怪，总觉得不像是泉眼在冒水，忽儿冒水，忽儿停，没有一点连续性和规律。他要探个究竟，于是他向冒水的地方靠近，仔细一看，原来是崩在水里翻滚。大禹从身上解下一条长绸带向崩头上抛去，不偏不倚，正好将崩的头套中。这崩力大无比，一下子把长绸带挣断，妄图逃窜。大禹眼疾手敏，纵身一跳，骑上崩背，双手用力揿住崩头，两条臂膀像两把铁钳，有万斤之力，将崩头狠狠地按到湖底。崩疼痛难熬，使劲地晃着尾巴，把水砸得啪啪响，湖水被搅成浑泥浆，旋了一个很大很大的漩潭。这时，老百姓纷纷赶来帮忙，抬来了一口像山头那样大的铁锅扣在崩头上，然后用大筐大筐的沙石、泥土堆上去，堆成一个大土墩，像一个大台子的山，将凶恶的崩压在底下，终于征服了水怪。从此，这座山就叫平台山。大禹长绸带落下的地方，就是现在平台山四边的西沙罩，也叫“西沙带”。

为纪念大禹治水怪之功，老百姓在平台山上建禹王庙，每年全太湖的渔民都要来祭

平台山禹王庙（2016 年摄）

祀。殿内禹王端坐中间，头戴缨冕，手执牙笏，两位丞相分坐左右两旁，一位叫皋陶，专管种植稻麦和驱除害虫；另一位叫伯益，掌管草木鸟兽，供应鲜食。平台山遥望是紫色的，相传是那口扣住崑的铁锅时间长了化成了铁砂。

铁拐李造虎山桥 光福古镇北端的虎山桥是一座年代久远的名桥，宋范成大《吴郡志》就称它为吴中“古津梁”。民间流传着一个动听的故事——铁拐李枣子核巧造虎山桥。

很早以前，虎山、龟山之间是没有桥的，南来北往全靠一只小船摆渡，刮风下雨霜雪冰冻，两岸的百姓吃尽苦头，又因湖水湍急，多少回船毁人亡。祖祖辈辈盼望着：有朝一日能在湖上造座桥就好了。然而，要在这全石为底、水流湍急的湖面上造桥谈何容易！村民们求神拜佛都无济于事，空盼了一代又一代。忽然，听说玄墓山圣恩寺里来了位大本事的和尚。出家人行善为乐，兼济天下。“何不去请老和尚帮个忙呢？”有人出主意。

正月初九，虎山两岸的男女老少成群结队到圣恩寺烧香求佛，他们跪在大殿佛像前，足足跪了一个时辰。大和尚见众人如此虔诚，便开口问道：“众施主如此顶礼膜拜，必定遇上了什么烦恼事？”

“大和尚，我们住在虎山两岸，中间有条河道，水面宽，水流急，曾有多少人丧命。我们想造座桥，但是湖底全是石头，特别坚硬，无法打桩。今朝特地来求大和尚帮忙，拯救众生之苦！”

“阿弥陀佛，众施主起来吧。”大和尚回答道：“正月十五那天午时，有位头戴铁帽的人将路过那儿，请他帮个忙就是了。”

众人齐叩三响头，然后将信将疑地回了家。

正月十五一早，虎山两岸的村民就集合在虎山脚下，焦急而耐心地等着奇迹的出现。当太阳爬到头顶的时候，忽然见一位头顶铁镬子、衣服褴褛的叫花子，一瘸一拐地自北朝南走来。村民们心想：这人莫非就是“头戴铁帽”的人？于是，大家迎上去，跪在他面前，异口同声地说道：“大师傅，我们百姓吃尽了苦头，请您老行行好，帮忙造座桥吧。”那叫花子听了惊呆良久，默默不语。然后爬上虎山顶，朝四周环视了一番，便吩咐道：“请派人给我买斤枣子来。”

有一个村民听后，马上跑到集市买来了枣子，交给叫花子。只见他拼命地把枣子往嘴里塞，吃一粒枣子吐一个核，随手将枣核扔到湍急的湖水中。村民们个个目瞪口呆，不知他葫芦里卖什么药，个个好奇地伸长了脖子，望着湖里。不一会儿，奇迹出现了——湖面上一根根桥桩冒出水面。

人们惊呼之后，回头寻找那位头顶镬子的叫花子，却早已不见踪影。村民们好奇地数起桥桩来，数来数去发现缺一根；在众人的追问之下，买枣子的村民只得认错，原来他在路上偷吃了一粒枣子。据说，最早的虎山桥就缺一根桥桩。

虎山两岸村民抓紧时间建造，铺设桥面，没几天工夫，桥就造好了。从此，两岸百姓往来方便，从心底里感谢那位头戴铁镬子的叫花子。后来，人们才知道这位叫花子，原来就是仙人铁拐李。

故事生动地反映了古代劳动人民改造自然、战胜自然的决心与智慧，还被清代史志专家顾震涛写进了《吴门表隐》。

漫山岛上“望夫台” 漫山岛是太湖七十二峰之一。漫山有南北两座山峰，南峰与白浮山隔水相对，北峰麓有块奇石，其形状如同一位亭亭玉立的女子，渔民称它为“望夫石”。

相传，很久以前漫山岛上有一户姓蒋的人家，生有一女，名叫蒋芝桂。自小聪明伶俐，摇得一手好船，织得一张好网。老夫妇俩把她视为掌上明珠，疼爱有加。在芝桂家的对门，住着一户姓彭的人家，生有一子，名叫彭初。彭初从小心灵手巧、能说会道。年纪轻轻的，已是闻名乡里的捕鱼能手，有“钓鱼郎”美称。哪里是鳊鱼窝，哪里是鲫鱼塘，什么时季白鱼“销籽”，什么时季鲤鱼跳……他都了如指掌、一清二楚。

蒋芝桂、彭初既是同村，又是对门，从小青梅竹马，两小无猜，两家大人关系也好，从小为他俩订了“娃娃亲”。

转眼到了谈婚论嫁的年龄。两家大人决定为他们完婚，日期定在农历十二月初八，黄道吉日。蒋芝桂、彭初拜堂成亲后，小夫妻日子过得甜甜蜜蜜、恩恩爱爱。一个摇船，一个张网；一个烧火，一个煮饭；一个在灯下理网，一个在灯下打网眼……小夫妻俩一左一右、一前一后，形影不离。村里四舍见了谁都羡慕，谁都会夸上几句。年关刚过不久，京城来了一伙人，说是年满16岁的男子要服劳役，去筑长城。官府点名彭初，二月二十日前去县衙报到，服劳役3年。

皇命难违，二月二十那天，蒋芝桂小夫妇俩抱作一团，痛哭不已。临行前，彭初扶住蒋芝桂劝慰道："别难过，别伤心，在家好好侍奉老人。爹娘给了我一身好力气，怎怕山高路远，闯南走北，天南地北，三年服役期满回家，我俩永不分离。"蒋芝桂整了整头发，擦了擦眼泪，振作精神道："彭郎，你放心前往，别说三年，哪怕八年十年，我也要等你，一直等到你回来。"

彭初在太湖边长大，长年与水为伴，太湖水给他灵气，给他力量。如今离开太湖，到了北方，他无法适应。他盼望着三年早早过去，渴望自己变成一只小鸟，插翅飞回家，飞到妻子身旁。

繁重的劳役，加上水土不服，彭初身体日渐消瘦。一天，他终于支撑不住，跌倒在长城脚下，再也没有醒来。他变成了一只栖息在树枝上、岩石上，在水面上空不断盘旋飞翔觅食的翠鸟（俗称钓鱼郎）。翠鸟发出"知乖（谐音芝桂）、知乖"的叫声。"知乖、知乖……"翠鸟不停地叫着，从边陲长城叫到黄河，又从黄河直叫到长江……三年后，翠鸟飞到太湖边，来到漫山岛。"知乖、知乖"的叫声响彻漫山岛，叫声越叫越烈，越叫越凄。

且说，蒋芝桂自从彭初离家去筑长城后，一肩挑起两家的生活重担，她日夜思念，盼望丈夫早早归来，天天在佛像前焚香点烛，祈求菩萨保佑丈夫平安无事。一天，她在睡梦中听见"知乖、知乖"的叫声，喜出望外，以为丈夫深夜归家在唤她，立即提灯开门，往外一看，却不见人影。于是，她循着叫声来到漫山岸滩边，登上山崖喊道："彭郎……彭郎……"日复一日，月复一月，年复一年，她天天夜里提着灯到山崖上喊啊喊，从夜晚喊到黎明。一个寒冷的冬天，蒋芝桂又提着灯笼爬上山崖。第二天天亮后，她没有像往常那样回到家中，人们上崖一看，只见她已经冻死在那儿，变成了一块石头。人们称它为"望夫石"。

从此以后，人们在漫山岛上经常能听到翠鸟"知乖、知乖"的叫声，这是钓鱼郎彭初呼叫蒋芝桂的叫声；太湖水浪涛的撞击声"澎浪、澎浪"，这是蒋芝桂叫喊钓鱼郎彭初的喊声。

西崦湖里“浮庙墩” 浮庙墩是西崦湖中有一小岛，远看形似白银盘里一青螺。岛上屋舍俨然，绿树葱茏。岛屿中小，地势不高，却水淹不潦，并会随着湖水的涨落而上下沉浮升降。清《光福志》记载：“浮庙墩，一土阜也，在西崦湖中，四面环水，非舟不达……虽遇大水不掩，故有浮庙墩之名。”

相传，从前岛上有座破庙，庙里供奉着治水英雄大禹神像，故称禹王庙。一天，岛上有一农户在湖边看见一只搁浅在湖滩边的大龟鳖，足足有圆台面那么大，急忙叫来几个年轻的壮士，将大龟鳖抬到禹王庙里，将它放养在庙里的放生池里。有农户捕到了一只大龟鳖的消息，传到太湖三洋县县太爷的耳朵里，他听说千年龟鳖赛过唐僧肉，吃了能长生不老，返老还童。于是，他便带了一帮衙役，气势汹汹赶到禹王庙来抢这只大龟鳖。那些企求长生不老的财主们也垂涎欲滴，吆五喝六，跟有县太爷后面，想沾一点光，巴望能吃上一碗半盏，延年益寿。

岛上农户听说县太爷要来抢龟鳖，赶忙紧闭庙门。县太爷十分恼火，叫衙役驱逐农户，使劲撞破庙门，将龟鳖抢出来，又将护庙岛民一个个捆绑起来，反锁在庙里，抬着龟鳖扬长而去。到了三洋县衙后，七手八脚，就要动手杀龟鳖。刹那间，狂风大作，雷电交加，大雨倾盆，湖水猛涨，三洋县成了一片汪洋，想吃龟鳖的人都遭灭顶之灾，没有一个活命。那些被关在禹王庙里的岛民们因庙门紧关无法逃命。就在千钧一发之际，

西崦湖浮庙墩（2014 年摄）

大龟鳖穿过铜坑港破门而入，用嘴将捆绑有岛民手臂上的绳子一一咬断，然后调头潜入湖中。此时，只觉得小岛突然一个晃动，而后慢慢浮出水面，岛民终于脱险。

原来，那只大龟鳖潜入水中后，钻到了小岛底下，驮在背上顶了起来，小岛浮出水面。从此以后，小岛总是随水沉浮，不管湖水有多大，从未被水淹没过。浮庙墩因此得名。

乾隆圣恩寺里遇见生父 从清乾隆十六年至四十九年（1751—1784），乾隆皇帝六次南巡，每次都到光福游山赏景，流连圣恩寺，曾赋《邓尉香雪海歌》等诗歌数十首。乾隆皇帝为何对光福尤其是圣恩寺情有独钟？民间传说，他在邓尉圣恩寺里真的找到了生父陈阁老。

话说乾隆皇帝第一次南巡驻跸邓尉圣恩寺，传旨中午要吃109样菜。要吃109样菜，这可吓坏了身边的随从。大家都怀疑皇上是否搞错了，但是皇帝是金口，又不好追问，只得层层传下去。圣恩寺当家师听了，更是吓得不知所措。时间这么紧，到中午只有几个时辰，怎么来得及采办烹饪。再说即使109样菜全做出来了，也没有那张桌子放得下，这可怎么办？当家师急忙去找云游在寺、自称“空山和尚”者商量。空山一听，连忙安慰道：“请当家师放心，老僧自有办法，你只管迎驾便是。”

到底有什么办法？空山和尚没有讲，当家师也来不及问，只得怀着惴惴不安的心情忙于迎驾。

原来，空山和尚不是别人，就是乾隆皇帝的亲生父亲陈阁老。自从儿子被强行调包换去后，他便以身体不佳为由离开京城，回到浙江海宁老家，后又云游江南山川名刹，最终落脚圣恩寺。前几天听说皇上要来圣恩寺，心里真是又惊又喜。喜的是日夜思念的亲生儿子终于可以见面，他也喜欢吃百叶炒韭菜，多么像自己。惊的是到时怎样见儿子，怕自己控制不住。

当家师离开后，他便吩咐小和尚到镇上买来了鲜嫩的韭菜。照理说，寺庙和尚是不吃韭菜的，但既然有人吩咐，又是皇帝要吃，只得照办。韭菜买来后，空山和尚亲自下厨做了一道香味扑鼻、鲜美可口的百叶炒韭菜。

中午用餐时，乾隆皇帝对这道百叶炒韭菜是赞赏有加，问道：“是谁能如此领会朕意，并能做出如此可口的佳肴？”当家师告诉他：这是一个云游在寺院的师傅做的。乾隆皇帝听了，觉得此人非同一般，传旨下午在地藏殿召见。下午，当乾隆皇帝踏进地藏殿时，空山真是悲喜交加，一个劲地将乾隆皇帝上下端量，竟然忘了施君臣之礼。乾隆皇帝倒也不在乎，他见空山虽是僧人打扮，但清瘦高雅，气宇不凡，仙风道骨，惊讶不已，连声问道："大和尚为何不来迎驾？如何知道朕喜欢吃百叶炒韭菜？何方人氏？何时来此？"空山十分紧张，被一连串的问题问急了，突然脱口而出："没有大和尚，哪来小天子！"

乾隆皇帝听了一愣，联系京城里有关自己身世的传闻，心想眼前那位老僧，莫非真是自己苦苦寻找的亲生父亲，否则有谁敢在我面前如此大胆造次？忠孝乃人生大礼，于是连忙下地跪拜："若真是父亲，请接受朕一拜！"乾隆皇帝跪在地上，本想让父亲亲手扶起，以便仔细端详。可是等了一会却不见动静，等他抬起头来，发现老和尚已不见踪影。原来，空山和尚发觉自己一时心急说漏了嘴，"天机"已经泄露，那可是有损国体，大礼不容，便趁乾隆皇帝跪拜在地之际，抽身溜之大吉……

从此，乾隆皇帝对邓尉圣恩寺另眼相看。每次南巡都要到圣恩寺，想能再看一眼亲生父亲，只是一直未能如愿。他每次都要给圣恩寺赏钱赐物，寺里"镇寺之宝"周代邾公牼钟，就是乾隆皇帝赏赐的。圣恩寺地藏殿方砖地上，原来有个巨大的双膝盖印，传说就是当年乾隆皇帝跪拜父亲时留下的。乾隆皇帝圣恩寺巧遇生父的故事，至今还在民间流传。

吼崖和尚与圣恩寺 相传，从前有个大本事的吼崖和尚，循着灵气到了光福玄墓山。玄墓山山水相拱，龙虎盘旋，朱雀导前，玄武殿后，阴阳合而子午正，他一见便知道是块风水宝地。

当时，吼崖和尚眼前所见是一片荒芜，他从当地人那里了解到，早在唐宋时期，这里就建有禅寺。但因年代久远，税赋繁重，此时的寺庙已无寸土之地。他于是决心振兴恢复。他身披袈裟，手捧钵盂，到处化缘。一天，当地大财主沈员外正在为老母做寿，门庭若市。吼崖和尚来到叶家化缘，乞求"隙地数尺，缚茅居之"。沈氏听了说道："大师，不必客气，不知大师要多少？"吼崖和尚说道："贫僧只要袈裟那么大小的地方就足够了。"沈氏当即应允，吩咐家丁，带着和尚由他挑选。吼崖和尚跟着家丁出门，站在玄墓山上，脱下袈裟，朝空中一抛，闭目合十，口念弥勒……只见袈裟徐徐落地，覆盖了整个玄墓山。沈氏一是不想违反诺言，二是见和尚有如此法术，便答应把整个玄墓山捐赠给了吼崖和尚。

恢复寺庙的土地有了着落，吼崖和尚便开始筹集木材。他听说苏州城里个黑心老板，在东湾、西湾有两爿木行，心想让此人破点财。他把自己打扮成一个寒碜的老头，

圣恩寺藏郏公怪钟（2000 年摄）

来到东湾木行看木料。看啊看，不是嫌木头细，就是嫌木头嫩，接着又到西湾要行，也是嫌这嫌那。从东湾跑到丁湾，来来回回跑了好几天也没有买成。木行老板见他个样子，上前说道："客官，你到底买怎样的木头，我两爿里有这么多的木头，难道还不足你挑拣？"吼崖和尚答道："店主，说出来吓你一跳，我要造 5048 间房子，要买你两爿木行里所有的木头。"老板见他这副寒碜样，那里会相信，于是说道："客官好大口气，你别小看这东湾行，没万把两白银是不行的。你如果真想买，明天带得来一千两银子，我就把两爿木行里所有的木头全卖给你。"老板是想欺欺这个老头。吼崖和尚应声道："店主说话算数？"木行老板道："大丈夫一言既出，驷马难追。"于是两人当即立下文书。

第二天，吼崖和尚带人摇了一条破小船，来到东湾行。经过双方交涉，当场交付了银两，木行老板心里哭笑不得，没想到寒碜老头来真的，无奈地盘去东湾木行，还赔了西湾木头行。

吼崖和尚购得木料后，请来排木师傅，日夜赶扎木排，浩浩荡荡运往光福。然而木排运抵苏州胥门关卡时被截住，关员定要交税才肯放行。吼崖和尚装作赌气，操起竹篙在木排上"咚咚咚"连击三下，然后上了岸，口中念念有词。就在此时，只见一根根木头直往河底里钻，消失得无影无踪，关员个个面面相觑，目瞪口呆，惊讶不已。

这多木头去了哪里？原来玄墓山前秧田里有一口干枯的空井，吼崖和尚暗中作法，令一根根木头自河底潜到了那口空井里。从此，木头每天夜里从空井中源源不断地钻出地面，吼崖和尚叫人只管拔，不要问多少，木头真是堆积如山。一天清晨，有个屠夫起得特别早，去长圻姐夫家杀猪，途经烂秧田，在皎洁月光下，看见一根笆斗粗的木头，正从空井中升起，顿时呆了，惊异地喊叫了起来。这一声大叫，破了佛法，泄了天机，刚拔出的木头停止上升，再也拔不动。这根木头本来是用作钟楼内悬挂八吨巨钟的横梁，后来吼崖和尚只得用一根苋菜梗替代。

几度春秋，寺院 5048 间庙宇建成。为报答沈家赐地的恩德，吼崖和尚将新建寺庙命名为圣（"沈"谐音）恩寺。

大事纪略

虎山遗址及东、西崦湖出土的新石器时代器物表明，早在5000多年前的良渚文化时期，光福地区就有先民活动。安山顶上的土墩石室，见证了春秋时期吴越争霸的历史。虎山，相传是吴王阖闾养虎之地。汉代，顾翱、顾通、顾融在光福安家生活，逐渐发展成为江南顾氏的“大本营”。宋朝，黄、徐、许、李、朱、钱等氏族先后落户光福。明清时期，光福为吴中六大名镇之一。

光福太湖萦抱，山清水秀，风物清嘉，司徒庙古柏、香雪海梅花、窑上桂花，更是名闻遐迩。历代帝王对光福青睐有加，或题词赐额、赏钱赐物，或巡幸览胜、赋诗撰联；陆龟蒙、范成大、赵孟頫、沈周、唐寅、文徵明、王士禛、汪琬等等骚人墨客都曾到过光福，并留下隽永篇章、书画墨宝。

在漫长的历史长河中，光福大地上发生的大事要事不胜枚举，现撷取其中的几个镜头片段与读者分享。

康熙皇帝与圣恩寺

清康熙二十八年二月三日（1689 年 2 月 22 日），康熙皇帝第二次南巡到苏州。二月五日，由皇长子允禔随驾，带领侍卫随从前往光福。御舟至木渎，舍舟登陆，圣恩禅寺 84 岁的方丈济石老和尚率众僧前来迎驾。御马到圣恩寺门口，皇帝缓辔而行，过雨花桥，释骑至圣恩禅寺大殿，率亲王、大臣们遍礼佛像，至法华堂登座，众僧朝拜献茶。毕起，皇帝登临“天开图画”殿，观赏太湖风光，心情十分高兴，特地关照济石老和尚年老不须随行。

康熙皇帝此行为探梅而来，问道：“梅花甚处好？”知客僧德和答道：“吾家山第一。”康熙皇帝于是命德和引驾前行。一路上梅花盛开，日光花影，和美怡人。到达吾家山已是夕阳在山，花光掩映，但见上下左右，一片雪海茫茫，暗香沁人心脾，康熙皇帝尽情观赏，直至酉刻才恋恋不舍离开。当晚，下榻圣恩寺“四宜堂”。进膳完毕，康熙皇帝漫步来到四宜堂右南的小轩，眺望万顷太湖，心情格外高兴，传谕送纸笔入内，赋诗一首，诗云：“小轩闲坐倚前楹，万顷澄湖夕照明。夜久天心初月上，笙簧谡谡奏松声。”次日（初六）清晨，阳光明媚，微风吹散了山谷中的雾霭，雨后的山容显得格外的清新秀丽，放眼眺望，漫山遍野的万树梅花缤纷怒放，争奇斗艳，面对如此的良辰美景，岂能因为是第二南巡公务繁忙而错过探梅赏胜的好机会呢，于是欣然题写五律云：“邓尉知名久，看梅及早春。岂因耽胜赏，本是重时巡。野霭朝来散，山容雨后新。缤纷开万树，相对惬佳辰。”卯刻早餐后，老和尚济石晋见，康熙皇帝赐御书“松风水月”、帑金 200 两。济石率众僧谢恩，并进呈明代《邓尉山志》一部。康熙皇帝接过志书后，马上翻阅起来，命侍卫收藏带回京城。

康熙三十五年三月一日，康熙皇帝指派刑部员外郎宋骏业奉护送赉赐御书金佛经送到圣恩寺。康熙三十八年三月十五日，第三次南巡从杭州回到苏州，圣恩寺主持济志

（或作“际志”，误）特地到苏州尹山河恭迎御舟，康熙皇帝向济志和尚问候并交谈。康熙四十四年四月，康熙皇帝追谥明崇祯八年（1635）七月圆寂的圣恩寺高僧法藏为“镜通禅师”，并亲自书写匾额，派人专程送到圣恩寺。

康熙四十六年第六次南巡，准许圣恩寺73岁的济志于二月二十六日到苏北宝应恭迎圣驾。先是由皇太子接见，三十日于宝应高旻寺大殿等候晋见，午后传旨：宫门伺候，御赐人参二斤，哈密瓜、松子、榛子、频婆果、葡萄等12盘。皇帝说：“朕见和尚年老也，赐人参与吃。”（另据陈康祺《郎潜纪闻三笔》卷一记载，此次南巡也曾到圣恩寺）。四月十五日，康熙皇帝从杭州回銮，济志赶到吴江平望迎驾，进呈祝圣、谢恩诗二册。康熙皇帝览毕，说道：“诗很好。”传命收藏，吩咐济志回本山伺候。后因水浅，御舟无法开进，再次巡幸圣恩寺的计划取消。二十一日，济志率僧到射渎送驾。康熙皇帝谕：“和尚年老，不必远送。”济志谢恩回山。

邓尉山的梅花，玄墓山前的太湖，圣恩寺的临济佛法，给康熙皇帝留下美好而难忘的印象，直到晚年仍念念不忘。康熙五十八年一月九日，赏赐圣恩寺帑金1000两、佛珠1501挂、衣袜各1501副，特旨钦命江宁织造曹頫、苏州织造李煦、江宁巡抚吴存礼及布政使臣杨朝麟送到寺院，“并敕在寺饭僧三仟四佰余众”（《邓尉圣恩寺志》卷八）。为了铭记皇帝恩泽，圣恩寺把每年的正月初九作为庙会日，并延续至今。

康熙皇帝御书碑刻（2017年摄）

乾隆皇帝六次到邓尉探梅

清乾隆十六年二月二十三日（1751年3月21日），乾隆皇帝首次南巡到光福。地方官员在玄墓山湖边搭了一座高高的检阅台，乾隆皇帝、皇太后登上检阅台高兴地检阅水师。那天，天公作美，风和日丽，但见湖面上数百条帆船，纵横排开，帆樯林立，遮云蔽日。随着一声号令，水师船队方阵变化不断，新阵迭现，一会儿组成十字方阵，一会儿变成龙阵……从小生长在深宫后院、长期生活在北方骑惯了马的乾隆皇帝看到如此场景，龙颜大悦，十分开心，欣然写下"北眺虎阜南太湖，南船北马用各殊"的诗句。

乾隆皇帝是特地为看梅而来，见"邓尉山梅花不迟还不早"，非常高兴，迫不及待登山观梅。他坐在梅树底下尽情观赏，诗兴大发，急呼传来笔墨，欣然仿元画家王冕笔意，画成梅枝小幅，并即兴赋五绝二首。接着，又赋长诗《邓尉香雪海歌》，并命随从的著名诗人沈德潜和韵。他在诗中称，邓尉梅花甲胜天下，名不虚传。与之相比，杭州孤山的梅花太少了，隐居于此的林逋（和靖）则显得多么寒酸相；诗人沈德潜曾惊诧黄山云海，其实邓尉香雪海毫不逊色，一样美丽壮观。

苏州画家张宗苍特地赶来进献《吴山十八景》（一说十六景），在梅林丛中打开画册，乾隆皇帝当即在《邓尉香雪》图上欣然题诗云："几点青螺香雪里，未逢此景为虚拟。梅花宜瘦亦宜肥，今日于梅叹观止。"邓尉香雪海梅花让看遍天下美景的乾隆皇帝叹为观止，并题跋云："香气濛濛，香色融融，吟香忘雪，词难为工！顷在寒山千尺雪谓香在梅，色在水，其声疑在虚无中，乃今悟其非是，色香声备天为工。"当天，乾隆皇帝还为玄墓山圣恩寺题写"梵天香海"匾额和"万顷湖光分来功德水，千重花影胜入旃檀林"联。又为邓尉山行宫题写"众香国里""千林烟月"匾额和"春入湖山韶且秀，雪凝楼观净无埃"联。

乾隆二十二年二月六日，乾隆皇帝第二次南巡到邓尉，特地到吾家山香雪海赏梅，

〔清〕张宗苍《光福最胜图》(2005 年摄)

看到镌刻在断崖上江苏巡抚宋荦(商丘人)的“香雪海”题字，再赋《邓尉香雪海歌叠旧韵》，其中有“邓尉西北山名吾，昔游未到兹到初；奇峰怪石更幽邃，商丘三字洵非诬”之句。回到圣恩寺里，恭瞻皇祖康熙皇帝当年“松风水月”题额，分别以四个字为韵，各赋五言诗八句，极称邓尉梅花。此后，每次邓尉探梅都以这四个字为韵赋诗，称颂邓尉山水风光。

乾隆二十七年二月二十七日，乾隆皇帝第三次南巡到苏州。次日，乘“如意船”在光福镇南街御码头上岸，沿御道直到吾家山香雪海。那年因春寒天气，梅花刚含苞待放，还没有盛开怒放，没见到香雪海盛景，觉得有点遗憾，“居然邓尉看初梅，今年春寒实异哉？有色相输无色好，十分花才两分开。端知烂漫无多趣，适可优游得静陪。却觉山灵如致语，余杭返棹试重来”。那天，他依旧韵写下《邓尉香雪海歌再叠前韵》长歌，并勒石刻碑。为“香雪海”题写“疏影横斜水清浅，暗香浮动月黄昏”联。

乾隆三十年二月七日，乾隆皇帝第四次南巡到邓尉观梅赏胜。先是赋得《邓尉》诗二首，其中有“邓尉村前万树梅，半犹含朵半嫣开。问他底事不全放，应为今朝待我来”之句。接着又第四次赋《邓尉香雪海歌》，“不舟而泛香雪海，较之牙樯乐有馀。其色真色目止观，其香真香鼻静娱……那更远忆大庾大，了知近胜孤山孤。前三后三荟光福，千秋万岁艿勾吴”，夸赞香雪海胜过广东大庾岭和杭州孤山的梅花。

乾隆四十五年二月，乾隆皇帝第五次南巡到光福，再写《邓尉香雪海歌》长诗。诗中写道："阅十五载久别吾，即今重游恍如初"，旧地重游，格外亲切；"黄童白叟纷迎途，觐光惟惬众所愿"，百姓沿途热情地迎接皇上到来。连续五次游览，对邓尉山水有了全面了解，赋诗云："青青邓尉山，白白太湖水。山固如大庾，水岂让西子。"

此次到光福还有一个插曲：江苏巡抚杨魁奏进《西碛山程园图》，说道：光福西碛山麓有座真山真水园林，请皇上务必到此一游。这座筑于康熙四十五年（1706）的园林，初名程园，后更名逸园。乾隆四十年，扬州盐商出钱买下，易名西碛山庄。江苏巡抚和苏州地方官极力推荐，"山蹊窈曲，泉石殊胜，且南去太湖不到百步，可以近供览胜"。乾隆皇帝用诗歌记录官员的心态，"何来有称远太湖，西碛更辟山溪殊，石泉梅坞精点景，欲与邓尉较胜输"。他觉得"若不一至，未免孤其诚意"，于是决定前往。卯时，乾隆皇帝即从灵岩山行宫出发。那天乾隆皇帝情绪不佳，看出去的风景仿佛都变了味，"大吏修葺之，供揽太湖水。事成乃弗说，一涉聊为此。高下度小岭，溪村凡经几"。匆忙中却看出许多破绽，房屋外墙丹红色是新护刷的，石头多处留有刚砌垒的痕迹；园内的松柏树木并不是原来的，梅树许多也是新移栽的。唯独的长处是靠近太湖湖边，可以凭栏近距离观赏，然而风景并不美丽，湖中的白浮山、冲山、漫山就像饾饤儿。转了一圈，乾隆皇帝便打道回宫。当得知程氏园林已被扬州盐商买去，乾隆皇帝更是大不高兴，告诫陪同的大吏："园应还故主，吾弗更去矣。"乾隆皇帝并将此事写成御诗《游西碛程园纪事成咏》。

乾隆四十九年二月四日，乾隆皇帝第六次来到光福，再次赋《邓尉香雪海歌五叠韵》，说自己六次南巡邓尉，看遍了香雪海胜景，这种好奇并非我一个，相信香雪海会长盛不衰。最后写道："记予六度来临吴，或拟获麟亦可夫。"意思是，我至此探梅或许是最后一次，就像当年孔子修《春秋》绝笔于"获麟"一样到此为止。

1944 年太湖冲山之围

为了加快发展苏西抗日力量，1944 年 9 月 9 日，中共苏西县委书记兼太湖游击队司令薛永辉、邓尉区行政办事处副主任黄惠群等县区干部、部分太湖游击队短枪队员及各区民兵骨干共 55 人集中在冲山岛上，举办民兵骨干训练班。

下午 4 时许，因叛徒告密，日伪军 300 余人突然包围冲山岛。冲山岛四面环水，训练班的人员一时难以突围。薛永辉当即决定，分组上山或下芦苇荡，在群众掩护下，先

冲山之围发生地（2016 年摄）

隐蔽起来。

前来偷袭的日伪军上岛后即开始大搜捕，当天逮捕 10 余人。冲山岛四周的浅滩上长满了茂密的芦苇，薛永辉等绝大多数同志分散隐藏其间。为了找到薛永辉等人，日军强逼冲山群众集中于湖滩头，将运来的一桶桶汽油往芦苇荡中倾倒后点燃。“烧，烧死他们！”他们以为将芦苇荡烧掉，薛永辉等就再无藏身之处。谁知 9 月的芦苇正值生长旺季，待汽油烧光，青青的芦苇仍挺立在湖滩中。

火烧芦苇荡行不通，日军又逼迫冲山群众拿着竹竿、扁担等长条器物，排成“一”字队形，自里向外地将芦苇成片压倒，让藏在芦苇丛中的游击队员和民兵暴露。但这一招在群众的掩护下也未能得逞。日军遂下令冲山群众一律不得下湖捕鱼，并增派岗哨，将芦苇荡严密封锁，妄图将薛永辉等困死在芦苇荡里。

开始几天，冲山群众曾趁雨夜将山芋、锅巴等食物送进芦苇荡，待敌人增岗封锁芦荡后，他们再也无法与芦荡中的亲人取得联系。隐蔽在芦荡中的游击队员和民兵处境十分困难，几个水性较好的同志在头几天趁雨夜泅水突出重围，又摸黑驾船回芦荡中设法营救薛永辉等人，但两进两出，都没能找到他们。坚持在芦荡中数天的部分人员饿得实在不行，在出去寻找食物时被敌人抓获。7 天过后，敌人已在冲山抓捕 40 余人，芦荡中仅剩下薛永辉等 5 人。

敌人对抓捕的游击队员和民兵严刑拷打，要他们说出薛永辉等人的隐蔽地点，但这些同志在敌人的淫威面前没有一个屈服。敌人无计可施，先后在冲山枪杀太湖游击队员和民兵骨干 22 人。

其间，隐蔽在芦荡中的薛永辉等 5 人处境极其恶劣。他们忍受日晒雨淋、蚊叮虫咬和饥饿的煎熬，皮肤浮肿，甚至溃烂化脓；为了不被日军发现，他们还要时常转移藏身处。但 5 人意志坚定，克服重重困难，顽强地支撑着。后来，冲山岛外的同志放出“薛永辉已利用水车突围出冲山”的风声，以动摇日伪军军心。中共太滆地委也与新四军取得联系，派独立二团一部在冲山外围游弋、佯攻。日军无奈于 1944 年 9 月 29 日清晨悄悄撤离冲山岛。薛永辉等 5 人终于被冲山群众从芦荡中救出。

从 9 月 9 日登岛搜捕，到 9 月 29 日撤离，敌人将冲山岛整整围困 20 天。“冲山之围”中，突围幸存者 24 人，遇难牺牲者 31 人。

1989 年，吴县太湖乡在冲山之围原址立“冲山之围”纪念碑。2005 年 2 月，“冲山之围”纪念碑被命名为吴中区爱国主义教育基地和区级廉政教育基地。

1956 年虎山考古发现新石器遗址

1956 年，在考古工作者在光福虎山考古发现新石器遗址，存高 8 米，东西宽约 150 米，南北长约 415 米，面积约 6 万平方米。1960 年复查，采集到良渚文化时期的条形石锛、三角形石犁、泥质灰陶豆及春秋战国时期的印纹硬陶片。1979 年 10 月，曾征集到良渚文化时期的三角形石犁 8 件。1998 年试掘，在虎山西麓的裂隙层中发现崧泽文化墓葬一座，出土泥质红陶豆、罐等器物。

1957 年 8 月 30 日，虎山遗址被列为江苏省文物保护单位。后因采石、建房，虎山遗址被破坏，1982 年 3 月 25 日第三批江苏省文物保护单位调整中被撤销。

虎山出土的宋朝础石（2016 年摄）

20 世纪 60 年代太湖渔民陆上定居

太湖渔民以船为家，渔民在陆地没有住房。太湖渔民中大船上有船主和帮工之分。船主全家以船为家，帮工除男劳力借住在船主船上，其家人都分散居住在东山、西山、潭东、窑上等地，孩子就在居住地附近上学。

1967 年，渔民中开展连家渔船社会主义改造（简称“连改”），其工作的任务之一，就是落实渔民的生活基地，渔民上岸建房。1969 年 6 月，为贯彻执行党中央“连改”工作精神，落实渔民的生产、生活基地，设想两个方案：一是在山东杨湾铜鼓太湖浅滩围垦；二是在白浮山潭西湖面围垦。鉴于太湖大队 1958 年就在白浮山建造渔民住房，此时已建房

太湖渔民陆上定居（2017 年摄）

屋292间，部分渔民家属已在此定居。而且可以利用潭西外荡养殖场的石堤围湖，围湖工程量相对较少。最后决定按第二方案围湖造田，解决全社渔民的生产、生活基地。

1972年春，太湖围垦基本结束，大圩已初具雏形。湖中、湖胜、湖丰、湖东、运输等5个生产大队开始在大圩内建造房屋。房屋由集体建造，建成后按户分配给渔民。当时，以建造平房为主，只有很少两层楼房。基本上每户分配一间。据统计，从1971年至1979年，集体共建房1213间，有1213户渔民定居陆地，新渔村建设初具规模。陆上定居结束了渔民千百年来以船为家的历史，渔船成为单一的生产工具。

1983年实行联产承包责任制后，集体不再建造住房。1984年起，实行集体划拨土地，渔民自建房屋。部分渔民将一间“连改”房翻建成楼房，有的渔民将“连改”房转让给邻居，自己申请出宅新建住房。

1978年歌曲《太湖美》诞生于光福太湖船上

1978年初夏，原南京军区前线歌舞团沿太湖进部队慰问演出，作家任红举所在的创作室随团出征到光福机场，晚上住在原太湖乡（今属光福镇冲山村）招待所。为了更好地体验太湖风光，任红举与战友于第二天乘坐冲锋舟下太湖体验生活，边听渔民介绍，边欣赏旖旎风光，阳光、蓝天、烟波、青山、白帆……让他陶醉。啊，美丽的太湖像母亲一样千百年来哺育着江南人民，他越想越激动。“太湖美，太湖美，美就美在太湖水”，歌词突然像泉水似涌出，他拿出本子奋笔疾书：“水上有白帆，水下有红菱哪，水边芦苇青，水底鱼虾肥，湖水织出灌溉网，稻香果香绕湖飞……”回到驻地，任红举情不自禁地向同事龙飞“炫耀”刚创作的歌词，龙飞一见立刻激动起来，直接拿着任红举的记录本走进房间。10分钟后，龙飞捧来曲谱，边走边唱，众人听着一致称赞。

《太湖美》吸取江南小调的特色，旋律优美、婉转、明丽、清澈、流畅，具有典型的水乡特色，以抒情的曲调展现出太湖的万顷碧波、烟雾茫然的景象，表现了对太湖美景的赞美和对未来的期望；同时它还表现了太湖岸边人民对领导革命的中国共产党的尊敬和感恩以及对祖国的热爱。

《太湖美》最早演唱者是前线歌舞团的李慧兰，用普通话演唱。1997 年在全国性声乐比赛时，改由团里另一位歌唱家程桂兰（苏州人）用苏州方言演唱，吴侬软语，将歌曲意境表达得更加完美，从此唱红全国。

1982 年光福景区列入国家太湖风景名胜区

1980 年 6 月，江苏省人民政府成立太湖风景名胜区建设委员会。1982 年，国务院审定公布太湖风景名胜区，为国务院首批批准的国家级风景名胜区。1986 年，《太湖风景名胜区规划》经国务院同意，建设部批复，确定太湖风景名胜区是一个以山水组合见长，具有中国吴越文化传统和江南水乡特色，适合开展游览、度假、休养、水上运动和科学文化等多种活动的天然湖泊型国家重点风景名胜区。

2003 年启动规划修编，历经多轮修改、完善和论证，2017 年 7 月 21 日《太湖风景名胜区总体规划（2001—2030 年）》经国务院同意、住建部批复。

太湖风景名胜区规划总面积 3091 平方千米，其中景区 888 平方千米（含太湖水面 529 平方千米），外围保护地带 2203 平方千米（含太湖水面 1931 平方千米）。太湖风景名胜区的包含的区域分别为苏州市的木渎、石湖、光福、东山、西山、甪直、同里景区；无锡市的梅梁湖、蠡湖、锡惠、马山景区；常熟市的虞山景区；宜兴市的阳羡景区等 13 个景区和无锡市的泰伯庙、泰伯墓二个独立景点组成。所辖范围涉及二市三县（市）的 35 个镇（街道）。

太湖风景名胜区以平山远水为自然景观特征，以典型吴越文化和江南水乡风光为资源要素，自然景观与人文景观并重，是融风景游赏、休闲游憩、科普研究等功能于一体的天然湖泊型国家级风景名胜区。太湖风景名胜区有自然景点 197 个，人文景点 849 个，共计 1046 个景点，目前已开放 178 个景点。

光福景区位于太湖东部，由四组突入湖中的半岛和附近岛屿组成，占有太湖湖岸线最曲折窈窕的部分，总面积 108.30 平方千米，陆域面积 28.27 平方千米，水域面积 80.03 平方千米，核心景区面积 8.33 平方千米。景区内峰峦罗列，山水萦抱，景物清幽，文化古迹众多，是太湖山水的精华地区之一。辟安山、西崦湖、光福古镇、铜井山、玄墓山、西碛山、冲山 7 个景群，含 15 个主要景点，另有独立于景群外的 4 个散列景点。光福景区是以植物胜景、宗教福地和湖湾渔港为特色的山水古镇型景区。规划将突出打造山林与宗教文化以及渔港景观特色，并开通更快速的水上交通。景区现存的渔港、渔村以及鱼汛季节的千帆竞发的景象是太湖风景名胜区具有代表性的独特景观。景区盛栽梅、桂等花木，植物景观丰富，是有名的花树山区，其典型的植物景观有司徒庙“清奇古怪”古柏、香雪海梅花、官山岭木荷林。

1994 年光福机场军民联航

1992 年 11 月，经吴县人民政府与中国人民解放军总参谋部协商，总参谋部作出《同意使用空军光福机场开展民用航空运输飞》批复。同年 12 月，苏州市人民政府、吴县人民政府与空军参谋部在上海指挥所签订《关于苏州市吴县利用空军光福机场开办联行的协议》，决定投资建设光福机场民用航空站。吴县人民政府共投资 2200 余万元修建候机楼一座，建筑面积 2760 平方米，停机坪 1.02 万平方米，可同时停放二架大飞机或一架大飞机和二架小飞机，停车场7200平方米，进入机场公路 6.5 千米，购置安检设备、特种保障车辆、变电所、盲障设施以及候机楼内部配套设施。1993 年 8 月 2 日，吴县人民政府批准成立吴县联合航空公司。1994 年 1 月 9 日经中国联航公司同意，开始办理中国联航业务。同年 2 月 20 日，苏州至北京首航成功。之后又开通苏州至佛山航线，每周各往返一个航班。航班使用客机机型为图 -154。

1996年3月5日，苏州市政府举行北京（南苑）至苏州（光福）延伸至广州（佛山）航线首航仪式（1996年摄）

2002年12月26日，根据中国联航《关于联航2002年全部停航事》通知精神，光福民用航空站停止使用，同时撤销吴县联合航空公司。2002年10月29日，最后一个航班飞离苏州光福机场。联航历时9年，安全运送中外旅客共计12万余人次。

2001年太湖漫山岛通电

漫山岛是太湖七十二峰之一，位于吴中区光福镇西南太湖中，全岛面积1.3平方千米，有3个自然村，4个村民小组，150多户，户籍人口500多人，实际居住150多人，以老人为主，80岁及以上老人有20多人。

漫山交通闭塞，环境清幽，民风淳朴，为当代喧嚣尘世中的“世外桃源”，有些老年妇女一生足未出岛。民国时期，在漫山、冲山两岛间设船摆渡，村民辗转冲山岛登岸。1974年，冲山岛连接陆地成为半岛，专设轮渡船为漫山岛民摆渡上冲山，每天往返

漫山岛（2017年摄）

一次。岛上有东、西两个码头。

2001年，苏州吴城供电公司为孤岛漫山架设水底电缆，投资400多万元，设东头配变100千伏安、北山配变80千伏安，于2001年11月3日正式通电，成为苏州最后一个通电的行政村。

太湖镇的设立与撤销

自古以来，太湖渔民分散在沿湖各地。1949年7月到1951年6月，建立太湖区行政办事处，把太湖渔民按照渔船规模和捕鱼方式的不同，分为5个水上区。1952年7月，建立苏南行政公署太湖行政办事处，地点在吴县东山。1953年5月，成立震泽县。1958年10月，湖东、湖中、湖西3个乡合并成震泽县太湖人民公社，地址在东山陆巷。全社共有渔民12548人，2141条渔船。按渔具类型，以军事化形式，组成5个营。1959年4月，震泽县撤销并入吴县，改为吴县太湖人民公社，下设6个生产大队。1960年年底，因生产大队规模过大，不利于管理，将6个大队划分为10个大队、71个生产队，全公社有2398户、11753人。1969年3月，太湖公社机关由东山迁往光福西边太湖中的白浮山岛，1972年，又迁往长浮山岛。

太湖公社距苏州市中心29.6千米。境内有潭山、西碛山（部分）、冲山、白浮山、长浮山、小浮山、癞头浮、南山、坟山、霍山及湖中岛屿漫山、平台山、竹山、柱石。集镇所在地原是一个小岛，1969年起经过人工围垦，成为湖中半岛。1976年5月1日，到达太湖的公路正式运行公交车，1977年3月贯通公社所在地的渔港竣工通航，太湖与

太湖镇镇政府大楼（2000年摄）

陆地的水陆交通正式完全打通。

1983 年 6 月，实行政社分设。建立太湖乡，乡机关设在长浮街。1995 年 11 月 23 日，太湖撤乡建镇，镇机关设在长浮街。2000 年，太湖镇有 9 个行政村，其中 5 个为渔业村。有常住居民 2950 户，人口 9699 人（其中男 4893 人、女 4806 人），外来人口 719 人。全年完成国民生产总值 3.55 亿元，工农业生产总值 4.38 亿元，其中工业产值 3.15 亿元，多种经营收入 1.21 亿元，第三产业增加值 1.32 亿元，完成财政收入 609 万元，粮食总产 49.2 万千克，水产品总量 686 万千克，年末全镇存款余额 6440 万元，农民人均分配水平 5885 元。

2001 年 8 月 2 日，太湖镇被撤销，所辖区域并入光福镇。

2007 年设立苏州太湖科技产业园

苏州太湖科技产业园，地处镇区东北处。规划面积 8 平方千米，是推进“西育太湖”城市发展战略的重要工程。它的建成对保护太湖生态资源和加快推进产业转型升级起到积极作用。

为更好地保护和利用苏州太湖的自然和文化资源，保护光福历史文化名镇和光福景区，疏解老镇和景区的建设压力，2007 年 12 月，委托清华城市规划设计研究院编制《苏州太湖科技产业园总体规划（2008—2020）》。

《规划》主要包括总则、功能定位与发展策略、区域协调与城乡统筹、产业发展规划、人口规模与用地规模、“四区”划定与空间管制、空间结构与用地规划、综合交通系统规划、绿地水系及景观系统规划、生态环境保护与可持续发展、市政基础设施规划、综合防灾规划、地下空间开发与利用规划、规划控制目标体系、分期建设与开发时续导引、规划实施措施与机制、附则和太湖科技产业园重点地区城市设计 18 个部分。

规划范围：规划区，西至 230 省道，南至苏福公路（亦即 230 省道南段，下同），东至玉屏山—凤凰山及绕城高速公路，北至光福镇行政边界与苏州科技城交界，总面积为 7.5 平方千米。

功能定位：以高科技生产研发、文化创意和旅游服务为主，富有江南水乡特色的生态型现代化光福新镇。

2014 年，首批启动 3 平方千米。至 2017 年 12 月，有 16 家优质公司入驻产业园，占地 98.8 亩、建筑面积 86635.97 平方米的机械电子厂房已供 5 家企业使用，建筑面积 9291 平方米、供商务办公的凤凰谷完成土建项目。

苏州太湖科技产业园研发大楼（2017 年摄）

主要参考文献

〔唐〕陆广微著:《吴地记》，江苏地方文献丛书，江苏古籍出版社，1986 年。

〔宋〕朱长文撰:《吴郡图经续记》，江苏地方文献丛书，江苏古籍出版社，1986 年。

〔宋〕范成大撰:《吴郡志》，江苏地方文献丛书，江苏古籍出版社，1986 年。

〔明〕沈律撰:《邓尉山志》(影印版)，广陵书社出版社，2008 年。

〔明〕周永年著:《邓尉圣恩寺志》(影印版)，1930 年。

〔清〕雅尔哈善、傅椿修，习寯、王峻等纂:《乾隆·苏州府志》，乾隆十三年(1748)刻本。

〔清〕宋如林等修，石韫玉纂:《道光·苏州府志》(影印版)，道光四年(1824)刻本，江苏古籍出版社，1991 年。

〔清〕李铭皖等修，冯桂芬纂:《同治·苏州府志》(影印版)，江苏书局光绪八年(1882)刻本，江苏古籍出版社，1991 年。

〔清〕徐傅:《光福志》，1929 年石印。

曹允源、李根源等纂修:《民国·吴县志》(铅印本影印版)，1933 年。

胡金楠主编:《吴县工业志》，上海社会科学院出版社，1993 年。

朱雪华主编:《光福镇志》，苏州大学出版社，2005 年。

李嘉球著:《洞天福地光福》，山东画报出版社，2010 年。

须泉元、陈俊才主编:《太湖镇志》，广陵书社出版，2014 年。

李嘉球编著:《光福历史文化丛书》，中国文史出版社，2014 年。

李嘉球编著:《光福香雪海——邓尉探梅诗文选》，广陵书社出版社，2015 年。

李嘉球编著:《特色小镇：光福》，上海书店出版社，2017 年。

编纂始末

光福是江苏省历史文化名镇，自古有修志的传统。早在明朝嘉靖二十一年（1542），沈律纂成《邓尉山志》。清康熙皇帝南巡时，圣恩寺方丈曾特地进呈此志，康熙皇帝还将它带到京城皇宫。明末，周永年纂成《邓尉圣恩寺志》18卷，虽是寺志却记载了许多光福全镇的内容。清道光年间，里人徐傅继承父亲徐增未竟之业，历时30年，著成《光福志》12卷。这些志书尤其是《光福志》详细地记载了光福的历史变迁、山水风物、名胜古迹、名家诗文，保存并传承了光福历史文化。民国时,《邓尉圣恩寺志》《光福志》在乡贤的努力下分别得以影印、重印。20世纪80年代，光福开始新一轮修志，朱雪华等编写的《光福镇志》于2005年6月出版，须泉元、陈俊才编写的《太湖镇志》于2014年8月出版，实现光福辖区志书的全覆盖。

2015年7月，光福镇申报中国名镇志文化工程。同年10月获江苏省地方志编纂委员会办公室的批准，随即成立光福镇志编纂委员会和编写组。当年12月，苏州市地方志办公室、吴中区档案局地方志办公室组织专家召开《光福镇志》纲目评审会，对纲目设置、资料收集、内容排布等进行业务指导。2016年8月，编写组完成20余万字的初稿，市、区两级组织方志界领导、专家召开初稿研讨会。此后，苏州市地方志办公室陈其弟、傅强，吴中区档案局翁建明、陈萍等于2017年3月、4月、5月、7月连续4次到光福研讨指导，至8月形成“终审稿”，进入省级评审程序。2017年9月13日，江苏省地方志编纂委员会办公室、苏州市地方志办公室、吴中区档案局地方志办公室联合组成专家组对“终审稿”进行评审。编写组认真听取、吸收专家意见，认真修改，并将志书断限由2015年延伸至2017年年底。四订纲目，八易其稿，最终于2018年1月完成全部志稿，进入出版程序。

光福镇党委、政府高度重视《光福镇志》编纂工作，主要领导多次亲自关心过问，具体由陆彩娥、许文清两任领导分管、指导。编写工作由须泉元、李嘉球承担，其中须泉元承担纲目设计与概述、基本镇情、古镇风貌、渔业之乡、工艺之乡、花木之乡、大事纪略等篇目的编写，并负责全志图片的征集、设计与编排；李嘉球承担山水、邓尉探梅——香雪海、千年古刹、人物、艺文著述、杂记以及工艺之乡、大事纪略中部分内容的编写，并负责全志内容与文字的修改、补充、润色工作。志书图片摄影提供者有郑思年、朱贤平、须泉元、李嘉球、刘荣富、黄钰明等。全志资料，均来自历史文献和光福镇档案室。

为了反映历史的延续性，本志通合古今，上不设限，下限至 2017 年 12 月。记述地域范围，以 2017 年光福镇辖区为准，如实记载所涉及的历史变迁。

《光福镇志》的编纂出版，得到中国地方志指导小组办公室、江苏省地方志办公室、苏州市地方志办公室、吴中区地方志办公室的高度重视及热诚指导与支持，同时也得到社会各界的大力支持。在此，谨致以最衷心的感谢！

因编纂时间仓促，掌握的资料有限，编写水平不够，在编纂中难免会有疏漏和错误，敬请各级领导、方志专家、社会各界及广大读者批评指教。

编　者

2018 年 10 月